仕事の技法

田坂広志

講談社現代新書
2350

序　話

「仕事の技法」の最も根幹的な技法とは何か？

『仕事の技法』

この書名を目にされて、多くの読者は、こう思われているのではないだろうか？

「『仕事の技法』と言っても、仕事には、様々な分野があり、様々な職種があり、様々な仕事がある。そうであるならば、仕事の技法もまた、様々な技法があるだろう。この本は、その中の、どの技法を語ろうとしているのか？」

その通り。

もとより、仕事には、様々な分野があり、様々な職種があり、様々な仕事がある。
従って、「仕事の技法」にも、様々な技法がある。
それゆえ、著者も、過去に、「企画力」や「営業力」、「意思決定」や「話術」など、様々な技法に関する著書を上梓してきた。

しかし、実は、「**仕事の技法**」には、企画であれ、営業であれ、開発、生産、サービス、総務、経理、人事、情報、広報、いかなる仕事であっても求められる、「**根幹的技法**」と呼ぶべきものがある。

本書においては、その「根幹的技法」について語ろう。
ひとたび、それを身につけたならば、いかなる分野の、いかなる職種の、いかなる仕事においても、プロフェッショナルとして最高の力を発揮できる「根幹的技法」について語ろう。それも、読者が、職場において、日々の仕事で経験するような、「具体的な仕事の場面」を紹介しながら、分かりやすく語ろう。

では、その「仕事の技法」の「根幹的技法」とは何か?

それは、「対話の技法」である。

なぜなら、どの分野の、どの職種の、どの仕事であっても、その仕事の根幹は、商談、交渉、発表、説明、会議、会合、報告、連絡、相談など、すべて、顧客や業者、上司や部下を始めとする「人間」を相手とした「**対話**」だからである。

しかし、ここで言う「対話」とは、広い意味での「対話」のこと。

すなわち、相手から「メッセージを**受け取り**」、相手に「メッセージを**伝える**」、すべての行為のことである。

そして、改めて言うまでもなく、仕事においては、相手のメッセージを正確に受け取り、相手にメッセージを適切に伝えることが、最も大切なことであり、それゆえ、「仕事の技法」の根幹的技法は、「対話の技法」に他ならない。

しかし、ここまでは、ある意味で、当然のこと。

多くの読者にとって、仕事における「対話」や「コミュニケーション」の重要性は、改めて言われるまでもないことであろう。

では、問題は、どこにあるか？

その「対話」には、二つの種類があるということ。

一つは、「表層対話」と呼ぶべきもの。
一つは、「深層対話」と呼ぶべきもの。

では、「表層対話」とは、何か？
それは、「**言葉**のメッセージによる対話」のこと。

では、「深層対話」とは、何か？
それは、「**言葉以外の**メッセージによる対話」のこと。

こう述べると、驚かれる読者がいるかもしれない。

「言葉以外のメッセージ、というものがあるのか？」

その疑問を持たれる読者である。

その通り。メッセージには、「言葉のメッセージ」と「言葉以外のメッセージ」がある。

これを、コミュニケーションの専門分野では、「**言語的メッセージ**」と「**非言語的メッセージ**」と呼ぶが、実は、日常の仕事や生活においては、「言語的メッセージ」よりも、むしろ、「非言語的なメッセージ」の方が、支配的な役割を果たしている。専門家の中には、コミュニケーションにおいては、「**言語**」**の役割は二割で**、「**非言語**」**の役割は八割**だとする者もいる。

実際、我々は、この「言葉のメッセージ」と「言葉以外のメッセージ」の違いを、毎日、仕事や生活の場面において経験している。

例えば、言葉では、「いいですよ、気にしてませんから……」というA君だが、その表情からは、例の件を、そうとう気にしていることが伝わってくる場面。

例えば、仏頂面で「申し訳ありませんでした」と言いながら頭を下げるB氏だが、その雰囲気からは、本当に申し訳ないとは思っていないことが伝わってくる場面。

例えば、「耳の痛いことでも何でも言ってください」と言うCさんだが、腕を組んで相手を睨みつける仕草からは、むしろ、「私に何か悪い所でもあるんですか！」という拒否の気持ちが伝わってくる場面。

例えば、「あなたって、本当に馬鹿ね……」というD子さんの言葉の奥から、目の前で落ち込んでいる恋人への優しい愛情が伝わってくる場面。

このように、日常の仕事や生活において、「言葉のメッセージ」として伝わってくるものと、視線や表情、仕草や動作など、言葉の奥から「言葉以外のメッセージ」として伝わってくるものが違っているという経験は、誰もが持っているだろう。

そして、この四つの場面が、いずれも示しているように、「対話」や「コミュニケーション」においては、「言葉のメッセージ」よりも、「言葉以外のメッセージ」の方が、むしろ重要な意味を持っている。

これは、何を意味しているか？

「表層対話」よりも、「深層対話」の方が、重要な意味を持っている。

そのことを意味している。

すなわち、仕事や生活の「対話」においては、「言葉のメッセージ」による「表層対話」よりも、むしろ、「言葉以外のメッセージ」による「深層対話」の方が、はるかに重要な意味を持っているのである。

では、このことは、「仕事の技法」という観点からは、何を意味しているか？

読者は理解されたであろう。

「仕事の技法」の根幹である「対話の技法」を身につけるとき、「表層対話の技法」に留まらず、「深層対話の技法」を身につけ、「深層対話力」を高めることが、我々の「仕事力」を、飛躍的に高めていく。

読者は、そのことを理解されたであろう。

では、どうすれば、この「深層対話の技法」を身につけ、「深層対話力」を高めることができるのか？

そのことを述べるのが、本書の目的であるが、この冒頭、その要点を述べておこう。

「深層対話の技法」を身につけるためには、商談、交渉、発表、説明、会議、会合、報告、連絡、相談など、日々のすべての「仕事」における「言葉以外のメッセージ」の交換を振り返り、細やかに、そして深く「反省」することである。

ここで、「**反省**」という言葉を使ったが、これは、「**経験したことを、冷静に、理性的に、省みること**」であり、感情的な側面の強い「懺悔」や「後悔」などとは異なり、「経験」から「智恵」を摑むための極めて合理的・科学的な方法である。このことは、本書を読み進まれると、深く理解されるであろう。

そして、もし、読者が、この合理的・科学的な方法としての「反省」を、習慣として身につけるならば、日々の仕事の「反省」を通じて、確実に、「深層対話の技法」を身につけ、「深層対話力」を高め、「仕事力」を飛躍的に伸ばしていくことができるだろう。

しかも、この修得のプロセスは、極めて即効的である。もし、読者が、本書で述べる技法を、頭で理解するに留めることなく、日々、実践されるならば、その実践を始めたその日から、何かが変わり始めるだろう。確実に、何かが変わり始めるだろう。

しかし、こう述べてくると、改めて、読者の心には、いくつもの疑問が浮かんでいるだろう。

なぜ、「仕事」の根幹が、「対話」なのか？

「表層対話」とは、何か？

「深層対話」とは、何か？

なぜ、「表層対話」よりも、「深層対話」が重要なのか？

「深層対話の技法」とは、何か？

「深層対話力」とは、何か？

どうすれば、日々の仕事の「反省」を通じて、「深層対話力」を高めていけるのか？

「深層対話力」を高めると、どのように、「仕事力」が高まるのか？

本書においては、そのことを、具体的な「仕事の場面」を通じて、分かりやすく語っていこう。

目次

第一話

すべての分野で役に立つ「仕事の技法」は「深層対話の技法」

序話において、「仕事の技法」の根幹的技法は、「深層対話の技法」であると述べた。

そこで、まず最初に、著者が「深層対話」の重要性に気づき、その「深層対話力」を磨こうと考え、そのために「反省の習慣」を身につけた、「原点」となる体験を語ろう。

それは、三四年前の、ある営業の場面。

著者が、大学院を終え、民間企業に就職し、新入社員として仕事を始めたばかりのこと。配属になった営業部の仕事で、上司のA営業課長とともに、夕方、顧客企業でプロジェクトの企画提案を行った。その後、顧客企業のB部長、C課長、D担当の三人を会食に招き、さらにその後、銀座での深夜の飲み会へと、一連の接待を行った。

その最初の営業の場面が、いまも心に残っている。

接待を終え、最後に、顧客三人をタクシーで見送ったときには、すでに夜中の二時を回っていた。心の中で、「もう夜中の二時か……。明日は土曜日だが、また朝から仕事だ……。早く帰らなければ……」と思っていたところ、上司のA課長が、こう言った。

「田坂、コーヒーでも飲むか……」

一瞬、「早く帰りたい」と思ったが、折角の上司の誘い、慰労の意味もあるのかと思い、近くの深夜喫茶に足を運んだ。その喫茶店の片隅に二人で座り、注文したコーヒーがテーブルに出され、それを飲み始めると、やおら、その上司が、聞いてきた。

「田坂、お前、どう思った？　あの夕方のこちらからの企画提案、あの技術仕様の説明のとき、先方のB部長、首をかしげていたな……。あれは、こちらの技術仕様に疑問があるのかな？」

突然の切り出しに、少し戸惑いながら、こう答えた。

「いや、気がつきませんでした……。しかし、B部長、会議の最後に『良い提案を有り難うございました』と言われましたよね……」

「それは、ご祝儀で、そう言うだろう。しかし、俺は気になったな……。田坂、明日の朝一番、先方に、あの技術仕様について、追加説明の資料をファックスで送っておいてくれ」

上司に、そう言われ、「分かりました」と答える間もなく、さらに、このA課長、次の質問をしてきた。

「その後の、会食のとき、隣に座った先方のC課長、このプロジェクトについて、分割発注もあるという言い方をしたのだが、お前、どう思う？　これは、競合企業のE社に、半分の発注を決めたということかな？」

その質問に、少し身を乗り出しながら、答えた。

「いや、それは無いでしょう……。もしE社に発注を決めているならば、あの会議で、B部長が、あのような発言はしないでしょうから……」

A課長の質問は、まだ続く。

「田坂、あの最後の飲み会の席で、D担当が俺に、『B部長は、人が良いですからね……』と言ったのだが、お前、どう思う？　あの部署は、B部長は人柄が良いので神輿《みこし》にうまく乗っているが、神輿を担いで、実質的にプロジェクトの発注の判断をするのは、C課長ではないかな……」

「たしかに、そうかもしれませんね……。あのC課長の雰囲気からは、『このプロジェクトは自分が仕切っている』という自負が伝わってきましたね……」

そう答えると、すかさず、A課長は言った。

「だったら、B部長を交えた次の会合までに、別途、C課長のアポを取ってくれ。内々、彼の了解が取れるかが鍵だな……」

帰りのタクシーの中で、一人、上司のA課長の言葉を思い返しながら、ふと気がついた。あの深夜喫茶での会話、最初は、上司が私に、いろいろ質問をしながら、意見を聞いているのかと思ったが、そうではなかった。あの上司は、私に、その質疑を通じて、大切なことを教えてくれていた……。そのことに気がついた。

その瞬間、A課長の無言の声が聞こえてきた。

「田坂、いま終わったばかりの商談を、終わりっ放しにするな。その商談で、こちらの話に対して、相手の心がどう動いたのかを感じ取れ。また、相手が何かを語ったとき、その言葉の奥に、どのような思いがあったのかを振り返れ。そして、その相手の心の動きや思いに対して、こちらが、さらにどういう言葉を述べるべきであったのか、どのようなフォローアップのアクションを取るべきかを考えろ。商談においては、常に、顧客の無言の声に耳を傾けろ。表情の変化に心を配れ。その『反省』を怠《おこた》るな……」

A課長は、そのことを教えてくれようとしたことに、気がついた。

これが、私にとって、営業の修業の、そして、ビジネスの修業の始まりであった。

それ以来、すべての商談において、この「反省」を行うことが、自分の習慣になった。

いや、すべての商談だけでなく、すべての交渉や会議、会合において、この「反省」を行うことが習慣になった。

工学部の大学院の博士課程を五年、その前に、医学部の研究生を二年、学位は得たものの、同期の仲間に対して七年も遅れ、三〇歳になってようやく実社会に出た人間、その「遅れて来たランナー」が、こうしてビジネスの第一線を歩んでくることができたのは、このA課長という「仕事の達人」との出会いのお陰であり、A課長から教わった、この「反省の習慣」であった。そして、その「反省の習慣」の中から自分なりに編み出してきた「仕事の技法」のお陰であった。

その「仕事の技法」とは、序話において、すでに述べた。

「深層対話の技法」

すなわち、仕事において、**社外での商談や交渉、社内での会議や会合**などを行ったとき、**必ず、その場面を振り返り、どのような**「**表層対話**」が行われたかだけでなく、**どのような**「**深層対話**」**が起こったかを振り返る**という「**反省の習慣**」を持ち、その習慣を通じて、「深層対話の技法」を修得していったのである。

そして、その「深層対話の技法」によって身につけた「深層対話力」が、著者のプロフェッショナルへの道を拓《ひら》いてくれた。著者のプロフェッショナルとしての可能性を、大きく開花させてくれた。

これから本書で語る「全二三話」。この中では、著者が永年の経験の中で掴んだ「深層対話の技法」と「深層対話力」について、誰もが日々の仕事で経験する具体的場面を紹介しながら、できるだけ分かりやすく述べていこう。

どの一話も、読者自身の日々の仕事の経験と重ね合わせながら読まれるならば、そして、そこで学ばれた技法を、翌日の仕事において実践されるならば、必ず、「深層対話の技法」を修得し、「深層対話力」を身につけることができるだろう。

そして、読者が、それを身につけるならば、この第一話で紹介したような営業の分野にかぎらない、企画、開発、生産、サービス、総務、経理、人事、情報、広報、さらには、マネジメントや経営に至るまで、**いかなる分野の仕事であっても、いかなる職種の仕事であっても、その「仕事力」を飛躍的に高め、プロフェッショナルとしての道を拓いていくことができる**だろう。

その理由は、すでに述べた。

本書で述べる「深層対話の技法」とは、すべての仕事に共通する「根幹的技法」であり、すべての分野、すべての職種においてプロフェッショナルをめざす人に役立つ技法だからである。

例えば、この第一話で語ったA課長と著者の「深夜の反省会」の場面は、社外での商談の場面であるが、ここで語られている「深層対話の技法」は、そのまま、社内での会議における技法としても応用できるだろう。

例えば、社内での会議や会合を行ったとき、そこに出席したメンバーそれぞれの発言や表情、仕草や動作を振り返りながら、次のようなことを考えてみることである。

「Aさんの、あの発言は、どのような考えから出たのだろうか？」
「Bさんの、あの言葉の奥には、どのような思いがあるのだろうか？」

「Cさんの、あの表情は、どのような気持ちの表れだろうか？」

「Dさんの、あの首をかしげる仕草は、この話に疑問を持っているのだろうか？」

「Eさんが、あそこでメモを取ったのは、なぜだろうか？」

「Fさんは、どうして、あの質問をしたのだろうか？」

「Gさんの、あの質問には、あの答えで良かったのだろうか？」

「Hさんの、あの意見に対しては、どう答えるべきだったのだろうか？」


そうした問いを心に浮かべ、それぞれのメンバーの発言だけでなく、その発言の奥にある考えや思いを推察する。質問に対する答えが適切であったかを振り返る。それらを踏まえて、どのようなフォローアップのアクションを取るべきかを考える。

そうした形での応用である。

本書において紹介する様々な「**仕事の場面**」は、ぜひ、そういう形で、自身の仕事に重ね合わせ、自身の仕事に応用しながら読んで頂きたい。どの場面も、読者自身の仕事においても思い当たる「会話」や「心の動き」が書かれているだろう。

さて、では、いよいよ本題に入っていこう。

最初に、なぜ、「仕事」の根幹が、「対話」なのか？
なぜ、「表層対話」よりも、「深層対話」が重要なのか？
そのことを、社内での「作業依頼」の場面を通じて、考えてみよう。
これは、どの職場にもある、日常的な場面である。
その前に、この第一話のまとめを一言。

「仕事力」を飛躍的に高めるには
「深層対話の技法」を身につけよ

第二話

「仕事のできる人」は必ず身につけている「相手の心を感じ取る技法」

ある職場の月曜日、朝九時過ぎ。出社したばかりのA君とB君が自席で仕事をしている。するど、部長室から戻ったばかりのC課長に、二人は呼ばれ、こう言われた。

「A君とB君、緊急の仕事を頼みたいので、相談だ……。このD社とE社の資料、かなりの枚数で煩雑な資料だが、何とか今日の夕方五時までに数字を整理し、一覧表にして持ってきてくれないか。急遽、夕方六時からの経営会議で説明しなければならないので、大変な作業だが、よろしく頼む！　このD社の資料はA君が担当してくれ。E社の資料はB君が担当で頼む。なお、それぞれ、午前中の作業をして、夕方五時までに一人では処理できないと思ったら、遠慮なく報告してくれ。場合によっては、他のスタッフにもサポートを頼むから……」

二人は、「了解しました」と答えて席に戻り、早速、作業に取り掛かった。

C課長の言うとおり、これはかなりの作業になる。そう思った二人は、昼食も、同僚に買ってきてもらったパンをかじりながら作業を進めた。

午後、外回りから帰ってきたC課長が、A君とB君を見ると、二人は、引き続き、懸命に作業を続けている。

それを見ながら、C課長がパソコンのメールを開くと、A君からのメールが入っている。

「課長、何とか一人でできると思いますので、サポートは不要です。ご配慮、有り難うございます」

そのメールを読み、安心した一方で、C課長は、B君が気になったので、声をかけた。

「作業は、大丈夫か……。必要ならば、サポートをつけるが？」

それに対して、B君、「大丈夫です。一人で何とかやれます」と答え、すぐにまた、時間を惜しむように、作業に戻った。

C課長も、自席で夕方の経営会議向けの資料を作っていると、四時過ぎに、A君が席にやってきて、一言、報告した。

「課長、これから最後の数字の確認に入りますから、お約束通り、五時には、一覧表をお渡しできます」

それを聞いて、また、B君が気になる。「彼の作業は大丈夫だろうか……。一人で何とかやれます、と言っていたが、自席で脇目も振らず作業をしている雰囲気は、かなり時間に追い詰められているのではないだろうか……」。そう懸念しながら資料作りをしていると、四時半過ぎに、B君が、一覧表を持ってやってきた。

「課長、予定より早く、一覧表ができましたので、持ってきました」

「おお、早かったな。緊急の作業、ご苦労さん」と言うと、B君、一礼して席に戻ろうとする。そこで、C課長、気になって聞いた。

「この資料、最後の数字の確認は、大丈夫だな？」

それに対し、B君、「ええ、確認もしてあります」と答える。

そして五時、A君が、一覧表を持ってやってきた。

「お待たせしました。数字の確認もしてあります。ミスはありません。ただ、一点、この数字の意味は、分かりにくいので、注記をつけてあります」

「有り難う。この一覧表、急いで作ってくれたので、助かったよ……」

C課長、ほっとした表情で、そう言った。何とか、二人の資料、経営会議に間に合った。

六時になり、C課長が経営会議に向かった後、その一連の仕事を隣席で見ていたF先輩が、B君を夕食に誘った。

会社の社員食堂で夕食を取りながら、F先輩は、B君に語りかけた。

「一日、緊急の作業、ご苦労さま。大変だったな……」

それに対して、B君、少し誇らしげに言う。

「ええ、突然の作業でしたので、少し大変でしたが、何とか、予定の五時よりも早く一覧表を課長に提出できました……。課長も喜んでくれました」

その言葉を聞いて、F先輩、微笑みながら、B君に言った。

「そうだな……。作業が締め切り前に終わって良かったな……。ただ、良い機会だから、アドバイスをしておくけれど、もう少し、C課長を楽にしてあげられたら良かったな……」

そのアドバイスを聞いて、B君、怪訝《けげん》そうに、聞き返した。

「私の仕事、何か問題がありましたか……？　一応、締め切り前に資料を出し、あの一覧表にも、ミスは無かったと思うのですが……」

B君の、その言葉を聞いて、F先輩、思わず笑いながら、優しく、こう言った。

「君は、C課長の『作業』は、楽にしてあげているのだけれど、課長の『心』を楽にしてあげていないのだな……」

なるほど、F先輩、夕食に誘いながら、B君に、大切な反省の機会を作ってあげている。

さて、この場面、読者は、何を感じるだろうか？

F先輩の言わんとすることに賛同される読者も多いのではないだろうか？

たしかに、B君、C課長から依頼された仕事を、昼食時間を返上して集中して取り組み、締め切り前にやり遂げ、提出した。

その意味では、C課長の「作業」を楽にしてあげたことは事実だ。

しかし、F先輩の言うように、C課長の「心」を楽にしてあげていない。

この場面を振り返ると、B君は、何度も、C課長に無用の心配をかけている。

まず、「サポートが必要なら報告するように」という指示に対して、B君から何も報告がないため、C課長が心配になって、声をかけている。

また、作業の進捗についても、途中で何の報告もないため、「大丈夫だろうか」と心配させている。

そして、頼まれた一覧表は、締め切りより早く持ってきたが、「最後の数字の確認をしたか」という心配を、C課長にさせている。

これに対して、A君は、どうだろうか？

A君は、頼まれた仕事を締め切りまでに提出しただけでなく、「サポートが不要であること」「締め切りまでに間に合うこと」「最後の数字の確認を行っていること」「一覧表での注記のこと」など、要所要所で、C課長に無用の心配をかけないように報告し、課長の「心」が楽になるように行動している。

その意味で、A君は、まさに、「働くこと」の心構えを摑んでいる。

なぜなら、「働く」とは、

「傍」（はた）を「楽」（らく）にすることだからだ。

もとより、「働く」という言葉が、そうした語源を持っているか否かは、定かではない。
しかし、この日本という国においては、昔から、人々の間で、「働く」ということの意味を、そう解釈するように伝えられてきた。それは、日本という国に伝わる、深みのある「労働観」と「仕事観」であろう。

ここで「傍」（はた）とは、職場でいえば、上司や同僚、部下など、間近で働く人々のこと。そして、会社でいえば、「傍」とは、お客様のことであり、広く世の中や社会全般のこと。

そして、「楽」（らく）にするとは、決して、相手の「体」を楽にすることだけではない。**相手の「心」を楽にすることも、「働く」こと**の大切な意味とされている。

その意味で、残念ながら、B君は、職場で「**作業**」**はしているが、「働く」ことをしていない**。C課長という「傍」（はた）にいる人を「楽」（らく）にしていないからだ。C課長の「心」を楽にしていないからだ。

従って、この若手のA君とB君、同期入社ではあるが、プロフェッショナルとしての資質という意味では、A君の方が高い評価を受けるだろう。

しかし、こう述べると、読者の中から声が挙がるかもしれない。

「たしかに、A君の方が、B君よりも、仕事において『心配り』や『気配り』ができますね……」

しかし、そうではない。このA君、いわゆる**「心配り」や「気配り」という能力**だけで仕事をしているわけではない。

彼の「心配り」や「気配り」の奥には、実は、**プロフェッショナルとしての高度な能力**がある。

世の中では、しばしば、「細やかに心配りをせよ」「気配りのできる人間になれ」といった言葉が語られるが、もし我々が、真に「心配り」や「気配り」のできる人間になりたいと思うならば、実は、その「高度な能力」の存在に気がつき、その能力をこそ身につけなければならない。

次に、そのことを語ろう。

その前に、この第二話のまとめを一言。

仕事においては
相手の「作業」を楽にしたかだけでなく
相手の「心」を楽にしたかを、振り返れ

―第三話―

「心配り」や「気配り」の本質は「言葉以外のメッセージ」を感じ取る力

では、このA君の「心配り」や「気配り」の奥にある、プロフェッショナルとしての「高度な能力」とは何か？

先ほどの場面に戻り、A君の心の動きを振り返ろう。

A君、C課長が部長室から戻った瞬間、その姿を目に留め、その表情と雰囲気が厳しいものであることに気がついている。従って、C課長から呼ばれた瞬間に、すでに、何か重要で緊急な仕事が発生したことを理解している。

そして、C課長が「必要であれば、サポートをつける」と言った言葉の奥に、「この作業は、何を置いても、夕方五時までに仕上げなければならない」というC課長の切羽詰まった思いを理解している。そして、人柄は優しいが、仕事に対しては細やかで心配性なC課長の胸中を察し、たとえサポートが不要であっても、無用の心配をしなくて済むように、午後一番に、そのことを伝えるメールを送っている。

さらに、締め切りの五時が近くなった段階で、敢《あ》えてC課長の席に行き、この作業が、どの段階にあるか、そして、締め切りまでに間に合う状況であることを伝えている。そのことによって、やはり、C課長に無用の懸念をさせないようにしている。

加えて、C課長の心の中にある「緊急の仕事だが、数字の間違いは許されない」という思いを察し、一覧表の提出においても、「最後の数字の確認」を行っていることを先に伝え、これも、C課長が無用の不安を抱かないようにしている。

このように、A君は、C課長の表情、雰囲気、振舞い、声の切迫感、言葉のニュアンス、仕事の頼み方、そして、その人柄や性格などから、C課長の「言葉以外のメッセージ」を見事に感じ取っている。すなわち、A君は、C課長との間で「深層対話」を行っているのである。

これに対して、B君は、基本的にC課長の「言葉のメッセージ」しか聞いていない。すなわち、「表層対話」しか行っていない。そして、それが、A君の能力との決定的な違いである。

従って、こうしたA君の姿に対して、ただ「心配りが細やかだ」「気配りができる」と評することは、あまり意味がない。

なぜなら、もし我々が、仕事において「心配り」や「気配り」のできる人間になりたいと思うならば、ただ、「心配りをしよう」「気配りを大切に」と思うだけでは全く不十分だからだ。もし、本当に、「心配りをしよう」「気配りを大切に」と思うならば、このA君のように、「言葉以外のメッセージ」を感じ取る力を身につけ、「深層対話力」を身につけなければならない。

しかし、もし我々が、この「深層対話力」、すなわち、相手の視線、表情、雰囲気、仕草、動作、振舞い、声のトーン、言葉のニュアンス、そして、人柄や性格などから、その「言葉以外のメッセージ」を感じ取る力を身につけ、磨いていくならば、「心配り」や「気配り」といった次元を遥かに超えた、素晴らしい力を身につけることになる。すなわち、会議力、企画力、営業力、交渉力、プレゼン力、マネジメント力を始め、様々な分野、様々な職種における高度な「仕事力」を身につけることになる。

では、この「深層対話力」を、いかにして身につけるか？

その方法は、すでに述べた。**日々の商談や交渉、会議や会合の後、必ず、「反省」を行い、そこで起こった「深層対話」を振り返る**ことである。「言葉のメッセージによる表層対話」のレベルにとどまらず、「言葉以外のメッセージによる深層対話」のレベルでの振り返りを行うことである。

しかし、「反省」において、この「表層対話」と「深層対話」を振り返るとき、この二つの対話が、ときに、矛盾したメッセージや相反するメッセージを発していることがある。

「反省」においては、まず、そのことに注意しなければならない。

それは、なぜか？

次に、そのことを語ろう。

その前に、この第三話のまとめを一言。

仕事においては
「言葉のメッセージ」だけでなく
「言葉以外のメッセージ」を感じ取れ

第四話

相手の「真意」や「本音」を感じ取る「深層対話力」

先ほど、「反省」において「表層対話」と「深層対話」を振り返るとき、この二つの対話が、矛盾したメッセージや相反するメッセージを発していることがあると述べた。

これは、どういうことか？

一つの場面を紹介しよう。

A君が自席に戻ってきた。先ほどまで別室で行われていたB課長との個人面接を終えたようだ。しかし、A君、どこか浮かない顔。それを感じた隣席の同僚、C君が聞く。

「面接、どうだった？」

「うん、課長から、色々と励まされたよ……」

そう答えるA君、励まされたという割に、元気がない。

「課長、何て言って励ましてくれたんだ？」

「君は、いずれこの課を背負っていく若手だ。君には期待しているぞ、と言ってくれたよ……」

「結構な励ましの言葉じゃないか。俺の面接のときは、今期の目標達成、ご苦労さん、良く頑張ったな、だけだったぞ……。期待しているぞと言われて、何が気になるんだ？」

A君、しばし黙っていたが、複雑な表情で、こう言った。

「いや、B課長、言葉では、『期待している』とは言ってくれるんだが、課長の雰囲気や目つきからは、あまり温かいものを感じないんだな。言葉だけは良いことを言ってくれるけど、本当は、そう思っていないんじゃないかと感じるんだな……」

そのA君の話を聞きながら、C君は、心の中で、こう思っていた。

「そういえば、先日、B課長の机の上に、『部下のモチベーションを高める言葉』という本が置いてあったな……。B課長は、A君のモチベーションを高めようと思って、そう言ったんだろう……。でも、B課長は、本当に、そう思っているんだろうか……」

これはA君とC君の間で自然に起こった、課長面接の「反省」の場面だが、読者は、何を感じるだろうか？

こうした社内での上司との面接でなくとも、社外での顧客とのやり取りでも、ときに、家庭内での親子のやり取りでも、似たような場面に遭遇した読者もいるのではないだろうか？

では、この場面、何が起こっているのか？

「ダブルバインド」と呼ばれる状況が起こっている。

「ダブルバインド」とは、文化人類学者のグレゴリー・ベイトソンが語った概念だが、分かりやすく言えば、「言葉が伝えてくるメッセージ」と「言葉以外から伝わってくるメッセージ」が相反しているため、それを受け取る人間が、その**相反したメッセージの「板挟《いたばさ》み」（ダブルバインド）になって悩む状況**のことである。

例えば、母親が子供に対して「お前は良い子だね」と言うが、そのとき、母親の目が笑っておらず、冷たい雰囲気が伝わってくる状況などである。

これは、ベイトソンの概念を引用するまでもなく、日常の職場では、しばしば起こっている。

すなわち、誰かが何かを語ったとき、「言葉が伝えてくるメッセージ」と「言葉以外から伝わってくるメッセージ」が違っていると感じる状況、それは、我々が、日々の仕事において、しばしば経験することである。

例えば、部下から「さすがですね！　課長！」とお世辞を言われた課長が、「いやいや、俺なんか、まだまだだよ……」と謙遜の言葉を発しながら、「得意満面な雰囲気」が伝わってくる場面。

例えば、上司から「今期の目標達成、大丈夫だな！」と聞かれて、「大丈夫です！　絶対にやります！」と勇ましく決意表明する部下の表情から、「本当にできるだろうか……」という不安な気持ちが伝わってくる場面。

例えば、先輩から突然、「急な用件で、すまないが、今日、この仕事を残業で手伝ってくれないか……」と頼まれ、「はい、分かりました……」という後輩の表情から、「何で、突然、残業を頼むんだ……」という不満な気持ちが伝わってくる場面。

こうした「言葉が伝えてくるメッセージ」と「言葉以外から伝わってくるメッセージ」が相反している場面、違っている場面は、日常、しばしば経験する。

そのことを理解するならば、我々が、日々の仕事で、商談や交渉、会議や会合を振り返り、「反省」を行うとき、この「二つのメッセージ」の食い違いに留意すべきであろう。

そして、特に、後者の「言葉以外から伝わってくるメッセージ」に最大の注意を払うべきであろう。

なぜなら、当然のことながら、相手の「真意」や「本音」は、ほとんどの場合、この「言葉以外から伝わってくるメッセージ」の中にあるからだ。そして、我々が仕事を円滑に進めようと思うならば、何よりも、この相手の「真意」や「本音」を感じ取ることができなければならないからだ。

このように、我々が「仕事力」の根幹である「対話力」を学んでいくとき、「言葉のメッセージ」を交わす「表層対話力」と、「言葉以外のメッセージ」を交わす「深層対話力」の二つの「対話力」があるが、**「表層対話力」は基本の能力であり、「深層対話力」こそが、高度な能力である。それゆえ、一流のプロフェッショナルは、必ず、この「深層対話力」を身につけている。**

例えば、

- 相手の無言の声に耳を傾ける力
- 相手の沈黙や一瞬の間から心の動きを感じ取る力
- 相手の言葉の奥にある感情や心境を感じ取る力
- 相手の表情や仕草から心の変化を感じ取る力

・相手の言葉のニュアンスから細やかな思いを感じ取る力
・相手の置かれた状況や立場から、その考えを想像する力

といった「深層対話力」を身につけている。

それゆえ、もし読者が、いかなる分野であれ、いかなる職種であれ、仕事の世界でプロフェッショナルをめざすのであれば、本書で語る「深層対話の技法」を身につけ、「深層対話力」を高めていくことは、必須の課題でもある。

しかし、そのとき、理解しておくべきことがある。

一流のプロフェッショナルは、相手の「言葉以外のメッセージ」を**感じ取る力**だけでなく、相手に「言葉以外のメッセージ」を**伝える力**も身につけている。

すなわち、この「深層対話力」とは、「言葉以外から**伝わってくる**メッセージ」を感じ取る力だけではない。その逆の力、「言葉以外から**伝わっていく**メッセージ」を自覚する力でもある。

次に、そのことを語ろう。

その前に、この第四話のまとめを一言。

商談や交渉、会議や会合においては
「言葉のメッセージ」と
「言葉以外のメッセージ」の食い違いに留意せよ

第五話

「言葉以外のメッセージ」こそが相手に伝わってしまう

いま、「深層対話力」とは、「言葉以外から**伝わってくる**メッセージ」を感じ取る力だけではなく、その逆の力、「言葉以外から**伝わっていく**メッセージ」を自覚する力でもあると述べた。

これは、どういうことか？

それを考えるために、また、一つの場面を紹介しよう。

A社の顧客向け商品説明会。今日も、若手社員のホープ、B君が、集まった数百名の顧客に対してプレゼンテーションを行っている。いつもながら、話は流暢《りゅうちょう》。職場でも弁が立つと評されるB君。スライドの作り方も上手く、印象的で見やすい。商品説明も分かりやすく、先ほどから商品の魅力を盛んに訴えている。

しかし、会場を見回すと、B君の熱いプレゼンとは対照的に、なぜか、顧客の気持ちが引いている雰囲気。それを感じるB君、さらに熱心に商品説明をするが、空回りしているように見える。

予想通り、商品説明会の後の個別相談会は、あまり顧客が集まらなかった。

前回に続いて、この状況。B君は、落ち込んだ気分で、上司のC課長とともに、タクシーで会社に戻る。そのタクシーの中、思い余ったB君は、C課長に聞く。

「個別相談会に、あまりお客さんが集まらないのは、私のプレゼンが上手くないからでしょうか……？」

その問いかけに、C課長、しばしの沈黙の後、思い切って口を開く。

「いや、君のプレゼンは、いつもながら、上手かったよ。話も上手いし、スライドも見やすい。君のプレゼン・スキルは見事だよ……。だけど、君も、そろそろ気がつくべきだと思うので、アドバイスしておくが……、君のプレゼンを見ていると、どこか『偉そう』なんだな……。どこか、お客様に対して『上から目線』なんだな……。そして、お客様に対して『売りつけてやろう』という気持ちが強すぎる。実は、俺も、若い頃は、そうした点を上司から指摘されたがな……。だから、君が、その辺りの心構えを変えたら、次の商品説明会では、もっとお客様が共感してくれるのではないかな……」

そのC課長の言葉を聞きながら、B君は、考えていた。

「そうか……。言われてみれば、たしかに自分は、どこか『上から目線』だったな……。『偉そう』だった……。そして、何とか業績を上げようと思って、『売りたい』『買わせたい』という意識が強すぎたな……。お客さんには、自分のその意識が、恐ろしいほど伝わっていたのだな……」

このB君、大切なことに気がついたようだ。次回のプレゼンでは、顧客の気持ちを感じ取りながら、しっかりとした心構えで取り組めるだろう。帰り道でのC課長との「反省」の会話、良い学びの機会になったようだ。

もう一つ、仕事の場面を紹介しよう。

D社の企画部での商品企画会議。先ほどから企画部の若手が、それぞれに考えてきた商品アイデアの企画を順番に説明している。そして、いよいよ企画部のホープと言われるE君の番。さすがE君、着眼の良い商品企画だ。F次長も、先ほどからの説明に深く頷《うなず》いている……。さて、最後に、全体を通してのG部長の総評だ。当然、E君の商品企画に高い評価を与えるだろう……。ところが、G部長、E君の企画を、あまり誉めない。G部長の評価は低いのかと思い、会議の終了後、F次長が、G部長に聞いた。

「部長、E君の企画は、あまり良い企画だとは思われなかったのでしょうか？　私には良い企画と思えたのですが……」

その質問に対して、G部長が、少し表情を曇らせながら言う。

「いや、彼の企画は、いつもながら、シャープで良い企画だと思ったよ……。だがね、彼の説明の雰囲気を見ていると、他の若手の企画は箸にも棒にもかからない、といった雰囲気で話をしている。あれでは、彼の企画を採用しても、企画部内で、彼のプロジェクトに喜んで参加しようという仲間が出てこないだろう。所詮、企画は、良いチームを組めなければ、コンセプトだけ良くても、実現できないからな……。だから、敢えて誉めなかったんだよ。この場面で誉めても、彼のためにはならないからな……」

その話を聞きながら、F次長、先ほどまでの商品企画会議での、他の若手の面白くなさそうな表情を思い出していた。そして、こう思っていた。

「たしかに、G部長の指摘どおりだ……。いつもながら、部長は、鋭い目で見ているな……。でも、良い機会だ。E君を呼んで、今日の商品企画会議の振り返りをしよう。そして、彼には、うまく、このことを伝えてあげよう……」

このE君もまた、自分が無意識に、仲間に対してどのようなメッセージを発しているか、気がついていない。しかし、優秀なE君のこと、こうした会議において、「言葉以外から伝わっていくメッセージ」を自覚し、無意識の傲慢さを改め、この「深層対話力」を身につけていけば、プロフェッショナルとして、また大きく成長していくだろう。

さて、ここまで、「仕事の技法」の根幹にある「深層対話の技法」の大切さを述べてきた。そして、日々の仕事の「反省」を通じて「深層対話力」を身につけていくことの大切さについても述べてきた。

ここからは、この「深層対話の技法」を、どのようにして実践し、「深層対話力」を身につけていくか、様々な仕事の場面を通じて、具体的に、分かりやすく説明していこう。

しかし、その話に進む前に、一つ、読者に理解しておいて頂きたいことがある。

それは、**本書の「読み方」**である。

なぜなら、もし読者が、本書の読み方を間違えるならば、どれほどこの本を読まれても、この「深層対話の技法」を掴むことはできないからである。

次に、そのことを語ろう。

その前に、この第五話のまとめを一言。

商談や交渉、会議や会合において
自分が無意識に発している
「言葉以外のメッセージ」を振り返れ

第六話

本を読んだだけでは掴めない「プロフェッショナルの技法」

いま、読者が、本書の読み方を間違えるならば、どれほどこの本を読まれても、「深層対話の技法」を掴むことはできないと述べた。

これは、どういう意味か？

それを説明するためには、まず、読者に、次の**「二つの言葉」の違い**を理解して頂きたい。

「知識」と「智恵」

では、この「二つの言葉」の違いとは何か？

まず、**「知識」とは、言葉で表せるものであり、書物で学ぶことができるもの**である。

これに対して、**「智恵」とは、言葉で表せないものであり、経験を通じてしか掴めないもの**である。

では、なぜ、この「二つの言葉」を区別しなければならないのか？

一つの場面を紹介しよう。


ある企業の営業部。今日は、土曜日だが、若手の営業担当者が集められ、外部から講師を招いて「営業プロフェッショナル講座」が開かれている。

講師を務めるのは、ある保険会社で「年間契約獲得数ナンバーワン」の表彰を何度も受けた、まさに熟練の営業プロフェッショナル。この講師から営業のノウハウを学ばせようと、若手の営業担当者が集められた。

もとより、どの若手も、何かを学びたいという熱意はある。営業のノウハウを掴み、業績を上げたいという思いは共通だ。

しかし、会場を見ていると、不思議な光景が目に入ってくる。

営業部のA君とB君。どちらも同期入社。二人とも最前列の席に座り、講師の話を一生懸命に聴いている。しかし、その姿は、好対照。

A君は、先ほどから、講師の話を必死にノートに取っている。ときおり、講師の顔を見上げるが、言葉の一つも聴き逃さずメモを取ろうと、ノートに向かって一生懸命だ。

一方のB君。先ほどから講師の顔を真剣な表情で見つめながら、話に聴き入っている。ときおり、手元のノートにメモは取るが、それよりも、講師の一つ一つの言葉に反応しながら、頭の中で何かが巡っている様子だ。

講師が、いよいよ営業プロフェッショナルとしてのノウハウの本題に入ってくる。

「皆さん、結局、営業の最高のノウハウは、話術の力でも、プレゼンの力でもない。お客様の心の動きを感じ取る力ですよ！」

講師が、そう語った瞬間に、A君は、その講師の熱気に押されるように、さらに一生懸命に、その言葉をノートに書き取っている。

一方のB君。その言葉に、思わず、腕を組み、天井を見上げ、何かが鮮明に頭の中を巡っている。

B君の頭の中では、この瞬間、一昨日の商談のシーンが蘇《よみがえ》っていた。そして、このような思いが、頭の中を巡っていた。

「そうか……。あのとき、お客様がわずかに首をかしげたのは、やはり、当社の商品説明に納得していなかったのか……」

「商談の最後の、あのお客様の誉め言葉は、その後、契約を断るとき、雰囲気を悪くしないための言葉だったのか……」

「ああ、自分は、あの瞬間、お客様の心の動きを感じ取れていなかったのだ……」

さて、この場面を見て、A君とB君、今後、どちらがプロフェッショナルとして伸びていくと思われるだろうか？

答えは明らか。B君であろう。

もとより、二人とも同期入社の優秀な若手。そして、どちらも、学ぶことに対して一生懸命。

しかし、A君は、講師の言葉をノートに書き取ることに一生懸命になるタイプ。この学びのスタイルで一流大学に入学し、大学も優秀な成績で卒業した。だから、この研修も、そのスタイルで、懸命に何かを掴もうとしている。

だが、残念ながら、彼がやっていることは、本来、経験を通じて「智恵」として掴むべきことを、単なる「知識」としてノートに書き取っているだけ。そのため、彼は、どれほどこの講師の話を聴いても、その営業プロフェッショナルの「智恵」を掴むことはできないだろう。

一方のB君は、こうしたプロフェッショナルの「智恵の言葉」を聴くと、頭の中を「走馬灯」が駆け巡るタイプ。先日の商談の経験だけでなく、大学時代のサークル活動も含め、過去の自分の様々な経験が、その具体的なシーンとともに蘇ってくる。そして、そのシーンを思い起こしながら、過去の経験を「追体験」し、そこで掴むべき「智恵」を掴もうとしている。

この二人、どちらが将来、一人のプロフェッショナルとして伸びていくかは、明らかだろう。

では、このA君、何が問題か？

彼は、「勉強のできる人間」がしばしば陥《おちい》る「落し穴」に陥っている。

「知識」を学んだだけで、
「智恵」を掴んだと思い込む。

その「落し穴」に陥っている。

すなわち、「プロフェッショナルの智恵」とは、本来、経験を通じてしか摑めないものなのだが、彼は、それを、一生懸命に「知識」としてノートに書き取ることによって、何か、その「智恵」を摑んだという錯覚に陥ってしまっている。

そして、もし読者が、このことを理解するならば、いま、世の中の多くの人が感じている一つの疑問に、答えを見出すだろう。

なぜ、書店には、「プロフェッショナルの書いた本」が溢《あふ》れているにもかかわらず、「プロフェッショナルになる人材」が少ないのか？

たしかに、いま、書店に行けば「プロフェッショナル論」のコーナーに様々な本が並び、雑誌を見れば、「プロのスキルは、これだ！」「プロのノウハウを摑め！」といった特集が掲載されている。また、テレビにおいても、様々な分野のプロフェッショナルが「仕事力」を語る番組が放送されている。

しかし、では、世の中を見渡すと、こうした本や雑誌、テレビでの「プロフェッショナル論」の隆盛に見合っただけ、「プロフェッショナル」と呼ぶべき人材が生まれているだろうか？

残念ながら、この問いに、イエスと答える人は少ないだろう。

では、なぜ、プロフェッショナルの書いた本や記事を、どれほど読んでも、プロフェッショナルのテレビ・インタビューを、どれほど聴いても、それだけでは、プロフェッショナルになれないのか？

その理由は、いま述べた。

本や雑誌やテレビで「知識」を学んだだけで、プロフェッショナルの「智恵」を摑んだと考えてしまう。

その錯覚に陥ってしまうからである。

そして、その錯覚に気がつかないかぎり、プロフェッショナルの「仕事の技法」が書かれた本を、どれほど読んでも、その「仕事力」は身につかない。

では、我々が、プロフェッショナルの書いた本を読み、それを「単なる知識」にすることとなく、「深い智恵」として摑むためには、どうすれば良いのか？

そのためには、どのような読書法を採れば良いのか？　どのような「**本の読み方**」をすれば良いのか？

そのことを、次に語ろう。

その前に、この第六話のまとめを一言。

「仕事の技法」は
本や雑誌で「知識」として学ぶのではなく
日々の経験を通じた「智恵」として摑め

第七話

「深層対話の技法」が身につく本の読み方

たしかに、世の中には、様々な分野のプロフェッショナルの書いた本が溢れている。

もとより、これらの本の多くは、それらのプロフェッショナルが、その分野で良い仕事をするための「仕事の技法」を伝えようとして書いたものであるが、本来、「仕事の技法」とは「言葉で表せない智恵」であるため、それを、どれほど細やかに語ったとしても、「言葉」で語った瞬間に、その本を読む人間の「読み方」によっては、単なる「知識」になってしまう。

では、プロフェッショナルが「仕事の技法」を書いた本を読んで、それを「単なる知識」にすることなく、「深い智恵」として摑むためには、どうすればよいのか？

二つの技法がある。

その第一は、「走馬灯リーディング」である。

この技法は、先ほど述べた、「営業プロフェッショナル」の研修を受けるB君の姿勢に示されている。

すなわち、彼は、講師である営業プロフェッショナルの語る「皆さん、結局、営業の最高のノウハウは、話術の力でも、プレゼンの力でもない。お客様の心の動きを感じ取る力ですよ！」という言葉を聴きながら、頭の中で、一昨日の商談のシーンを「走馬灯」のように思い起こし、「そうか……。あのとき、お客様がわずかに首をかしげたのは、やはり、当社の商品説明に納得していなかったのか……」「商談の最後の、あのお客様の誉め言葉は、その後、契約を断るとき、雰囲気を悪くしないための言葉だったのか……」「ああ、自分は、あの瞬間、お客様の心の動きを感じ取れていなかったのだ……」といったことを考えている。

同様に、我々が、プロフェッショナルが「仕事の技法」を書いた本を読むときには、やはり、頭の中で「走馬灯」を巡らせ、過去の経験を「追体験」しながら読むことである。

我々が、もしこの「走馬灯リーディング」と呼ぶべき読書法を身につけるならば、「言葉で書かれた本」を読んで、「言葉で表せない智恵」を摑むことができる。

例えば、プレゼンの達人が書いた『プレゼン力』という本を読んだとしよう。その中に、「プレゼンの要諦《ようてい》は、リズムと間《ま》の使い方だ」と書かれていたとき、その言葉をただノートに書き留めるのではなく、先日、自分が行ったプレゼンテーションの場面を思い起こし、そのときの「リズムと間の使い方」を振り返るならば、確実に、大切な何かを摑むことができる。その場面を思い起こしながら、「ああ、あのプレゼンのイントロは、リズム感が悪かったな……」や「あのプレゼンは、時間に追われて早口になり、大切な箇所で、間を取ることをしなかったな……」、さらには、「あの瞬間、次に何を語るかを忘れてしまったので、なかなか言葉が出てこなかった。そのため、話が間延びしてしまった……」などと振り返るならば、確実に、プレゼンに関する「プロフェッショナルの智恵」、もしくは、「智恵のヒント」を摑むことができる。

そして、この「走馬灯リーディング」の技法を修得するならば、もう一つ、修得すべき技法がある。

それが、第二の技法、「即実践リーディング」である。

すなわち、本で読んだスキルやテクニックなどの「技術」を、また、心構えや心の置き所などの「心得」を、すぐに仕事の現場で実践してみることである。

しかし、こう述べると、「なんだ、そんなことか……。すぐに実践するのは当然だろう……」と思われる読者もいるだろう。だが、実際には、この「即実践リーディング」を励行している人は、決して多くない。その理由は、「日々の仕事に追われて忙しい」ということもあるが、実は、真の理由は、**「この技術を掴もう」「この心得を掴もう」という明確な課題意識**を持っていないからである。

たしかに、プロフェッショナルの書いた「仕事の技法」を読むと、それが優れた本であればあるほど、様々なところにスキルやテクニック、心構えや心の置き所などが書かれているため、あちこちに線を引きたくなる。実際、赤線やラインマーカーや付箋で一杯になるほど優れた本もあるのだが、実は、落し穴は、この瞬間にある。

なぜなら、本を読んで、あちこちに優れた「技術」や「心得」を語った箇所を目にし、そこに線やマーカーを引くと、我々は、それだけで、「何かを掴んだ」という錯覚に陥ってしまうからである。そして、最悪の場合には、線やマーカーを引き、その言葉を頭に残しただけで、「プロフェッショナルの智恵を掴んだ」と思い込んでしまう。実際には、「単なる知識」として記憶しただけなのだが、我々は、いともたやすく、この錯覚に陥ってしまう。そして、同時に、そこで語られている様々な「智恵」の中で、何が、現在の自分にとって最も大切なのかを見失ってしまう。課題意識が発散してしまうのである。

では、どうすれば良いのか？

課題を一つに絞ることである。

いま自分が掴むべきプロフェッショナルの「技術」や「心得」を、一つに絞り、明日の仕事において、そのスキルやテクニック、心構えや心の置き所を掴むことを明確な課題として定め、その修得に徹することである。

例えば、著者は、ある経営学大学院の教授として講義を持っているが、毎週火曜日夜三時間の講義において、しばしば、受講生に、こう述べている。

「この三時間、プロフェッショナルとして掴むべき『技術』や『心得』について、いくつものことを語ったが、そのすべてを理解し、実践する必要はない。今日の講義を聴いて、『ああ、これは、いま自分が掴むべきものだ』と感じた『技術』や『心得』があれば、それを、明日の仕事において実践して欲しい。そして、今日の講義について提出する所感も、その『技術』や『心得』に関する、過去の仕事での経験を語って欲しい」

これは、大学院の講義を、単に「知識」を伝える場ではなく、「プロフェッショナルの智恵」を摑む場にしたいからであり、講義そのものを、「走馬灯リーディング」ならぬ、「走馬灯レクチャー」にし、「即実践リーディング」ならぬ、「即実践レクチャー」にしたいとの考えからである。

いま、「即実践リーディング」の要諦として、「課題を一つに絞る」ということを述べたが、それはあくまでも、「課題意識を明確にする」ためであり、実際には、課題を三つとしても、五つとしても良いだろう。

大切なことは、プロフェッショナルが書いた本を読んだとき、「いま、自分は、日々の仕事の中で、このプロフェッショナルの、この智恵を摑もう」という課題意識を明確に持つことである。それを明確に持ち、日々の仕事に取り組めば、必ず、その「プロフェッショナルの智恵」を摑んでいくことができるだろう。

逆に、それらの本を、どれほど丹念に読み、線やマーカーを引き、その言葉を頭に残しても、それだけで「プロフェッショナルの智恵を摑んだ」と思い込んでしまうと、決して、その智恵は身につかないだろう。

こうした「『知識』を学んだだけで、『智恵』を摑んだと思い込む」という落し穴は、現代の知識偏重教育において「勉強のできた人」で、「仕事の経験の乏しい人」が、しばしば陥る落し穴でもある。

先ほどの例で言えば、プレゼンの達人が書いた『プレゼン力』という本を読んだ直後、あるプレゼン研修において、やはり、「プレゼンの要諦は、リズムと間の使い方だ」と言われたとき、「それは、知っています。先日も、本で読みました」と、心の中で反応する人だろう。こうした人は、どれほど優れたプロフェッショナルの本を読んでも、決して、プロフェッショナルの智恵は摑めない。

さて、この第七話においては、本を通じてプロフェッショナルの「仕事の技法」を摑むための「**二つの読書法**」、「**走馬灯リーディング**」**の技法と**「**即実践リーディング**」**の技法**について述べた。

しかし、この「走馬灯リーディング」、その前提にあるのは、読者自身が、それなりの仕事の「経験」を積んでいることである。また、「即実践リーディング」は、それを学んだら、すぐ翌日の仕事の現場で実践し、「経験」を積むことである。

いずれにしても、「**経験を積む**」**ということが**、**プロフェッショナルの「仕事の技法」を摑んでいくための大前提**であることを、決して忘れるべきではない。

では、この「読書法」から、本題に話を戻そう。

冒頭の第一話から第五話まで述べてきた「深層対話の技法」と「深層対話力」、それをどのように、日々の仕事において修得していけば良いのか？

次の第八話から、そのことを語ろう。

その前に、この第七話のまとめを一言。

「仕事の技法」の本を読むときは
「走馬灯リーディング」と
「即実践リーディング」を励行する

第八話

多忙な日々の中でも
深層対話力を身につける「反省の習慣」

この「深層対話の技法」と「深層対話力」。それを修得するためには、日々の商談や交渉、会議や会合の後に「反省」を行うことが不可欠であるが、そもそも、**忙しい日々の仕事の中で、どのようにして、その「反省」の時間を見出し、「反省の習慣」を身につけるか？**　それが問題となる。

第一話では、著者が深夜の二時に、上司と銀座の深夜喫茶で、先ほどまでの商談と接待会合を振り返り、「反省会」を行ったことを述べた。

この話を読んで、こう思われた読者もいるだろう。

「仕事において『反省』の大切さは分かるが、商談や会合を行ったとき、いちいち反省の時間を取ることは、忙しい仕事の毎日において、無理だろう。いわんや、深夜二時の反省会など、無理だ……」

たしかに、深夜二時の反省会は、特別な場面であろう。あれは、私の上司が、私に、「いま終わったばかりの商談を、終わりっ放しにするな」という大切な心構えを教えるために、敢えて行ったことであったと思う。しかし、どれほど忙しくとも、日々の仕事において「反省」の時間を取ることは、それほど難しいことではない。

例えば、商談の帰り道。私は、後に、自分が上司になった時代も、商談の後、帰りの電車やタクシーの中で、必ず、先ほど終わったばかりの営業の場面を振り返り、部下と「**直後の反省会**」を行っていた。そして、次のような会話を交わしていた。


「こちらの企画説明はうまくできただろうか？」

「こちらの説明の最中、A部長の反応と心の動きはどうだっただろうか？」

「B課長の、あの質問に対して、あの答えをしたのは、正しかっただろうか？」

「C担当の、あの質問の背景には、どのような思いや考えがあったのか？」

「この後、A部長、B課長、C担当、三人の間で、どのような議論になるだろうか？」

「直後の反省会」においては、こうした質問を、次々と部下に投げかける。そして、自分も考える。

すなわち、こうした質問を通じて、部下と共に、先ほどまでの商談を「**追体験**」し、その商談の中での「当方の発言」と「顧客の発言」を振り返り、そのときの顧客の表情や雰囲気も踏まえて、顧客の「**心の動き**」を想像し、顧客の心の中で、どのような思いや感情が動き、考えや思考が働いたかを、感じ取ろうとするのである。

もちろん、これ以外に、今後のスケジュールの確認や作業の進め方など、実務的な会話もするが、「直後の反省会」において最も重視したのは、このように、顧客の表情や雰囲気、発言や質問の奥にある「言葉以外のメッセージ」を感じ取り、想像し、推察することであった。

これが、著者が実践してきた、商談の帰り道における「直後の反省会」の習慣であるが、いま世の中を見渡すと、商談の帰り道の時間を、単なる雑談で終わらせているビジネスパーソンが少なくない。しかし、どれほど忙しい日々の中でも、こうした時間を使うならば、「反省の習慣」を身につけることは、容易にできる。そして、ひとたび、こうした習慣を身につけるならば、それが時間的にも、精神的にも、決して大きな負担にはならないことが分かるだろう。いや、それだけではない、読者が、一度でも、この「直後の反省会」を行うならば、それが、極めて効果的な技法であることにも気がつくだろう。

実際、この商談の帰り道で「直後の反省会」を行うならば、その商談で交わされた「言葉以外のメッセージ」について、かなり明瞭に見えるようになってくる。そして、この「直後の反省会」を習慣にするならば、自然に、優れた「深層対話の技法」が身につき、「深層対話力」が高まっていく。その結果、確実に、「商談力」や「営業力」が高まっていくだろう。

しかし、逆に言えば、営業などの仕事は、次々と商談をこなしていかなければならないため、一つの商談が終わった直後に、この「直後の反省会」を行わなければ、結局、「反省」をしないという結果になってしまう。ときおり、「この商談は、重要な商談なので、今日の夕方、改めてメンバーで集まって反省会をやろう」というときもあるが、これは特別な場合である。基本的には、「直後の反省会」を行わないかぎり、「反省の機会」は無いと心得ておくべきであろう。

また、商談の直後には、まだ、その商談の場面の展開や、顧客の発言や質問、表情や雰囲気などが鮮明に記憶に残っているため、「追体験」が容易にできる。これも逆に言えば、一日にいくつもの商談がある営業の仕事では、この「直後の反省会」をやらないと、複数の商談の内容の記憶が、混在してしまい、明確に思い出せなくなってしまう。

ちなみに、ここでは、商談を終えた後、会社への帰り道の電車やタクシーの中で「直後の反省会」をするということを述べているが、このとき、一つ留意すべきは、電車の中では、周りの乗客の耳があることだ。また、タクシーの中では、運転手の耳がある。

従って、この「直後の反省会」を固有名詞で行うことは、情報漏洩《ろうえい》という意味でも、リスクがある。そうした点から、著者らは、電車やタクシーの中では、「あのA社のB部長の発言は……」「競合企業のC社のD担当は……」というように、固有名詞をアルファベットで置き換え、会話をしていた。

さて、このように、多忙な仕事の中でも、社外での商談や交渉においては、「帰り道での反省会」を行うことが現実的な方法であるが、では、社内での会議や会合においては、この「直後の反省会」を、どのように行うか？

著者は、社内での会議や会合の後の「直後の反省会」は、主に、三つの方法で行った。

第一は、会議室を出て、自室に戻るときの廊下を歩きながら、上司や同僚、部下と「数分間」の反省会を持つ方法である。また、同乗者がいないときは、エレベータで移動する時間も、反省会の場とした。

第二は、参加者が退室した後も、しばらく、その会議室に残って反省会を行う方法。

第三は、自室に戻った後、隣同士の席に座って数分間、反省会を行う方法である。

いま、「数分間」と言ったが、この時間は、決して短くない。問題意識を持ち、集中力を持って行えば、わずか五分間の反省会でも、かなりの意見交換ができる。

こうした社内での会議や会合の場合、ときに、それが午前中の会議であれば、上司や同僚、部下と昼食を取りながら反省会をすることもある。

ただ、社内での会議や会合の場合は、社外での商談や交渉とは異なり、同じ企業内、組織内であるがゆえに、反省会の会話が、先ほどの商談のときのような会話に加えて、ときに、次のような会話になることもある。これは、廊下を歩きながらの反省会の場面。


「企画部のD部長と社長室のE室長、今日は、互いに目も合わせなかったな……。会議の議論は、淡々と進んだが、何か緊張感があったな……」

「先月の経営会議で、あの二人、かなり意見がぶつかったと聞いているよ……。二人とも、まだ、そのことが尾を引いているのだろうな……」

「しかし、このプロジェクトを進めるには、企画部と社長室、両方の了解が必要だ。あの二人への根回しは、慎重に進める必要があるな……。企画部と社長室、どちらかが当部の裏で旗を振っていると見えたら、動くものも動かなくなるな……」

もとより、こうした会話になる反省会は、「深層対話」という意味では、かなり高度なレベルであるが、社外での商談や交渉と異なり、社内であるがゆえに、**出席者の人間関係や組織間の力関係**まで「言葉以外のメッセージ」から想像、推察することが必要なときがある。これは、あくまでも、そうした状況に読者が直面したときの参考として、紹介しておこう。

いずれにしても、先ほどの第七話では、「即実践リーディング」ということを申し上げたが、とにかく、明日から、いや今日から、この「直後の反省会」を実践されることを、お勧めする。

読者は、確実に、何かが変わっていくことを実感されるだろう。商談や交渉、会議や会合において、顧客や出席者の「言葉以外のメッセージ」を感じ取る力が高まり、「深層対話力」が高まっていくことを実感されるだろう。そして、それに合わせて、「仕事力」が、一段上がっていく自分を感じるだろう。

では、具体的には、どのようにして、この「直後の反省会」を行うのか？

次に、そのことを語ろう。
その前に、この第八話のまとめを一言。

商談や交渉、会議や会合の後には
必ず、「直後の反省会」を行え

第九話

商談や交渉、会議や会合の直後に必ず行うべき「追体験」

では、具体的には、どのような手順で、「直後の反省会」を行うのか？

「直後の反省会」においては、**まず、時間の流れに沿って「追体験」を行う。**

それが、第一の手順である。一つの場面を紹介しよう。

ある営業チームの「反省会」。

いま、客先での企画プレゼンテーションが終わったばかり。昼食を兼ねて、喫茶店で、A営業課長を中心に、B君、C君、D君の四人が「直後の反省会」を行っている。

A課長が切り出す。

「最初に会議室に入ったときから始めよう。何か問題があったか？」

すぐにB君が発言する。

「会議室に案内されてすぐに、お客様が部屋に入って来られましたが、そのときには、まだ、机の上に、五種類の資料を並べ終わっていませんでした。そのため、資料を机の上にセットするまで、お客様を待たせることになってしまいました。先方のE課長が、少しイライラされていたように感じましたが、次回からは、事前に資料をセットにしてから持っていくべきだと思います」

続いてC君からもコメントが挙がる。

また、A課長。

「では、当方のプレゼンの最中は、どうだ？」

すぐにD君がコメントする。

「プレゼンは、全体として、うまくいったと思いますが、プレゼンの最中のお客様の表情に留意するという意味では、あの席の並び方では、先方のF課長補佐の表情が見えませんでした。そこが残念です……」

続いて、B君からもコメントが出る。

また、A課長。

「では、プレゼンの後の質疑応答は、どうだった？」

今度は、C君がコメント。

「先方のG部長から、突然、あの質問が出るとは予想していませんでしたが、課長が、その質問に対して、『このあと、技術担当のCから詳しく説明を申し上げますが……』と言って、プロジェクトの技術コンセプトの説明に時間を使って頂いたので、その最中、私は、あの難しい質問にどう答えるか頭を整理することができて助かりました」

それに対して、D君からのコメントの後、また、A課長。

「では、最後に会議室を出るとき、何か気がついたことがあるか？」

一瞬の沈黙の後、B君が言う。

「最後に会議室で見送って頂いたとき、G部長はにこやかに見送ってくれましたが、E課長の表情が硬かったことが、少し気になります……」

そのB君の発言に頷くC君。C君も、同じ印象を持っているようだ。

これは、「直後の反省会」の習慣を身につけた営業チームの会話だが、このように、「直後の反省会」における最初の手順は、まず、時間の流れに沿って「追体験」を行うことである。

すなわち、商談や交渉、会議や会合などで先ほど経験した場面を、それぞれの頭の中で、時間の流れに沿って、思い出していくことである。ここで紹介した場面は、客先で企画プレゼンテーションを行ったときの「追体験」の例であるが、この場合ならば、まず、

（1）プレゼンテーションのために会議室に入った場面
（2）プレゼンを待機している場面
（3）プレゼンを行っている場面
（4）終わった直後の質疑応答の場面
（5）会議室を出る場面

という順に、時間の流れに沿って場面を思い出していくとともに、それぞれの場面で気になったことを出し合う。

このとき、気になった「**作業の手順**」や「**発表の技術**」などを出し合うことは基本だが、何よりも、気になった「**顧客の発言**」「**表情の変化**」「**心の動き**」などを出し合うことが重要である。その理由は、後ほど詳しく述べよう。

では、なぜ、この「追体験」を、時間の流れに沿って行うのか？

それは、この「追体験」を「思いつくまま」に出し合っていくと、見落してしまう場面が出てしまうからだ。しかし、**時間の流れに沿って一つ一つの場面を振り返っていくと、振り返りが緻密になり、重要な場面の見落しが最小になる。**

同時に、この「直後の反省会」は、その商談や交渉、会議や会合に参加した複数のメンバーによって行うため、「複数の記憶」を集めることができる。その意味でも、この振り返りは緻密になり、やはり、重要な場面の見落しが最小になる。

それでも、この「時間の流れに沿った追体験」の手順は、慣れるまでは、なかなか、すべての場面が頭に浮かんでこないが、この「直後の反省会」を習慣にし、繰り返していくと、自然に、商談や交渉、会議や会合をしている最中の「注意力」と「集中力」が高まっていくため、すべての場面が、滑らかに頭に浮かんでくるようになる。

しかし、この「追体験」を行うとき、決して忘れてはならない「心得」がある。

次に、そのことを語ろう。

その前に、この第九話のまとめを一言。

「直後の反省会」においては
まず、時間の流れに沿って「追体験」を行え

第一〇話

「追体験」において求められる「視点の転換」

では、「追体験」を行うとき、決して忘れてはならない「心得」とは何か？

「相手の視点」で振り返る。

このことが、極めて重要である。「相手の視点」とは、例えば、商談においては「**顧客の視点**」、会議においては「**他の出席者の視点**」である。

そもそも、プロフェッショナルとアマチュアを分けるのは、この「相手の視点」を持てるかどうかなのだが、アマチュアは、自分の仕事を、「自分の視点」でしか振り返ることができない。例えば、次のような場面である。

課長「今日のお客様へのプレゼンは、どうだった？」
A君「ええ、今日のプレゼンは、自分なりには、結構うまくできたと思います」
課長「お客様の反応は、どうだった？」
A君「ええ、特に問題は無かったと思います……」

こうした会話は、日常、しばしば見かけるが、実は、この「**自分なりには**」という言葉に落し穴がある。この言葉は、謙虚そうな言葉であるが、実は、しばしば、我々を、無意識の「自己満足」や「自己幻想」に陥れてしまう言葉でもある。

これに対してプロフェッショナルは、こうした「自己満足」や「自己幻想」に陥ることなく、冷静に、そして、客観的に、自分の仕事を、「相手の視点」「顧客の視点」「他の出席者の視点」で振り返ることができる。特に、一流のプロフェッショナルは、あたかも、心が「幽体離脱」して、自分から離れ、相手に入り込んで見ているのではないかと思うほど、細やかに、「相手の視点」で物事を見ることができる。

例えば、こんな場面だ。

Ｂ課長と部下のＣ君、社内での経営企画担当常務へのプレゼンテーションを終えた後の廊下の会話。

Ｃ君が、嬉しそうに言う。

「今日のＢ課長のプレゼン、常務、かなり満足されたようですね。最後に、もう一度、『面白い企画だな』と言われていましたね」

しかし、Ｂ課長は、少しも表情を崩さず、こう言う。

「常務は、立場上、ご祝儀も含めてそう言ってくれるだろう。しかし、自分は、横にいた経営企画室のＤ室長の渋い表情が気になったな……。常務は、プロジェクトの予算の詳細を押さえていないから、ああいう鷹揚《おうよう》な構えでいられるが、Ｄ室長の立場に立ってみれば、当部の提案を採用するとすれば、新たな予算をひねり出す必要がある。自分がＤ室長の立場だったら、悩ましいところだな。それが、室長の、あの渋い表情になったのだろうな……」

もとより、誰であろうとも、このB課長のような領域に達するのは、容易ではないが、彼の言葉の中に、その領域へと修業をしていくための、ヒントがある。

それは、「自分がD室長の立場だったら」という言葉だ。

すなわち、「反省会」において、先ほどの商談や会議を振り返り、「追体験」をするとき、常に、この「自分が、相手の立場だったら」という心構えで振り返りをする。その習慣を持つと、自然に、「相手の視点」で物事を見るという習慣が身についてくるだろう。

そして、この「相手の視点」で商談や会議を振り返るという習慣が身につくと、自然に、「追体験」における、もう一つの大切な手順に向かうことができる。

それは、何か？

「追体験」においては、次に、「相手の心の動き」を想像する。

では、「相手の心の動き」を想像するとは、どういうことか？

それは、先ほどのB課長の振り返りにおいて、すでに示されている。

自分のプレゼンが、常務から、どう評価されたかを振り返りつつも、同時に、その横にいるD室長の「心の動き」を想像している。

すなわち、「追体験」においては、「相手の視点」で商談や会議の場面を振り返ると同時に、その場面で、「相手の心」がどう動いたかを想像することである。

例えば、多くの聴衆を相手にしたプレゼンテーションであれば、

（1）壇上に登った瞬間に、会場の聴衆が、どの程度、自分に注目してくれたか
（2）会場からの最初と最後の拍手に、聴衆のどの程度の期待感や満足感が込められていたか
（3）プレゼンの最中、大きく頷いている人は、何に共感してくれたのか
（4）逆に、首をかしげている人は、何に疑問を感じていたのか
（5）会場からの質問には、その質問の奥に、どのような心の動きがあったのか

そうした「心の動き」を、一つひとつ振り返り、想像していくことである。

では、社内会議であれば、どのような振り返りになるか？

ある職場の会議。先ほどまで、E君が、F部長を始めとする職場のメンバーに、職場の

業務プロセスの改善提案を行っていた。会議が終わり、机の上の資料を片付け、同僚のG君と廊下を歩きながら、反省会を行う。この改善提案は、G君との共同提案。G君も他人事ではない。

E君「自分の説明は、分かりやすかっただろうか？」
G君「話は、分かりやすかったと思うよ……。分かりやすいだけでなく、この提案、面白いと感じた人も多かったのではないかな……」
E君「でも、H課長は、話を聞き流しながら、他の仕事をしていたな……」
G君「あれは、明日の幹部会への資料作りに追われているからだろうな。ただ、今回の業務改善は、H課長の部署には直接関係の無い話だからな……。むしろ気になったのは、隣の課のI君が、盛んにコストの質問をしていたことだな……」
E君「あれは、どういう意味での質問なんだろうか……」
G君「おそらく、最近、F部長からコスト削減を厳しく言われているから、あの発言は、『我々の課は、コスト意識を持ってやっていますよ』というアピールだろうな……」
E君「やはり、そうか……。自分が気になったのは、最後のK課長の情報システムに関する質問だな……。優しい言い方だったけれど、あれは、『この業務プロセスの改善は、君たちが思っているほど簡単じゃないぞ』という警鐘だったように思うな……」

G君「自分も、それは感じたな……。次回の説明会までに、そこの理論武装をしなければ……」

E君「それにしても、あの指摘をされたとき、会議の終わる時間が来ているにもかかわらず、くどくどと説明をしてしまった。我ながら、痛いところを突かれて、つい熱くなってしまったな……(笑)」

このように、会議の場面では、その「追体験」において、参加者の発言を振り返り、それぞれの発言の奥に、どのような思いや感情、考えや思考、さらには、狙いや意図があるかを想像することである。

そして、たとえ社内の小さな会合であっても、こうした振り返りの習慣を持つと、自然に、そして確実に、「相手の心の動き」を想像する力が身についてくる。

ちなみに、この場面で、最後に、E君は、「我ながら、熱くなってしまったな……」と発言している。このように、**「相手の心の動き」**だけでなく、**「自分の心の動き」を振り返ることも**、極めて大切である。その意味については、後ほど詳しく語ろう。

さて、このように、商談や会議の直後の「追体験」において「相手の心の動き」を想像する習慣を持つと、自然に、相手の「言葉以外のメッセージ」を感じ取る力が高まっていく。

では、さらに具体的に、どうすれば、「言葉以外のメッセージ」を感じ取る力を高めていけるのか？　どうすれば、「深層対話力」を高めていけるのか？

次に、そのことを語ろう。

その前に、この第一〇話のまとめを一言。

「追体験」においては
「相手の視点」に徹し
「相手の心の動き」を想像せよ

第一一話

相手の表情、仕草、動作から感じ取る「言葉以外のメッセージ」

商談や交渉、会議や会合における「深層対話力」を高めていくためには、「言葉以外のメッセージ」を感じ取る力を高めていかなければならない。

では、どのようにして、この力を高めていくのか？

商談や会議においては、
顧客や出席者の表情、仕草、動作に注意する。

それを行うだけで、確実に、「言葉以外のメッセージ」を感じ取る力が高まっていく。

先ほど第八話で、廊下を歩きながらの反省会の場面を紹介した。これは、社内会議での企画部長と社長室長の表情と雰囲気について、「目も合わせなかったな」と語り合っている場面だが、この第一一話では、商談の後の電車の中での反省会の場面を紹介しよう。A課長、B君、C君、D君の会話である。

A課長　「自分がプロジェクト企画を説明しているときの、先方のE課長の表情はどうだった？　自分には、熱心に聴いてくれていたように感じられたが、B君、君は、どう感じた？」

B君　「たしかに、熱心に聴いてくれていましたが、E課長は、特に、技術説明の箇所で、熱心にメモを取っていました。ただ、予算やコストの説明のところは、少し聞き流している印象を持ちましたが……」

A課長　「C君は、どう思った？」

C君　「そうですね……、予算やコストのところは、むしろ、F課長補佐が、細かくメモを取っていましたね」

A課長　「やはり、そうか……。E課長は、技術研究所の出身だからな……。F課長補佐は、事務系の出身だから、自然に役割分担になっているんだろうな……。D君は、どう思った？」

D君　「私は、先方の若手のG担当が、このプロジェクトの実施体制の説明になったとき、突然、腕を組んだのが気になりました。あの雰囲気は、我々が提案したプロジェクトの実施体制に疑問を持っているのかもしれませんね……」

A課長　「そうか、君は、それが気になったか……。G担当の、その仕草は気がつかなかったな……。あの席の座り方では、G担当は、自分の視野に入っていなかったからな……」

これが、商談の後の「直後の反省会」の一つの進め方だが、この会話の中に、「直後の反省会」で顧客や出席者の「**表情、仕草、動作**」を振り返るときの、三つのポイントが示されている。この場面で、「動作」というのは、「メモを取る」という動作が議論されている。別な場面では、「メモを渡す」という動作が重要になるときもある。このことは、後ほど話そう。

まず、第一のポイントは、商談や会議の最中の顧客や出席者の表情、仕草、動作などを、全員が注意深く見ているということ。このA課長は、商談の前に、B君、C君、D君に、「お客様の表情の変化や気になる仕草を、注意深く見ておくように」と指示していた。だから、こうしてスムーズに反省会が進んでいる。

ただ、まだ経験の浅い若手メンバーの場合には、どれほど、「商談中、顧客の表情や仕草に注意するように」と指導されても、そもそも「自分の資料を説明するのに精一杯」という時代がある。それでも、こうした課題意識を持たせ、「直後の反省会」を積み重ねていくと、自然に、資料説明をしながらでも、顧客の表情や仕草に注意を払えるようになっていく。

ただ、ここで「お客様の表情や仕草を注意深く見ておく」という表現を使ったが、この「**注意深く見ておく**」ということは、「相手をじろじろと観察する」という意味ではない。それは、顧客に対しては無礼な行為であり、相手を不愉快にする行為であることも、知っておく必要がある。最悪の場合には、相手に警戒心を抱かせてしまうことさえある。

ここで言う「注意深く見ておく」という意味は、「**自然かつ和やかな表情でありながら、相手の表情や仕草に、細やかに心を向けておく**」といった意味である。ただし、これが本当に、自然にできるようになるには、やはり、それなりの修練が必要である。

さて、第二のポイントは、A課長が、B君、C君、D君全員を順番に指名して、「感じたこと」「気になったこと」を語らせていること。全員が、それぞれの視点で、直前の商談を振り返り、「言葉以外のメッセージ」を感じ取り、想像し、それを共有している。

ここで大切なことは、「全員」が意見を述べるということである。これは、すでに述べたように、**複数のメンバーの**「**複数の視点**」による振り返りを通じて、重要な場面での表情や仕草の「**見落し**」**を最小化する**という意味もあるが、同時に、若手メンバーに対する「教育的配慮」という意味もある。

もとより、「深層対話力」という意味では、若手メンバー三名よりも優れた力を身につけているA課長ではあるが、それでも、こうした若手三名の「感じたこと」「気になったこと」は、それなりに参考になる。仮に、B君の感じた「E課長は、予算やコストの説明のところは、少し聞き流している印象だった」ということが、自分の感じた印象と違っていたとしても、その印象の「突き合わせ」によって、自身の印象を検証することができる。

第三のポイントは、この反省会においては、まず、自分が「**何を考えたか**」よりも、自分が「**何を感じたか**」「**何が気になったか**」を出し合うということ。メンバー全員が「直観的」に感じたことを共有することが大切である。なぜなら、「言葉以外のメッセージ」を感じ取るという行為は、基本的に、「**論理的に考える行為**」ではなく、「**直観的に感じる行為**」だからである。

もちろん、まだビジネスパーソンとしての修業を始めたばかりの若手三名である。その直観が正しいとは限らないが、大切なことは、若い時代から、商談や会議において、自分が「何を感じたか」「何が気になったか」を大切にし、それを、こうした形で、明確に語るという修練をすることである。プロフェッショナルの直観力というものは、まさに、こうした修練を通じて、身についていく。

ただし、こう述べてくると、読者の中から、疑問の声が挙がるかもしれない。

「たしかに、直観も大切だが、やはり、論理的に商談や会議を振り返ることも重要だろう……」

その通り。商談や会合での議論を「論理的」に振り返ることも、重要なことである。しかし、その「論理的」な振り返りは、「直後の反省会」でなくともできることであり、また、経験豊かなリーダーならば、商談や会議の後、一人でもできることである。

この「直後の反省会」の最も大切な意義は、商談や会議の「記憶」と「印象」の新鮮なうちに、メンバー全員の「直観」や「感覚」を持ち寄って、振り返りを行うことにある。

なお、こうした社外での商談においては、A課長が、D君に対するコメントで言っているように、**「席の座り方」**によっては、表情や仕草を見ることができない顧客もいる。そうしたとき、他の参加メンバーから見えていた表情や仕草は、やはり、参考になる。

ちなみに、著者は、商談においては、基本的に、顧客全員の表情が、自分からの**「死角」**にならないように座ることを心掛けたが、どうしてもそれが難しい場合には、商談の前に、「自分は、先方のA部長の表情に注意するから、B君は、先方のC課長の表情に、D君は、先方のE担当の表情に注意しておいてくれ」といった形で、メンバーに指示を出しておいた。いわゆる、「マンツーマン・ディフェンス」である。

さて、この第一一話で紹介したのは、社外での商談の場面であるが、社内での会議や会合においても、「直後の反省会」の進め方のポイントは、全く同じである。

大切なことは、この「直後の反省会」において、顧客や参加者の「言葉以外のメッセージ」を感じ取ることであるが、同時に大切なことは、こうした反省会を通じて、若手メンバーが「深層対話の技法」を身につけ、「深層対話力」を身につけていくことである。

そして、若手メンバーが、こうした形で、**「複数メンバーによる反省会」**を経験しておくと、将来、一人で商談を行うときも、自然に、心の中で、**「一人での反省会」**を行い、商談で交わされた「言葉以外のメッセージ」を感じ取り、そこで起こった「顧客との深層対話」を振り返ることができるようになる。

このように、商談や交渉、会議や会合の後の「直後の反省会」は、若手メンバーの成長や育成という意味でも、極めて大切な意味を持っているが、この場には、やはり、優れた「深層対話力」を持つ、上司や先輩などのプロフェッショナルが同席することが望ましい。

次に、その理由を述べよう。

その前に、この第一一話のまとめを一言。

商談や交渉、会議や会合においては
顧客や出席者の表情、仕草、動作に注意せよ

―第一二話―

優れたプロフェッショナルから学ぶべき「深層対話の視点」

若手メンバーの成長や育成のためには、「直後の反省会」には、プロフェッショナルの「深層対話力」を持つ上司や先輩が同席することが望ましいと述べた。

それは、なぜか？

「深層対話の視点」を学ぶためである。

では、「深層対話の視点」とは何か？

また、一つの場面を紹介しよう。

A社との商談が終わった帰り道。タクシーの中で、B部長と若手のC君が反省会を行っている。

B部長「先ほどの商談、君は、何を感じた?」

C君「先方のD部長、当社の技術コンセプトの提案、大変、満足されたようですね……」

B部長「君の技術プレゼンは、なかなか上手かったからな……。良く頑張ってくれたね。ところで、君は気がついたかな?」

C君「何でしょうか?」

B部長「先方のE課長、会議の終わり頃、小さなメモを、D部長に渡したな……」

C君「え、そうですか? 私は気がつきませんでしたが……」

B部長「そうだろうな……。こちらに気がつかれないように、小さなメモを手の平の下に隠して、そっとD部長に渡したからな……」

C君「そうでしたか……。部長は、それに気がつかれたのですね……」

B部長「あのメモ、何が書いてあったと思う?」

C君「いや、分かりませんが……」

B部長「あのメモ、先方の部署の今期の開発予算が書いてあったんだよ……」
C君「何で、そんなことが分かるんですか?」
B部長「おそらく、そうだろう……。E課長からメモが渡った途端に、D部長、それまで当社の技術コンセプトに強い興味を示して、盛んに質問していたが、急に、プロジェクトの予算見積りについて、厳しいことを言い出したじゃないか。あれは、E課長から『今期の開発予算は、ここまでなので、見積りを叩いてください』というメモが渡ったからだよ……」
C君「なるほど、そういえば、会議の終わり頃には、D部長、少し雰囲気が厳しかったですね……」
B部長「だから、ご苦労だが、今夜、プロジェクト予算の見積りを見直した提案書を作って、明日の朝一番に、E課長に送っておいてくれるかな……」

これは、どのような場面か?

もとより、これは商談の直後の反省会の場面であるが、同時に、このB部長、若手のC君に大切なことを教えてあげている。

それは、より深い「深層対話の視点」である。

すなわち、この場面では、顧客がその表情や仕草、動作から伝えてくる「言葉以外のメッセージ」を感じ取るだけでなく、顧客同士（この場面は、D部長とE課長）の目立たないやりとりの中で、その顧客同士の間で交わされたメッセージや、顧客同士の関係を感じ取るという「視点」を教えているのである。

この場面では、**「顧客同士の間で交わされたメッセージ」**は、E課長がD部長にそっと渡したメモだが、ときには、さらに細やかなレベルで受け取るメッセージもある。

例えば、次のような場面だ。

ある社内会議の後、廊下を歩きながら、F課長と若手のG君が言葉を交わしている。

F課長　「いまの全社プロジェクトの打合せ、君は、何を感じた？」

G君　「この全社プロジェクト、各部門から異論が相次ぎ、議論が紛糾した感がありましたが、三時間の会議、最終的には、企画部門のH課長の発言で、まとまる方向にいきましたね……。一時は、どうなるかと思いましたよ……。このプロジェクトを統括する開発部のI課長、ご苦労された会議でしたね」

F課長　「君からは、そう見えるか……。自分の目からは、予定通りに進んだ会議に見えたがな……」

G君　「なぜですか？」

F課長　「たしかに議論は紛糾したように見えるが、この全社プロジェクト、一度は、各部門の言い分を存分に言ってもらう場面だからな……。その意味では、各部門、言いたいことは十分に言ったのではないかな……。そして、会議の終わり頃に、H課長が、議論をまとめる方向で、調停的な発言をしたので、各部門の責任者は、矛《ほこ》を収めた形になった。これは、I課長が予定した通りの展開だろう……」

G君　「どうして、そう思われるのですか？」

F課長　「いや、実は、会議が終わった瞬間に、ピンと来たんだよ。出席者が机の上の書類を片付けて、次々と部屋を出ていくとき、一瞬だが、I課長とH課長が視線を交わしたんだな。あの瞬間の二人の表情を見たとき、ああ、事前に、議論が紛糾したら、議論の調停に入ってもらうように、I課長がH課長に根回しをしておいたんだな、と思った……。だから、最後は、無言の視線で、エールの交換だ。いつもながら、I課長は見事だな……」

この場面など、単に、二人の参加者が視線を交わした一瞬で、大切なメッセージを感じ取っている。F課長は、このレベルでの細やかなメッセージを感じ取る「深層対話の視点」を、印象的な表現でG君に教えている。

また、「**顧客同士の関係**」を感じ取る「視点」という意味では、次のような場面が参考になるだろう。

A課長と若手のB君、営業の帰り道の会話。

A課長「先ほどの商談、先方から出てこられたのは、C部長とD課長だったが、今回のプロジェクトの発注を決めるのは、実質的にD課長だろうな……」

B君「どうして、そう思われるんですか?」

A課長「会議の最中、C部長がD課長に、資料のコピーを頼んだな……。あのとき、『君、すまんが、コピーを頼む……』と言って頼んだが、あの頼み方を見ていると、C部長、D課長には、かなり気を使っているな……。雰囲気的にも辣《らつ》腕《わん》という感じのD課長だが、あの部署は、実質的にD課長が仕切っている感じだな……」

B君「たしかに、C部長、人柄が良さそうな方でしたね……」

A課長「だから、次回の提案に向けては、今日、D課長から出たコメントを重視して企画を修正する必要があるな……」

この場面、A課長はB君に対して、商談や会議の中での相手の何気《なにげ》ない振舞いから、その部長と課長の関係を感じ取るという「深層対話の視点」を教えている。

実は、商談や会議の最中の、こうした何気ない瞬間に、その部署における人間関係や力関係などが「言葉以外のメッセージ」として伝わってくることは、しばしばある。ときには、お茶を出すスタッフの振舞いから、その職場の文化や人間関係が伝わってくることさえある。

もう一つ、さらに細やかな「言葉以外のメッセージ」を感じ取る場面を紹介しておこう。

客先での商談が終わった。顧客企業のE部長とF課長、営業に来たG部長とH課長をエレベータまで見送ってくれた。最後に、E部長、にこやかな笑顔で、「では、今後ともよろしく！」と声をかけてくれた。G部長とH課長も、「こちらこそ、よろしくお願いします！」と明るく応対する。その後のエレベータの中。幸い、G部長とH課長だけだ。その二人の会話。

H課長「E部長、当方の提案を歓迎してくれたようですね」
G部長「どうして、そう思う？」
H課長「E部長、こちらの提案の最中も終始、にこやかな表情でしたし、最後にエレベータでお見送り頂いた瞬間も、『今後ともよろしく！』と明るく声をかけてくれましたので……、そう思いますが、何か違うでしょうか？」
G部長「いや、あのE部長は、相当できる人だよ……。あのにこやかな表情は、いわゆるポーカーフェイスならぬ、ポーカースマイルだな……。提案をしていても、あのE部長の心の動きが読めない……。表面的には、頷いたり、質問したりしてくれるが、本当のところ、この提案をどう受け止めているのかが、分からない……。しかし、本当は、この提案には、あまり賛同してくれていないな……」
H課長「どうして、そう思われるのですか？」
G部長「最後の一瞬だよ……」
H課長「最後の一瞬……？」

G部長「君は、気がついたか？　あのエレベータが閉まるとき、こちらも、先方も、お辞儀をしていたが、エレベータの扉が閉まる一瞬、その扉の隙間から自分の目に入ってきたのは、先ほどまでのにこやかな表情とは打って変わった、E部長の厳しい表情だったな……。今回の提案に対するE部長の評価、その本音は、あのにこやかな表情とは違うところにあるな……」

この場面、**顧客の「言葉以外のメッセージ」は、商談の最中だけでなく、それが終わった直後に伝わってくることがある**ことを教えている。いや、終わった直後にこそ伝わってくることがある。G部長は、H課長に、そのことを教えている。

実際、我々は、商談や会議の最中には、それなりの緊張感があるので、自分の内心が表情や態度に現れないように気をつけているが、商談や会議が終わった直後には、その緊張感が緩み、ほっとするため、その内心が、思わず表情や態度に現れてしまうものである。

以前、ある海外の人気テレビドラマで、主人公の刑事が、犯人と思しき人物に聞き取りをするとき、最後の質問を終え、ドアを出ようとするところで、ふと思い出したように振り返り、「ああ、もう一つ、質問をしていいですか……」と聞くシーンがあったが、これは、この刑事の得意技でもあった。刑事の質問に警戒し、慎重に答えてきた相手が、質問が終わって安心し、ほっとしたところで、最も肝心の質問をするという技である。

しかし、テレビドラマならいざしらず、現実の商談や交渉で、こうした技を使うことは、顧客や相手に対して、あざとい印象を与えるため、勧めることはできないが、商談や交渉が終わった直後にこそ、相手の内心が伝わってくることは事実である。

著者の経験でも、例えば、海外企業との交渉においては、交渉の席での議論も大切であったが、やはり、交渉が終わった直後の「**握手の瞬間**」に、相手の眼差《まなざ》し、目を外すタイミング、握手の強さと長さなどに意識を向けた。そうしたものから伝わってくる相手の気持ちの温かさや冷たさが、交渉の後の反省会において、重要な情報となったからだ。


ちなみに、先ほどのG部長の場面、著者も、当然ながら、エレベータの閉まる一瞬の相手の表情には、自然に意識を向けている。しかし、この場面で、G部長は、E部長のことを「相当にできる人だよ」と評しているが、実は、「相当にできる人」は、このE部長のようなタイプではない。

「相当にできる人」は、エレベータが閉まる最後の一瞬まで、表情が変わらないタイプの人間である。その表情を見ていても、「心が読めない」タイプの人間である。その穏やかな表情やにこやかな表情の奥に、どのような真意や本音があるのか読めないタイプの人間である。

ちなみに、著者は、エレベータが閉まる瞬間に、決して、このポーカーフェイスやポーカースマイルをすることはない。著者は、その瞬間には、商談や交渉の内容がどれほど意に沿わないものであっても、必ず、心の中で相手に対し、「有り難うございました」との思いを持ち、心を込めてお辞儀をする。それが若い時代から未熟な自分に課してきた修業であり、永年続けてきた習慣だからである。

そして、こうした瞬間には、「心を読まれまい」と無理にポーカーフェイスやポーカースマイルをすることよりも、心そのものを「相手に対する感謝」の思いに定め、その場に処することが、最も善き方法であると考えているからである。


さて、ここまで、仕事の色々な場面を通じて、プロフェッショナルが身につけるべき様々な「深層対話の視点」を紹介してきたが、もし読者が、このレベルの視点を身につけ、実践されるならば、社外での商談や交渉、社内での会議や会合においては、さらに多くの「言葉以外のメッセージ」を感じ取れるだろう。

そして、この「深層対話の視点」は、やはり、プロフェッショナルの「深層対話力」を持つ、優れた上司や先輩が同席する「直後の反省会」で学ぶことが多い。

しかし、「直後の反省会」を、こうした優れた上司や先輩とともに行うことが望ましいのには、もう一つの理由がある。

次に、そのことを語ろう。

その前に、この第一二話のまとめを一言。

「直後の反省会」においては
優れた上司・先輩から「深層対話の視点」を学べ

第一三話

「一人での反省」がしばしば陥る「解釈の誤り」

では、「直後の反省会」を、こうした優れた上司や先輩とともに行うことが望ましい、もう一つの理由とは何か？

「一人での反省」においては、「小さなエゴ」が、解釈を誤らせるからである。

すなわち、我々人間の心の奥深くには、必ず、物事を自分の好き嫌いを中心に感じ、自分の利害を中心に考える「**エゴ**」（**自我**）がある。正確には、それは「**小さなエゴ**」（**小我**）と呼ぶべきものであるが、この「小さなエゴ」は、心の奥底で、いつも、「自分は正しい！」「自分は間違っていない！」「自分は優れている！」「自分は劣っていない！」と叫んでいる。ただし、この「小さなエゴ」の存在は、人間としての心の修養をしないと、なかなか、自分では気がつかない。そして、この「小さなエゴ」が、しばしば、仕事の場面においては、商談において顧客が発しているメッセージや、会議において出席者が発しているメッセージの「**解釈**」を、誤らせてしまう。それらのメッセージを、自分の好むように、そして、自分の都合の良いように「解釈」してしまうのだ。

一つの場面を紹介しよう。

企画営業部の若手A君が、取引先のB社のC課長に、新しい商品企画を提案に行った。彼としては、何ヵ月もかけて考えた新商品企画だが、自社に戻ってきて、上司のD課長に報告する場面。

D課長「どうだった、君の商品企画。今朝、B社に提案に行ったのだろう。先方のC課長の反応は、どうだった？」

A君「C課長は、この新商品企画、面白いと言ってくれました」

D課長「そうか。では、この企画、先方は採用してくれる感触だな？」

A君　「いえ、C課長は、コストが問題だな、と言っていました」
D課長　「では、コストの部分を見直して、再度、商品企画を出してくれと言われたのか？」
A君　「いえ、C課長は、『今期の予算が限られているので、なかなか新商品企画を取り上げにくいので……』と言っていました……」
D課長　「では、来期に向けて、修正した企画案を出すように言われたのか？」
A君　「いえ、それは言われませんでしたが、この企画については、面白い企画だと言ってくれました……」

ビジネスのプロフェッショナルならば、思わず微笑んでしまう場面であろう。そして、熟練のビジネスパーソンでも、若い時代に、似たような経験の一つや二つはあるだろう。

これは、どういう場面か？

要するに、A君は、顧客であるC課長の発言、「言葉のメッセージ」の中から、「自分が聞きたいメッセージ」だけを聞いている。もしくは、C課長の「言葉のメッセージ」や「言葉以外のメッセージ」を、自分の好きな意味に、勝手に解釈している。そして、その心の奥には、先ほど述べたような、A君の「小さなエゴ」の動きがあるのだが、A君自身は、そのことに気がついていない。

A君の性格を知っているD課長は、そうした心の動きを感じて、「C課長は、『面白い企画だ』と言いながらも、実は、君の新商品企画を採用するつもりはないのではないか？」という問いを投げかけているのだが、A君は、なかなか、そのことに気がつかない。その場面だ。

もちろん、この商談に、D課長が同席していれば、「直後の反省会」において、A君に気づかせてあげることもできるが、この場面では、D課長自身が、直接、C課長の「言葉のメッセージ」を聞いていないため、そして、「言葉以外のメッセージ」を感じ取っていないため、なかなか難しい。

すなわち、「直後の反省会」を、その場に同席した優れた上司や先輩とともに行うことが望ましい理由は、「深層対話の視点」を学ぶことに加えて、若いビジネスパーソンが、こうした心の中の「小さなエゴ」の動きゆえに誤ってしまう「メッセージの解釈」を修正してあげることができるからでもある。

しかし、いま、「若いビジネスパーソンが」と述べたが、実は、この「小さなエゴが、解釈を誤らせる」ということは、若いビジネスパーソンだけでなく、熟練のマネジャーや経営者も、しばしば陥る「落し穴」でもある。それは、著者も例外ではない。油断をすれば、誰であっても、この心の中の「小さなエゴ」によって、相手のメッセージの解釈を誤ることはある。

特に、一つの企業においてトップに立つ経営者は、絶大な人事権や意思決定権を持っているがゆえに、周りには、その経営者に対する「苦言」を控える部下、「甘言」をする部下が集まってしまうことがある。それゆえ、**経営者は、自分自身の心の中の「小さなエゴ」に気がついていないと、部下の語る「苦言」に無意識に耳をふさぎ、「甘言」を真に受けるという落し穴に陥ってしまう**。

こうした落し穴を知っている、ある大企業の経営者は、「私は、いつも、可愛げの無い部下を、傍に置いておくようにしているのです……」と述懐していた。それは、耳の痛いことや苦言を語ってくれる部下を敢えて傍に置き、その意見に耳を傾けることによって、自分が「小さなエゴ」の落し穴に陥らないようにする、経営者の叡智であろう。

もとより、そうした叡智が大切にされてきた、我が国の経営の世界では、昔から、「**経営者は、私心を捨てよ**」という言葉が語られてきた。それは、経営者の心の中に、自己中心的な「私心」、すなわち「小さなエゴ」があると、相手の言葉や様々な情報、起こった出来事や今後の展開を、その「私心」や「小さなエゴ」の都合の良いように解釈してしまうことへの警句であった。

また、やはり我が国の経営の世界では、「**直観は過**《あやま》**たない。過つのは判断である**」という言葉が語られてきた。この言葉もまた、「無心」に近い心境では「透徹した直観」が働くが、「私心」が強いと「小さなエゴの判断」に流されてしまい、経営における重要な決断を誤ってしまうことへの警句であった。

しかし、こうした警句の一方で、**我々の心の中の「私心」や「小さなエゴ」は、「私心を捨てよ」という言葉で、簡単に捨てることができるほど生やさしいものではない。**

ときに、我々の心の中の「小さなエゴ」は、「私心を捨てよ」という言葉を声高に語ることによって、「自分は私心を捨てた優れた人物だ」という自己幻想に陥ることさえある。経営者は、その怖さと落し穴もまた、知っておくべきであろう。

大切なことは、心の中の「小さなエゴ」を捨てることではない。それは、捨てようとして、捨てられるものではない。むしろ、「捨てよう」と思った瞬間に、いま述べた「**自己幻想**」に陥るか、「私は小さなエゴを捨てた」という「**エゴの擬態**」に騙されてしまうかであろう。

大切なことは、そうした「自己幻想」と「擬態」も含め、自分の心の奥の「小さなエゴの動き」が、見えていることである。そして、自分の心の中の、そうした「小さなエゴ」

の存在が、しばしばメッセージの解釈を誤らせることを、「自覚」していることである。

人間であるかぎり、誰の心の中にも「小さなエゴ」がある。そして、それが心の中で動くときには、相手の言っていることも、耳に入ってくる情報も、目の前で起こっていることも、これから起こるであろうことも、すべて、自分に都合の良いように解釈してしまう。

大切なことは、そうした「小さなエゴ」の動きが、見えていることである。

それが見えている限り、我々は、その「小さなエゴ」の落し穴に陥ることはない。

しかし、それが見えるようになるために、我々には、永い年月の心の修養が求められる。それも事実であろう。


さて、少し深い方向に話が広がった。話を元に戻そう。

このように、誰であろうとも、我々の心の中には、物事を自分の好き嫌いを中心に感じ、自分の利害を中心に考え、自分は常に正しいと思い、自分は優れた存在だと思いたがる「小さなエゴ」があり、それが、しばしば、商談や交渉、会議や会合における相手のメッセージの「解釈」を誤らせてしまう。

しかし、その「小さなエゴ」のため、誰かが、商談の顧客や会議の出席者のメッセージを誤って解釈しても、「複数のメンバーによる反省会」や「優れた上司や先輩と一緒の反省会」においては、それが、「複数の視点」や「深い視点」から検証されるため、その「解釈の誤り」は、自然に修正されるだろう。

問題は、「複数のメンバーによる反省会」を行うことができず、「一人での反省」を行うときである。このときには、我々に、自分の心の中の「小さなエゴ」の動きを自覚する力がなければ、メッセージの解釈を誤り、結果として「深層対話力」の発揮を妨げてしまうだろう。

しかし、「一人での反省」を行うときには、そうした落し穴がある一方、**「一人での反省」だからこそ行える、大切なこと**もある。

次に、そのことを語ろう。

その前に、この第一三話のまとめを一言。

「一人での反省」においては
自分の心の中の「小さなエゴの動き」に留意せよ

第一四話

究極の「深層対話力」を身につける「深夜の反省日誌」

第一三話では、「一人での反省」をすることの「落し穴」について述べた。しかし、一方、「一人での反省」だからこそ行える大切なこともある。

特に大切なものが、「深夜の反省」である。

これは、一日の仕事を終えた夜、一人、就寝前に、一日の経験を振り返り、「追体験」と「反省」を行うことである。そして、このとき、できるならば、その「反省」をノートなどに書き出すこと、すなわち、「**反省日誌**」を書くことが望ましい。

著者は、実社会に出てから、何年間かは、この「深夜の反省日誌」をつけることを習慣にしていた。そして、この「反省日誌」が、著者の「深層対話力」を始めとする「仕事力」を高めることに、大いに役立った。

この**「深夜の反省日誌」**には、**「直後の反省会」では得られない優れた利点がいくつもある**が、ここでは三つ、挙げておこう。

第一は、商談や交渉、会議や会合などの経験から時間を経た後、「濾過《ろか》」されて心に残るものに、しばしば、大切な意味があるということである。

例えば、こうした場面である。

A課長「おはよう、昨日の経営会議でのプレゼンテーション、ご苦労さん。あの後、役員の皆さん、口々に『B君のプレゼンは、分かりやすかったな』と言っていた。役員から出た色々な質問に対しても、君は、当意即妙に、うまく答えていたな……」

B君「有り難うございます。そう言って頂けると嬉しいのですが、ただ、一つ気になることがあります。自分も、あのプレゼンと質疑が終わった直後には、『首尾よくやれた』と思っていたのですが、夜、家に帰って一人で考えていると、質疑の最後に、C取締役がポツッと言われた言葉が、気になったのですが……」

A課長「あの質問か……。『市場規模は、こんなにあるんですかね？』という質問だな……」

B君「そうです。静かな雰囲気での質問でしたので、あの場では、そつなく答えましたし、問題にはならなかったのですが、C取締役、直観の鋭い方ですので、どうも、あの質問が気になります。自分なりに、もう一度、チームメンバーが出した市場規模の算出根拠を洗ってみます」

A課長「そうだな……。あの質問は、俺も、少し気になっていたんだ。その洗い直し、よろしく頼むよ……」

これは、実は、B君が「深夜の反省日誌」を書くとき、心に浮かんできたものをA課長に語っている場面であるが、読者にも、こうした経験があるだろう。深夜、一人で考えていると、心に浮かんでくること、心に引っかかること、そうしたものが、後で、大切な意味を持っていたことに気がつく。そうした経験である。

もとより、記憶が鮮明な「直後の反省会」でなければ確認できないことも多々あるが、逆に、**一定の時間を経た後でなければ、心に浮かび上がってこない「濾過された感覚」**というものがある。「深夜の反省日誌」は、その感覚が浮き上がってくる場でもある。

第二は、「反省」を、曖昧な言葉で語るだけでなく、「反省日誌」という形で、明確な文章にすることによって、より客観的に、明瞭に、自分の問題や課題が見えてくることである。特に、「反省日誌」という形で、ノートの上で「追体験」を行い、気がついたことを書いていくと、必ずと言っていいほど、そこに「**自分との対話**」が生まれてくる。

先ほどの例で言えば、「本日の経営会議でのプレゼンは、首尾良くやれた」と書いた瞬間に、もう一人の自分が、「本当にそうだろうか……。最後のC取締役の質問は、どうなのか？」と語りかけてくる。すなわち、この「反省日誌」とは、ある意味で、「**もう一人の自分**」**との**「**深夜の反省会**」でもある。

第三は、一人で書く「反省日誌」には、日中の同僚との「反省会」では語れない「自分の心の動き」が書けるということである。

例えば、「反省日誌」においては、こんなことを書くこともあるだろう。

「今日の経営会議でのプレゼンのとき、同期のD君が、E取締役のプレゼンを手伝うためにスタッフとして壁際に控えていた。そのため、自分のプレゼンの冒頭は、D君に良い所を見せようとして、少し肩に力が入ってしまった……。プレゼンを進めるうちに、その過剰な意識は消えていったが、誰かに良い所を見せようとして自意識過剰になる癖は、早く卒業しなければ……」

たしかに、こうした自分自身の内面的な課題は、仲間との反省会で語ることは憚《はばか》られる。そして、仲間との反省会で語るべきものでもない。従って、この「**反省日誌**」は、**本来、誰にも見せず、一人で書き、一人で読み直していくべきもの**だろう。

ちなみに、いくつかの企業では、新人の教育研修のために、一日の業務を振り返る「日誌」を書かせ、それに教育担当の先輩が、赤字でコメントを書き入れるということをやっている。こうした新人教育メソッドは、それなりに教育効果もあり、意味もあるが、ここで著者が言う「深夜の反省日誌」とは異なるものである。

では、この「深夜の反省日誌」においては、何を見つめるべきか。

もとより、この反省日誌においては、自分の仕事のスキルやテクニック、心構えや心の置き所、さらにはマナーやスタイルなどについての振り返りを行うことも大切であるが、この営みは、「一人での反省」であるため、「直後の反省会」に比べて、より高度な「反省力」が求められる。その理由は、すでに述べたように、二つある。

一つは、自分とは違った視点、より深い視点を提供してくれる上司や先輩、同僚がいないこと、もう一つは、反省において行う「自己評価」が「小さなエゴ」によって誤った解釈に陥ってしまったとき、それを指摘してくれる第三者がいないことである。

その二つの理由から、「深夜の反省日誌」には、**より高度な「反省力」**が求められる。

では、そうした「一人での反省」において、その高度な「反省力」を身につけ、発揮するためには、どうすればよいのか？

実は、それを身につける一つの方法がある。

自分の中に「複数の自分」を育て、様々な自分と対話する。

それは容易なことではないが、一つの方法である。

ある場面を紹介しよう。

商談があった日の夜、Ｆ君は、自宅の部屋で、「反省日誌」を開き、時間の流れに沿って、その商談を振り返りながら、自分の思いや考えを書き連ねている。

「冒頭のプレゼンは、三〇分を予定していたが、先方の事情で商談の時間が短縮され、一五分でやらざるを得なくなった。もう少し時間があれば、うまくプレゼンができたのだが」

「プレゼンの後の質疑では、上司のＧ課長は、あの技術的質問を後輩のＨ君に振った。Ｈ君の説明は相手には分かりにくかったと思う。自分なら、うまく説明できたのだが、Ｇ課長がＨ君に振ったから仕方ない……。できれば、あの説明は、自分がやらせてもらいたかった」

「先方のＩ部長は、短気な人だ。こちらの話を最後まで聞いてくれない。そもそも、当初は、一時間の予定の会合を、別の会議が入ったので、突然、三〇分にしてくれというのも勝手な話だ……」

Ｆ君、「反省日誌」を前に、最初は、こうした自分の思いや考えを、ありのままに書いていく。誰にも読まれることのない日誌だ。自分の不満の感情や不愉快な気分も含めて、そのまま「反省日誌」に書き出していく。

しかし、しばらく、こうして自分の思いや考え、感情や気分を吐き出していくと、自然に、心が静かになっていく。そして、先ほど書き出した自分の思いや考え、感情や気分を読み直していくと、不思議なことに、それを書いた自分とは別な自分が、心の中に現れてくる。そして、自分自身に語りかけてくる。

「たしかに、三〇分のプレゼンを、突然、一五分でやらざるを得なくなったのは、大変だったが、その臨機応変ができて、初めてプロフェッショナルではないか……。その意味で、自分は、まだ修業が足りないな……」

「G課長が、あの質問をH君に振ったのは、実は、教育的配慮だったのではないか。H君も、いずれ、こうした商談で、お客様の前面に立ってプレゼンや説明をしなければならなくなる。今日は、重要なプレゼンは、自分に任せてくれたが、あの技術に関する質疑の部分は、G課長、敢えて、H君に振って、彼の自覚と成長を促したんだろう……」

「先方のI部長の勝手な態度には、一瞬、むっとしてしまったが、ああいう場面で、顔に出てしまうのは、自分の悪い所だ。あくまでも、あちらはお客様、こちらは業者なのだから……。それに、あの部長には、あの部長なりの立場もあるのだろう。突然の会議というのも、どうも、かなり重要な会議が入った雰囲気だった。誰でも、そうした場面では、時間に追われて、あのような苛立《いらだ》った雰囲気になってしまうだろう……」

「深夜の反省日誌」を書いていると、不思議なほど、こうした形で、「もう一人の自分」が現れ、自分に語りかけてくる。そして、この「もう一人の自分」は、ときに、上司のG課長の立場になり、ときに、顧客のI部長の立場になって語りかけてくる。

先ほど述べた、「**自分の中に『複数の自分』を育て、様々な自分と対話する**」というのは、その意味に他ならない。

そして、その「複数の自分」の中でも、自分の心の中の「小さなエゴの動き」を静かに見つめている自分が現れてくると、この「深夜の反省日誌」の営みも、極めて成熟した精神の営みになっていく。

ちなみに、この「自分の中に『複数の自分』を育て、様々な自分と対話する」ことの大切さについては、拙著『人は、誰もが「多重人格」』においても述べたが、この著書の中では、「**小さなエゴの動きを静かに見つめる自分**」のことを「**静かな観察者**」と呼んでいる。

そして、我々の心の中に、この「小さなエゴの動きを静かに見つめる自分」が現れてくるならば、一日の仕事、特に、商談や交渉、会議や会合などを振り返るとき、必ず、見つめなければならない「心の動き」がある。

次に、そのことを語ろう。

その前に、この第一四話のまとめを一言。

自分の心の中に「複数の自分」を育て
様々な自分と対話せよ

第一五話

「深夜の反省日誌」において見つめるべきは「自分の心の動き」

では、一日の仕事の後、「深夜の反省日誌」において、商談や交渉、会議や会合などを振り返るとき、必ず、見つめなければならない「心の動き」とは何か？

その説明をするために、一つ、興味深い寓話を紹介しよう。

イソップ物語に、「**北風と太陽**」という有名な寓話がある。

よく知られているように、これは、北風と太陽が、どちらが旅人のマントを脱がせることができるか、その力を競う話であり、北風は、力ずくで無理やり脱がそうとして失敗するが、太陽は、旅人をポカポカと暖めることによって、自然にマントを脱がせることに成功するという話である。

この寓話に「**心理学版・北風と太陽**」というものがある。

まず北風が、「俺が、旅人のマントを脱がせてみせる」と言って、旅人のマントを剝ぎ取ろうと、強い風を吹きつける。しかし、旅人は、寒さのあまり、ますますしっかりとマントをつかんで離さないため、北風の試みは失敗に終わる。

ここまでは、同じ物語。

そこで太陽が、「私が、旅人のマントを脱がせてみせましょう」と言って、旅人をポカポカと暖める。

すると、旅人は、暑さのあまり、自然にマントを脱ぐのではなく、太陽に向かってこう言うのである。

「太陽さん。そうしてポカポカと暖めて、私のマントを脱がそうとしているのでしょう。でも、残念ながら、私は、あなたの思うとおりにはなりませんよ……」

この「心理学版・北風と太陽」という寓話は、「相手を自由に操ろう」とすることの危うさと、それが「相手から見抜かれてしまう」ことの怖さを教えている。

そして、この寓話の教えるものに学ぶならば、我々が、「深夜の反省日誌」において、必ず、見つめるべきものがある。

「自分の心」の中にある「操作主義」


それを見つめなければならない。

「操作主義」とは、**相手を心理的に操作して、自分の意のままに、自由に操ろうとすること**。

我々は、商談であろうが、プレゼンであろうが、会議であろうが、人間を相手にする仕事においては、自身の心の中に忍び込む、その「操作主義」に気がつく必要がある。

なぜなら、この「操作主義」が心の中で動いている場面は、仕事の世界において、しばしば見受けられるからである。

一つの場面を紹介しよう。


あるデザイン会社の主任と部下。顧客企業に依頼された企業ロゴのデザイン案の提案を行った帰り道。こうした会話を交わしている。

部下　「今回の提案では、首尾よく、お客様は、当社の一押《いちお》しのA案で、了解してくれましたね……。しかし、当社内の議論では、かなり評価の高かったD案を、主任は、なぜ、デザイン候補案の中に入れなかったのですか？　私には、今回提案した三案、A案、B案、C案と比べると、D案は、A案と並ぶ良いデザインと思いましたし、B案やC案に比べるならば、明らかにD案の方が良いデザインのように思えたのですが……？」

主任「それは、君の言うとおりだよ。当社内でも評価の高かったのは、A案とD案だよ……。それに比べれば、B案、C案は、たしかに見劣りがする。だから、俺は、A案、B案、C案を、客先に提示したのだよ。あの三つの案ならば、誰でも、A案を選ぶだろう。下手に、A案とD案を出して、客先が迷い始めると、修正案を持ってこいとか、折衷《せっちゅう》案はできないかとか、仕事が長引くだろう。だから、こちらの一押しの案、A案が通るように、敢えて、D案を落とし、見劣りのするB案、C案と並べて、提案したのだよ」

部下「なるほど、そういう企《たくら》みでしたか……。勉強になりました……（笑）」

いまどき、こうした見え透いた、あざとい心理的テクニックを使うビジネスパーソンはいないと思うが、これが、「操作主義」の一つの典型的な例である。

しかし、これほどあからさまなやり方ではないが、顧客を心理的に操作して、自分の意のままに、自由に操ろうとする発想は、油断をすると、我々の心の中に、忍び込んでくる。なぜなら、いま、巷《ちまた》に溢れるビジネス書やビジネス雑誌の多くが、読者の心の中の、この「操作主義」を煽《あお》っているからである。

例えば、『相手を説得する交渉術』『顧客を虜にする営業術』『部下の操縦術』などのタイトルの本や雑誌特集。これらは、いかにして、相手を意のままに動かすか、その心理的技術を教えようとしている。そして、それらの本や雑誌特集は、これらの心理的技術を学ぶことによって、相手を説得し、顧客を虜にし、部下を操縦することができ、そのことによって「仕事の成功」が約束されると語っている。

では、なぜ、こうした「操作主義的な技術」を教える本や雑誌の特集に、我々は、惹かれてしまうのか？

一つの理由は、我々の心の中に、手っ取り早く「仕事の成功」を収めたいとの安易な願望があるからである。時間をかけ、心のエネルギーを使って、地道に顧客や部下との信頼関係を育んでいく道を選ぶよりも、手っ取り早く、相手を意のままに動かしてしまうことを求める「**性急な成功への願望**」があるからである。

そして、我々が「操作主義」に流されるのには、もう一つ、さらに深い理由がある。

それは、我々の心の中に、「自分の方が、相手よりも優れている」「自分の方が、相手よりも偉い」と思いたがる「小さなエゴ」があるからである。特に、顧客を相手にした営業においては、表面的には、顧客を「偉い立場」に置いて仕事をしなければならないため、そのことへの心理的反動として、心の奥深くで「小さなエゴ」が、「実際には、自分の方が、顧客よりも偉い」と思いたがるからである。そして、その思いが、「操作主義的な技術」に惹かれていく。すなわち、「こうして、形の上では顧客を立てて仕事をしているが、実際には、自分が顧客を意のままに操っているのだ」と思いたがる**「小さなエゴの願望」**に流されていくのである。

このように、我々が、世の中に溢れる「操作主義的」なタイトルの本や雑誌特集に惹かれるのは、我々の心の中に、いま述べた「性急な成功への願望」と「小さなエゴの願望」があるからである。しかし、そうした「性急な成功への願望」や「小さなエゴの願望」は、多かれ少なかれ、人間であるかぎり、著者も含め、誰の心の中にもある。

問題は、そうした「願望」が、心の中にあることではない。

そうした「願望」が、仕事の世界で、「操作主義的発想」や「操作主義的言動」となって現れてしまうことである。

そして、実は、そのことが、一流のプロフェッショナルと二流のプロフェッショナルを分ける。

一流のプロフェッショナルは、自分の心の中の「性急な成功への願望」や「小さなエゴの願望」が見えている。それゆえ、自身の心の中の、「操作主義的発想」に流されない。

これに対して、二流のプロフェッショナルは、その「願望」の存在に気がつかず、自身の心の中にある「操作主義的発想」に気がついていない。それゆえ、いともたやすく、この「操作主義的発想」に流されてしまう。

先ほど例に挙げた、デザイン会社の主任は、部下の前では、あたかも自分自身が「賢いプロフェッショナル」であるかのように振舞っているが、実際には、「操作主義的発想」に流されている自分の姿に気がついていない。

昔から、仕事の世界では、「**自分が見えているか**」ということが、警句として語られてきたが、実は、この言葉の最も深い意味は、「**自分の心の中の小さなエゴの動きが見えているか**」という意味に他ならない。そして、一流のプロフェッショナルとは、まさに「自分の心の中の小さなエゴの動きが見えている人物」であり、その意味において、「自分が見えている人物」に他ならない。

ただ、こうして語ってくると、読者の中から疑問の声が挙がるだろう。

「著者は、相手を意のままに操る『操作主義』への警句を述べているが、では、我々が、人を動かそうとすることは、すべて『操作主義』であり、否定されることなのか？」

大切な疑問である。

それゆえ、端的に答えておこう。

相手を「動かそう」とすることが「操作主義」なのではない。

相手に対する「敬意」を持たず、相手を「一人の人間」として見つめず、あたかも「物」を動かすように、自分の思うままに操ろうとすること、それが「操作主義」である。

例えば、「部下のモチベーションを高める」という言葉。

近年、ビジネスの世界でしばしば使われる、この言葉は、部下を「一人の人間」として敬意を持って見つめ、その部下に対する「仕事に働き甲斐を感じられるように」という愛情から出てくる言葉ならば、それは、決して「操作主義」ではない。

しかし、この言葉が、「仕事の生産性を上げるために、部下という『歯車』を、うまく回るようにしなければ、部下という『馬』を、速く走るようにしなければ」という発想から出てくるならば、それは、「操作主義」である。

この話をするとき、著者の心の中には、新入社員の時代に、同じ職場の二人の課長が、著者の前で交わしていた会話が蘇ってくる。

A課長「お前のところの若手のB、最近、ガスが溜まっているんじゃないか……」

C課長「あいつは、最近、プロジェクトの納期が迫っていて、残業が続いているからな……」

A課長「だったら、納期が終わったら、飲みに連れていってやって、ガス抜きをしてやった方がいいんじゃないか……」

C課長「そうだな……。そうするよ……」

そのとき、著者の心の中に浮かんだのは、「この会話を、B君が聞いたら、何と思うだろうか……。飲みに連れていってもらって、嬉しいだろうか……」との思いであった。

著者が、若き日に、マネジメントにおける「操作主義」というものの危うさに気がついた場面でもあった。

そして、それ以来、数十年、部下として、同僚として、上司として、多くのマネジャーを見てきた。そして、それらのマネジャーの中で、この「操作主義」に流されたマネジャーの姿と、彼らが陥る「落し穴」も見てきた。その「落し穴」の危うさと怖さも見てきた。

では、我々が、一人のマネジャーとして、ビジネスパーソンとして、この「操作主義」に流されると、何が起こるか？


仕事において、必ず「壁」に突き当たる。


それは、なぜか？

次に、そのことを語ろう。

その前に、この第一五話のまとめを一言。

商談や交渉、会議や会合において蠢《うごめ》く
自分の心の中の「操作主義」に気づけ

第一六話

相手から必ず見抜かれる心の中の「操作主義」

では、我々が、「操作主義」に流されると、なぜ、「壁」に突き当たるのか？

「操作主義」は、必ず、見抜かれる。
そして、相手の心が、離れていく。

それが理由である。

まず、我々が、「相手を、自分の意のままに動かしてやろう」と考えた瞬間に、相手が一流のプロフェッショナルや優れた顧客、賢い部下であるならば、それを容易に見抜いてくる。そして、我々を信頼しようとはしなくなり、心が離れていく。ただし、そのことを、決して口にすることはない。特に、相手が顧客の場合には、決して口にしない。ただ、黙って去っていくだけである。

先ほど第一五話で述べたデザイン会社の主任と部下の話を続けてみよう。

顧客企業の部長と課長が、デザイン会社の二人を見送った後、こうした会話を交わしている。

課長「先ほど、あのデザイン会社の主任が示したA案、B案、C案、部長は、A案が良いと言われましたが、それでは、このまま、最終デザイン案は、A案で進めて良いでしょうか？」

部長「いや、あの場では、三つの案のうち、どれが良いかと聞かれたので、A案が良いと言っただけだよ……。実際、そうだろう。誰が見ても、あのB案とC案は、A案には劣る。それを分かって、あの三案を出してきたのは、あの主任が、我々にA案を選ばせるために使ってきたテクニックだろう。それにしても、あの主任は、人物として買えないな……」

課長「なぜ、部長は、そう思われますか？」

部長「あの主任、何かが嘘っぽいのだな……。たしかに弁舌爽やかに話をするが、言葉が、どこか軽い。言葉から、人間としての誠実さが伝わってこない……。そして、一番大切な、どの案を選ぶかの場面、私が『この中では、A案かな……』と言ったときに、彼と目が合ったのだが、その一瞬、彼は目をそらしたのだな……。その瞬間、ピンときたのだよ……。なるほど、これを選ばせようとしているなと……」

課長「そうですか……。さすが部長は怖いですね……。実は、私も、気になる瞬間がありました。『A案かな……』と部長が言われた瞬間、あの主任が、部下に目配せをしたのですね。彼は、気がつかれないようにしたつもりでしょうが、たまたま、私の目に入ったのですね……（苦笑）」

部長「まあ、いずれにしても、社内で異論が出たということなどを理由に、A案以外にも、別な案を出すように、あのデザイン会社には伝えておいてくれ……」

課長「了解しました」

少し推理小説の一場面のような話に聞こえるかもしれないが、著者は、若き日に、営業プロフェッショナルとして修業をしているとき、こうした舞台裏でのやりとりは、何度も目にしてきた。そして、ビジネスの世界における一つの怖い真実を学んできた。

一流のプロフェッショナルの世界では、
「誤魔化し」は利かない。

その怖い真実である。
そして、仕事の世界には、さらに怖い真実がある。

「操作主義」に流される人間は、
それが見抜かれていることに気がつかない。

これは、ある意味で、当然であろう。誰でも、もし、それが見抜かれていると気がつけば、当然、そうした操作主義的な行為は慎むだろうが、気がつかないがゆえに、そうした行為を続けていく。先ほど例に挙げた主任の部下への姿は、見抜かれていることに気がつかず、悦に入っている姿に他ならない。

では、なぜ、「操作主義」に流される人間は、それが見抜かれていることに気がつかないのか？

プロフェッショナルの世界には、その理由を教えてくれる、厳しい格言がある。

下段者、上段者の力が分からない。

まさに、この格言のごとく、プロフェッショナルの世界では、力が劣る「下段者」は、自分よりも力が勝る「上段者」の、その力が分からない。

すなわち、この場面では、「下段者」であるデザイン会社の主任は、「上段者」である顧客企業の部長に、自分の「操作主義」が見抜かれていることに気がつかない。そして、その怖さにも気がつかない。

しかし、こう述べると、読者から反論があるかもしれない。

「たしかに、操作主義は、あまり良いことではないかもしれないが、実際に、そうした心理操作のテクニックがうまく効果を発揮する瞬間があるのではないか……。特に、相手が上段者ではなく、仕事人として、人間として、成長途上の未熟な人間であれば、うまく操れるのではないか？」

その通り。相手が成長途上の未熟な人間であれば、この心理操作のテクニックは、うまく働く瞬間は、ある。従って、仕事の一つ一つの場面を見れば、この「操作主義的な技術」が、成功するときは、ある。

しかし、世の中には、昔から語られる、一つの格言がある。

一人の人間を、長く騙すことはできる。
多くの人間を、一瞬騙すことはできる。
しかし、
多くの人間を、長く騙すことはできない。

けだし名言であろう。この言葉に示されるように、「操作主義的な技術」は、一人の人間に対して、長い期間、うまく効果を発揮することはあるだろう。また、多くの人間に対して、ある限られた瞬間に、うまく効果を発揮することはあるだろう。しかし、こうした「操作主義的な技術」は、多くの人間を長く騙すことができないため、長い仕事のキャリアにおいては、早晩、必ず、壁に突き当たる。

そして、さらに怖いことは、この「操作主義的な技術」は、相手が、成長途上の未熟な人間であっても、しばしば、通用しないことである。

なぜなら、たとえ相手が、その「**明晰な意識**」で、こちらの「操作主義」を見破ってこないときでも、実は、相手の「**無意識**」が、我々の中の「操作主義」を感じ取るからである。それが、しばしば、仕事の世界で人々が感じる、「なぜか、この人物は信頼できない……」「なぜか、この人は、怪しげだ……」という感覚であろう。

では、相手の心の中の、この「操作主義」を、いかにして感じ取るか？

実は、我々が、「深夜の反省日誌」などにおいて、自分の心の中にある「密やかな操作主義」を見つめ、その「心の動き」に気がつくという修業を続けていくと、自然に、相手の心の中の「操作主義」は、透けて見えるようになってくる。

さらに、この「深夜の反省日誌」を通じて、商談や交渉、会議や会合における「自分の心の動き」を振り返り、見つめるという修業を続けていくと、それに合わせて「相手の心の動き」も見えるようになってくる。

そして、この「相手の心の動き」が見えてくるようになると、改めて言うまでもなく、日々の商談や交渉、会議や会合において、そして、部下や社員を預かるマネジメントや経営の仕事において、優れた力を発揮できるようになる。

なぜなら、仕事とは、営業の仕事であれ、企画の仕事であれ、総務の仕事であれ、マネジメントや経営の仕事であれ、いずれ、顧客や業者、上司や同僚、部下など、「人間の心」を相手にする営みだからである。

さて、ここまで、「直後の反省会」や「深夜の反省日誌」という形で、日々の仕事を振り返り、その商談や交渉、会議や会合における「言葉以外のメッセージ」を感じ取り、「深層対話力」を身につける技法について語ってきたが、この二つは、「**事後の経験反省**」の**技法**と呼ぶべきものである。しかし、この「事後の経験反省」の技法を最も効果的なものにするためには、もう一つ、必ず身につけるべき技法がある。

それは、「**事前の場面想定**」の**技法**である。

次に、そのことを語ろう。

その前に、この第一六話のまとめを一言。

心の中の「操作主義」は
必ず、見抜かれる

第一七話

「直後の反省会」を効果的にする「場面想定」の技法

商談や交渉、会議や会合における「言葉以外のメッセージ」を感じ取り、「深層対話力」を身につける技法として、「直後の反省会」や「深夜の反省日誌」という技法があるが、これらの「**事後の経験反省**」の**技法**をさらに効果的なものにする技法として、「**事前の場面想定**」の**技法**がある。これを「事後の経験反省」の技法と併せて行うことによって、我々は、さらに深いレベルでの「深層対話力」を身につけることができる。

では、この「事前の場面想定」の技法とは何か？

一つの例を紹介しよう。

商談に向かう途中のタクシーの中。A部長、B課長、C担当の会話。

A部長「本日の商談、先方からは、どなたが出て来られるのかな？」
B課長「D部長、E課長、F担当の三名です」
A部長「D部長は、今回、初めてだな……。前回の商談では、E課長とF担当が出て来られたが、今日は、いよいよ、プロジェクトの発注の最終判断だから、D部長が出て来られるのだな……」
B課長「そうです。ここまでの事前交渉で、E課長の内諾は得ていますので、問題は、D部長が、このプロジェクト提案を、どう受け止められるかです」
A部長「D部長は、このプロジェクト提案に、どういう反応をされるだろうか？」
B課長「E課長から聞いた話では、D部長は、コストに厳しい方のようです。従って、今日の商談では、恐らく、このプロジェクト予算の中身について、厳しい意見を出されるのではないかと思います」
A部長「そうか……、では、今日の商談は、冒頭、自分がプロジェクトの趣旨説明をすると同時に、今回の予算見積りは、当社が、開発コスト部分を負担する形のものであり、その分、予算は低めに抑えてあることを説明しよう。このとき、E課長は、どういう対応をしてくるかな？」

B課長「E課長は、社内説明のためにも、今回のプロジェクトの運営体制について、しっかりとした説明を求めてくると思います」

A部長「では、その部分の説明は、君によろしく頼むよ。そして、もし、議論が詳しい技術の話になったときは、C君、よろしく頼む」

C君「了解しました」

B課長「技術的には、先方のF担当が、技術研究所の出身ですから、かなり詳しい質問をしてくる可能性があります」

A部長「そうか……。もし、話があまりに仔細な技術論になったら、B課長、遠慮なく、『その点については、明日一番に、詳しい説明資料をお届けします』という形で、C君に助け船を出し、話を引き取ってくれるかな」

B課長「了解しました」

これが、「事前の場面想定」の一例である。すなわち、商談や交渉、会議や会合の前に、その場で何が起こるかを予想し、どのように場面が展開していくかを想定することである。

具体的には、

（1）先方から誰が参加するのか？
（2）その参加者、それぞれの職務経歴や性格、問題意識は何か？
（3）それぞれの参加者から、どのような発言や質問が予想されるか？
（4）それらの発言や質問に対して、当方は、誰が、どのように対応するか？
（5）全体の議論の流れは、どうなっていくか？

そうしたことを考えながら、この後の**商談や会議での**「**場面の展開**」**を想定する**のである。「**シミュレーション**」**をする**と言っても良い。

そして、この「事前の場面想定」を行っておくと、「事後の経験反省」が進めやすくなり、また、「反省の視点」が深くなる。

ただ、この「事前の場面想定」ということを述べると、読者から、次のような疑問が出るかもしれない。

「『事前の場面想定』の大切さは分かるが、結局、商談や交渉などは、そうした予想や想定通りには進まないのではないか？」

その通り。どれほど緻密に「事前の場面想定」を行っても、実際の商談や交渉は、その予想や想定の通りには動かない。しかし、それでも、この「事前の場面想定」は、必ず行うべきである。

なぜか？

プロフェッショナルの世界には、一つの格言があるからである。

己の「原則」を持っている人間こそが、最も「柔軟」になれる。

すなわち、こうした「事前の場面想定」を通じて、「本来、この商談や交渉は、どう進めるべきか」という「原則」を共有しているチームは、「予想外の展開」や「想定外の場面」になったとき、最も「柔軟」に対応できるのである。

先ほどの場面に戻ろう。A部長、B課長、C担当の帰りのタクシーの中での「直後の反省会」である。

A部長「いや、ご苦労さん……。一瞬、どうなるかと思ったが、うまく商談がまとまったな……」

B課長「そうですね……。しかし、冒頭の部長の趣旨説明の途中で、D部長から、プロジェクト運営体制に関する質問が出るとは思いませんでしたね……」

A部長「そうだな……。しかし、事前に打ち合わせておいたから、すぐに『その件は、B課長が、この後、詳しく説明をさせて頂きます』と言って、自分のところでは、運営体制の要点だけ伝えるという形にすることができた……」

B課長「そうですね。あそこで、A部長に要点を説明しておいて頂いたので、私の説明もやりやすかったです」

A部長「しかし、その上で、今度は、先方のE課長から、あの技術的な質問だったな……。これも予想していなかった……」

B課長「そうですね。あの瞬間は、私も、一瞬、『え、運営体制の質問ではなく、その技術的質問か……』と思いましたが、C君が、さっと割って入って説明してくれたので、助かりました。いや、C君、有り難う……（笑）」

C担当「いいえ、事前に、あのシミュレーションをしていましたので、すぐに、私の出番だなと思いました……（笑）」

このように、「事前の場面想定」をしっかりやっておくと、こうした「予想外の展開」「想定外の場面」になったときにも、臨機応変、柔軟に対応できる。

さらに、こうした修業を積んでいくと、どのような展開になっても、「事前の場面想定」の原則を踏まえ、どのように商談シナリオや会議シナリオを変えるかは、一瞬、目を合わせるだけでできるようになる。これは、サッカーなどでも、フリーキックで、誰にボールを送るか、一瞬のアイコンタクトで伝えることと同様である。

そして、先ほど述べたように、この「事前の場面想定」をしっかりやっておくと、「事後の経験反省」も進めやすくなり、「反省の視点」が深くなる。

それは、なぜか？

なぜなら、「事前の場面想定」を行うということは、ある意味で、事前に「反省の視点」を共有しておくということであるため、商談や会議中に、メンバーが、それぞれに、その視点から、商談や会議の流れを見ているからである。

例えば、この商談の例であれば、先方のD部長、E課長、F担当、それぞれの問題意識や出身部署などの情報を共有し、それらの情報にもとづき、それぞれの発言や質問を想定しているため、それ以外の発言や質問になったときにも、「なぜ、その発言が出たのか？」「なぜ、その質問が出たのか？」などの思考へと、すぐに切り換えることができるからである。

一般に、**物事は、「仮説」を持っていると「検証」がやり易い**、と言われるが、ここでは、ある意味で、「事前の場面想定」が「仮説」であり、「事後の経験反省」が「検証」であるとも言える。

そして、さらに、この「事前の場面想定」の技法を身につけていると、もう一つ優れた能力が身につく。

それは、**商談や交渉、会議や会合における「戦略思考」が身につく**ことである。

そして、その「戦略思考」は、商談や会議以外でも、様々な形で「応用」が利く。

次に、そのことを語ろう。

その前に、この第一七話のまとめを一言。

商談や交渉、会議や会合の前には
必ず、「事前の場面想定」を行え

第一八話

「場面想定」の習慣で身につく
最も実践的な「戦略思考」

いま、**「事前の場面想定」**の**技法を身につけると、商談や交渉、会議や会合における「戦略思考」が身につく**と述べた。

では、なぜ、「事前の場面想定」を行うと、「戦略思考」が身につくのか？

著者は、かつて、『まず、戦略思考を変えよ』という著書において、次の言葉を述べた。

「その先」を読め。

そこから「戦略思考」が始まる。

すなわち、「戦略思考」の第一歩は、「その先」を読むことに他ならない。

そして、「事前の場面想定」とは、まさに、商談や交渉、会議や会合が始まる前に、「その先」を読み、「これから何が起こるのか」を想像し、「場面の展開」を想定すること。従って、「事前の場面想定」の技法を身につけることは、「戦略思考」の基本を身につけることでもある。

そして、**実は、こうした形で身につける「戦略思考」こそが、我々の仕事において、最も実践的で重要な「戦略思考」に他ならない。**

もとより、「戦略思考」そのものは、色々なレベルで用いられる。

例えば、「これから『地球温暖化』が人類的な問題になる」という形で「その先」を読み、「だから、温暖化ガスを排出しない『再生可能エネルギー』を伸ばしていこう」というのは、**国家レベルでの「戦略思考」**である。

また、「市場は、これから、顧客の力が圧倒的に強い『顧客中心市場』になっていく」という形で「その先」を読み、「だから、これからは、企業の立場に立って『販売代理』を行う中間業者ではなく、顧客の立場に立って『購買代理』を行う新たな中間業者、ニューミドルマンをめざしていこう」というのは、**市場レベルでの「戦略思考」**である。

しかし、我々ビジネスパーソンに最も求められるのは、実は、**商談や交渉、会議や会合のレベルでの「戦略思考」**である。

すなわち、「この後の商談では、おそらく、このように場面が展開する。だから、このように対応しよう」や、「この後の会議では、おそらく、このように議論が展開する。だから、このように発言しよう」といった商談・会議レベルでの「戦略思考」こそが、我々の日々の仕事において、最も求められるものであり、最も重要な「戦略思考」に他ならない。

それゆえ、日常の仕事においては、こうした商談・会議レベルでの「戦略思考」が瞬時に頭をめぐる人間が、「仕事のできる人間」と呼ばれる。

その最も初歩的な場面を、紹介しよう。

若手社員のA君とB君。自席で仕事をしている。そこに、C課長が、先ほどまでの部長会から戻ってきた。少し表情が厳しい。席に着くなり、少し苛立った声で、「A君、ちょっと来てくれ！」と呼ぶ。

突然呼ばれたA君、戸惑いながら、C課長の席に行く。

A君　「何でしょうか？」

C課長　「例の件、どうなっている？」

A君　「例の件……、ですか……？」

C課長「今期の利益計画の件だよ。先週の部長会で、すべてのプロジェクトの予想利益を一〇％上げるために、予算計画を見直せとの指示が出たから、君にも、プロジェクトの見直しを指示しておいただろう……」

A君「ああ、あの件ですね。すみません……。プロジェクトの外注業者にも、再見積りを出すように言っているのですが、まだ、届いていませんので、最終的な予算計画の見直しは終わっていません……」

C課長「いつ、その見直しができるんだ？」

A君「おそらく、明日には、業者からの再見積りが出ますので、明後日にはできると思います」

C課長「思います……ではないだろう」

改めて言うまでもないだろう。これでは、A君、C課長から「仕事のできない人間」という評価を下されてしまう。

では、「仕事ができる」と評価されるB君ならば、この場面、どう対応するか？

B君のプロジェクトも、A君のプロジェクトと、全く同じ状況にあると想定して、シミュレーションをしてみよう。

C課長が「B君、ちょっと来てくれ！」と呼ぶ。
突然呼ばれたB君、きびきびとした足取りで、C課長の席に行く。
B君「何でしょうか？」
C課長「例の件、どうなっている？」
B君「例の件とは、予算計画の見直しの件ですね。現在、プロジェクトの外注業者に、再見積りを出すように指示をしています。現時点では、届いていませんが、本日、『明日の午後五時までには必ず出すように』と、再度、指示をしますので、予算計画の見直しは、明後日、朝一〇時までには、必ず、課長にお届けできます」

言うまでもなく、このB君、「仕事ができる」という評価を得るだろう。それは、第二話でも述べたように、B君は、C課長の「心」を楽にするという意味で、「働く＝傍を楽にする」ことができているからであるが、実は、この場面で、彼が評価されるべきは、そのことではない。
では、このB君、何が優れているのか？

「数秒間の戦略思考」が優れている。

すなわち、このB君、C課長に呼ばれて、自席からC課長の席まで行く「わずか数秒間」に、見事な「戦略思考」を巡らせている。

なぜなら、B君は、C課長に呼ばれた瞬間に、その表情の厳しさ、声の切迫感から、重要な案件で呼ばれているということを感じ取っている。そして、C課長が、部長会から戻ってきたばかりであることを考えれば、その重要な案件が、「予算計画の見直し」であることを瞬時に推察している。そこで、自席からC課長の席まで行く数秒間に、「その先」を読んだ。この後、C課長から、この案件の何について、どのような質問が来るのか、それを読んだ。そして、その質問に対して、どう答えるかを考えた。C課長が最も納得できる答えを考えた。しかし、B君も、A君と同様、まだ外注業者からの再見積りが来ていない。そこで、その状況に対して、「いつまでに、どのようなアクションを取り、いつまでに、どのような報告を出すか」を確言する形で、C課長に伝えた。

このB君の行動は、**「その先」を読み、どのような場面が展開するかを考え、その場面にどう対応していくかを瞬時に考える**という意味で、見事に「**戦略的**」である。

そして、一般のビジネスパーソンに求められる最も重要な「戦略思考」は、実は、「企業戦略」や「市場戦略」のレベルでの「戦略思考」ではなく、まさに、こうした「会議戦略」のレベルでの「戦略思考」に他ならない。

実際、もし、我々が、すべての商談や交渉、会議や会合に対して、「その先」を読み、「事前の場面想定」を行い、想定される場面に、どう対応するかを瞬時に考えて処する思考、その「戦略思考」を身につけるならば、我々の「仕事力」は、飛躍的に高まる。

では、どうすれば、その「会議戦略」のレベルでの「戦略思考」を身につけることができるのか？

その「戦略思考」を身につけるためには、日々の仕事において、一つの心構えを大切にすることである。

わずか五分の会議にも、「戦略」を持つ。

これは、決して大袈裟に言っているのではない。ビジネスの世界においては、どのような短い会議にも、会合にも、必ず「目的」があり、「狙い」があり、「企み」がある。そうであるならば、その「目的」や「狙い」や「企み」を最も効果的に実現するためには、誰に対して、何を、どの順番で、どのように語るかを、深く考える。それは、まさに見事な「戦略思考」に他ならない。

著者は、シンクタンクの時代に、戦略担当役員を務め、戦略組織を率い、多くの戦略スタッフの成長を支えてきたが、戦略スタッフとして向いているタイプの人間とは、決して、戦略の本を数多く読んできた人間でも、戦略を研究してきた人間でも、ビジネススクールで戦略のケーススタディを数多くこなしてきた人間でもない。

戦略スタッフに求められる第一の資質は、ただ一つ。

行動が「戦略的」である。

それが、最も重要な資質である。なぜなら、企業組織における戦略スタッフとは、戦略を「立案」しただけでは、全く仕事にならないからだ。戦略スタッフとは、その立案した戦略を「実行」して、初めて仕事になる。

そして、その「実行」とは、上司を説得すること、仲間を巻き込むこと、他の部署と調整すること、企業内の合意を得ること、社外の提携先との交渉をすることなど、すべて、商談や交渉、会議や会合、報告や連絡など、「会議戦略」のレベルの「戦略思考」が求められ、「**戦略的行動力**」が求められる仕事に他ならない。

その意味で、先ほどの場面でのB君は、戦略スタッフとしては、優れた資質を持っているといえる。


ちなみに、この「事前の場面想定」という技法を身につけると、いま述べたように、自然に「戦略思考」が身につくが、同時に、「**会議の状況設定」の能力**も身につく。

この「会議の状況設定」とは、商談や交渉、会議や会合において、どのような場所を選び、どのように座り、どのように進め、どのように終わるか、それぞれの場面でのメンバーの役割は何か、などの状況を考え、具体的に設定することであるが、「事前の場面想定」の能力を身につけると、自然に、この「会議の状況設定」の能力も身についてくる。

一つの例を紹介しよう。


米国サンディエゴの、あるホテルのロビー。夕方六時前。先ほど国内便のフライトで到着したA部長は、同行の二人の部下、B課長、若手のC君に対して、こう語った。

「提携先の米国企業D社の副社長と幹部との会合は、一時間後の七時だね……。しかし、我々は、今夜九時のフライトで、東海岸に移動しなければならないから、八時にはこのホテルを出て空港に向かわなければならない。正味、一時間勝負だ。この一時間で、商談をまとめなければならない。一分たりとも無駄にはできないな……」

厳しい表情でA部長は語り、続けた。

「とはいえ、ディナーミーティングということだから、まず、レストランを下見に行こう」

二人の部下を連れてホテル内のレストランに行き、まだ客もまばらな席を見渡し、A部長は言った。

「ああ、この奥の席が良い。この席なら、静かに商談ができる。B君、この席を予約しておいてくれるか」

そうB課長に指示を出したA部長は、続けて言った。

「この六人席、壁を背中にして我々三人が座ろう。先方の三人には、壁に向かって座ってもらおう。そうすれば、先方には、他の客などに気を取られず、我々の話に集中してもらえるだろう……」

うなずくC君に対して、部長が言う。

「C君、ウェイトレスに言って、メニューを持ってきてもらえるかな」

ウェイトレスが持ってきたメニューを二人の前に出し、A部長は言う。

「先に、我々が注文するものは、決めておこう。メニューを見て考える時間は、一分でも惜しい。自分は、商談の邪魔にならない、このサンドイッチでいいよ……」

他の二人も注文する料理を決めた後、A部長は、C君に続けて言う。

「君は、この後、コンシェルジュに行って、八時には、タクシーをホテルの前に待機させるように頼んでおいてくれ。商談が終わったら、とにかく、すぐに飛び出そう。そして、君は、商談がどのような状態でも、八時一〇分前には、席を立って、レストランの支払いを終わらせておいてくれ」

すべての指示を出した後、ロビーに戻り、ソファに座り、A部長は、B課長、C君に対して、商談の流れを想定して、こう言った。

「最初に、自分が、五分で、このプロジェクトの趣旨説明を行うので、その後B君から、一五分で、先方への提案を行ってくれ。そこから自分が、契約条件の話をするが、もし話題が、日本でのコンソーシアムの組織運営の問題になったら、B君、君が説明してくれ。もし話題が技術の詳細の話題になったときは、君に振るから、C君、君の出番だ……」

二人とも、真剣な顔で聞いている。

その打合せが終わったあと、A部長は、時計を見ながら、二人に言った。

「まだ、先方が来るまで二〇分余りある。このソファで、少しでも体を休めておこう。この後、英語での厳しい交渉になる。時差と長旅の疲れも、こちらのハンディだからな……」

これは、著者がシンクタンクの部長時代に経験した場面であるが、このように、「事前の場面想定」の技法を身につけていると、こうした商談や交渉の場の状況を、どのように設定するか、そこで、どのように交渉を進めるかといった「会議の状況設定」についても、緻密で具体的な思考ができるようになる。

さて、ここまで、商談や交渉、会議や会合において、「事後の経験反省」で、顧客や出席者の「言葉以外のメッセージ」を、より細やかに感じ取るためには、「事前の場面想定」が重要であるということを述べてきた。そして、その「事前の場面想定」の技法を身につけると、「会議戦略」のレベルの「戦略思考」が身につき、「会議の状況設定」の能力も身につくことを述べてきた。

しかし、商談や交渉、会議や会合において大切なことは、実は、相手の「言葉以外のメッセージ」を感じ取ることだけではない。

その逆に、**我々は、無意識に、相手に「言葉以外のメッセージ」を伝えてしまっていることに気がつく必要がある。**

すなわち、「深層対話力」とは、相手の「言葉以外のメッセージ」を**感じ取る**ことだけでなく、相手に「言葉以外のメッセージ」を**伝える**ことであり、相手に無意識に伝えてしまっている「言葉以外のメッセージ」を自覚することでもある。

次に、そのことを語ろう。

その前に、この第一八話のまとめを一言。

わずか五分間の会議にも、「戦略」を持て
そして、最善の「会議の状況設定」を行え

第一九話

「無意識に相手に伝えているメッセージ」に気がつく
高度な「深層対話の技法」

ここまで、商談や交渉、会議や会合において、相手の「言葉以外のメッセージ」を感じ取ることの大切さを語ってきた。

ここでは、「深層対話力」のもう一つの側面、我々が、無意識に相手に伝えてしまっている「言葉以外のメッセージ」について語っておこう。

もし、我々が、「深層対話力」を高めたいと思うならば、この「**無意識のメッセージ**」についても、自覚しておく必要がある。

一つの場面を紹介しよう。

A営業課長と部下のB君、営業の帰りのタクシーの中。自分が担当している契約がまとまったので、B君は、少し嬉しそうにしている。しかし、A課長は、なぜか、苦い表情をして、先ほどから黙っている。気を使って、B君が話しかける。

「今日のお客様のC部長、今年の契約の話が決まった後、課長が、うまく来年の契約の話に持っていかれましたね……。C部長、来年の契約について、先方の社の事情をぽつぽつと話し始めてくれたので、私も、これは良い話が聞けるかと思ったんですが、なぜか、C部長、突然、その話を切り上げてしまいましたね……。『では、今年の契約、よろしく』と言って終わられたので、私も、少しがっかりしたのですが……」

このB君の言葉を聞いて、A課長、先ほどからの苦い表情が、一瞬、厳しい表情に変わった。そして、しばしの沈黙の後、窓の外を眺めていた顔をB君の方に向け、言った。

「あのC部長の話が、突然終わったのは……、実は、君が原因なのだよ……。君は気がついていないようだから、教えておいてあげよう。君も、営業のプロになりたいのであれば、知っておいた方がいい……。

君は、あの部長が、ぽつぽつと来年の契約の話を始めたとき、無意識に自分の腕時計を見ただろう……。あれが、C部長が、話を切り上げた原因だよ……。君が、時計を見たことで、C部長、細やかな方だから、こちらが次の会合に向けて時間を気にしていると思われたんだ。だから、話を切り上げたんだよ……。

君も、営業の道を歩むのなら、こちらが時計を見るという仕草が、相手にどういうメッセージを送ってしまうかを、よく理解しておいた方がよい。その仕草は、しばしば相手に、『次の予定があるので時間を気にしている』といったメッセージを送ってしまう。だから、あの瞬間、自分は、『ああ、せっかくの大切な話の腰を折ってしまった』と、少しがっくりきたんだな……」

そう言って、A課長は、また、窓の外に目を向けた。静かな言い方だったが、B君には厳しい叱責に聞こえた。そして、心の中で、こう呟《つぶや》いていた。

「ああ、自分は、その無意識の仕草に気がつかなかった……。それが、そういうメッセージを伝えてしまったとは……。営業の世界は、怖いな……」

しかし、謙虚に学んでいくB君のこと、きっと、この経験から大切な何かを掴み、また、さらに深いプロフェッショナルの世界に向かっていくだろう。

この場面を読まれて、読者は何を感じられるだろうか？

「時計を見ただけで……、厳しいな……」

そう感じられるかもしれない。

しかし、これは決して極端な話ではない。営業プロフェッショナルにとっては、基本に類する話である。実際、著者は、営業プロフェッショナルとしての修業中は、商談中、自分の腕時計を見ないこと、壁の時計を見ないことを基本のマナーにしていた。これは、どこまでも、お客様の話に集中するためであり、集中していることを無言で伝えるためである。そして、時計を見ることによって、商談の流れを壊したり、無意識に、お客様の話の腰を折らないためであった。

こう述べると、「しかし、いかに商談中であっても、次の会合の予定など、時間を気にしなければならないときがあるだろう……」と疑問に思われる方がいるかもしれない。

しかし、営業プロフェッショナルとしての修業を積んでいくと、自然に、体内時計が敏感になり、いちいち時計を見なくとも、おおよそどれくらいの時間が経ったかは、分かるようになる。また、商談の進行などのために、どうしても時計を見なければならないときは、最初から、腕時計を外して机に置いておけばよい。そうすれば、机の上の資料に目を落とした瞬間に、目の隅で、お客様に気づかれずに、時計を見ることができる。

いずれにしても、ただ「時計を見る」という何気ない行為でも、相手に、明確なメッセージを伝えてしまうということを理解するべきであろう。「深層対話力」を身につけていくためには、まず、その細やかさを学ぶことが基本である。

しかし、残念ながら、最近は、営業を仕事としながら、何気ない行為や仕草で、お客様の話の腰を折っていることに気がつかないビジネスパーソンが増えている。例えば、お客様が話をしている最中に携帯やスマホを見る、横にいる同僚に話しかける、窓の外に気を取られるなど、基本を身につけていないビジネスパーソンが増えている。

だが、我々が、本当にプロフェッショナルとしての「深層対話力」を身につけたいならば、まず、この基本を知り、細やかさを学んでいかなければならない。そして、「怖さ」を知らなければならない。

「怖さ」とは、先ほどのB君が、あの商談において感じた「怖さ」であり、商談や交渉、会議や会合においては、こちらの何気ない仕草で、「無意識のメッセージ」が伝わってしまうことの「怖さ」である。

そのことを教えてくれるテレビ業界でのエピソードを紹介しよう。

ある民放テレビで活躍していた有名なキャスターK氏の話である。

このK氏にインタビューをすることになった、まだ新人のアナウンサーが、K氏に一つひとつ丁寧に質問をしていったのだが、インタビューの途中で、K氏に、こう言われた。

「あなたね……、人に質問をしたあと、相手が答えている最中に、次の質問を考えるのはやめなさい」

さすが一流のプロフェッショナル、K氏らしいエピソードである。

インタビューであろうとも、商談であろうとも、相手が一流のプロフェッショナルであれば、こうした場面で、こちらが相手の話を真剣に聴いているのか、他のことを考えているのか、ただ聞き流しているのかは、恐ろしいほどに分かってしまう。

そして、さらに怖いことは、K氏のように、それを注意してくれる奇特な人は、極めて稀だということである。このK氏は、後輩のアナウンサーへの愛情から、その成長のために、敢えて、苦言を呈してくれたのであろう。ほとんどのプロフェッショナルは、こうした場面で、こちらの力量と人間力を見抜いて、まともに相手をしてくれなくなる。それだけである。

それゆえ、**真に怖いことは、自分のプロフェッショナルとしての力量や人間力が、相手に見抜かれていることに気がつかないこと**である。

一流のプロフェッショナルは、何気ない視線の動きや表情の変化、仕草や動作を通じて、こちらの心が相手に透けて見えてしまうこと、無意識のメッセージが伝わってしまうことの「怖さ」が分かっている。しかし、まだプロフェッショナルの修業の入り口にいる人間は、そのことの「怖さ」そのものが分からない。

先ほど第一六話でも述べたように、プロフェッショナルの世界には、「下段者、上段者の力が分からない」という格言があるが、このインタビューの場面もまた、上段者が下段者の力量を見抜いてくる、その「怖さ」を教えてくれる。そして、下段者は上段者に力量を見抜かれていることに気がつかない、そのことの「怖さ」も教えてくれる。

では、この第一九話において、なぜ、この二つの場面を紹介したのか？

一つは、お客様の話の最中に「時計を見る」という場面、一つは、相手がインタビューに答えている最中に「次の質問を考える」という場面。

この二つの場面を読まれて、読者の中には、こんな疑問を抱かれる人がいるかもしれない。

「相手に『無意識のメッセージ』を伝えてしまうといっても、時計を見たり、次の質問を考えることまで自制しなければならないのか……。厳しいな……」

たしかに、ある意味では、「厳しい」と感じる場面であるが、この二つの場面には、共通点がある。

それは、いずれも、「**相手の話を聞いている場面**」だということである。

そして、こうした場面においては、我々が理解しておくべき「逆説」がある。

それは、何か？

「**深層対話**」においては、

相手が話をしているときにこそ、

こちらの「無意識のメッセージ」が、

相手に伝わってしまう。

すなわち、「言葉のメッセージ」を交わす「表層対話」においては、Aが語り、Bが聞いているときには、メッセージを発しているのは、あくまでもAであり、そのメッセージを受け止めているのは、Bである。

しかし、「言葉以外のメッセージ」を交わす「深層対話」においては、表面的には、Aが語り、Bが聞いているように見えても、実際には、Aだけでなく、Bも「言葉以外のメッセージ」を発している。

では、なぜ、「相手が話をしているとき」にこそ、こちらのメッセージが伝わってしまうのか？

それは、相手が話をしているときには、こちらは、「いま、相手がメッセージを発している」と思い込んでしまうからである。そのため、自分が無意識に発しているメッセージに対して、無自覚になってしまうからである。

逆に、お互いが黙っているときには、互いの発している無言のメッセージに、それなりに意識が向いているので、自分が無言で発しているメッセージについても、何がしかの自覚がある。その自覚は、ときに、敢えて無表情を装ったり、微笑んだり、といった形で現れる。

しかし、「相手が話をしている」という状況においては、自分が発している無言のメッセージに無自覚になっているため、逆に、その視線や表情、仕草や動作から、こちらの心の動きや思いが伝わりやすくなってしまうのである。

例えば、著者は、仕事上、多くの聴衆の前で講演を行うことが多いが、この講演の最中は、聴衆との間で、常に「深層対話」を行っている。

著者の講演の後の講演会主催者との会話を紹介しよう。

主催者　「講演、有り難うございました。特に、先生の『コミュニケーションの八割は、言葉を使わない非言語的コミュニケーションですよ』という話の辺りから、とても面白い話になりましたね。しかし、あのテーマは、配付された講演資料にはあまり書かれていなかったですね……」

田坂　「ええ、あのテーマは、最初は、あまり話す予定ではなかったのです。しかし、あの一言を述べた瞬間に、会場全体から『その話を、もっと聞かせろ』といった雰囲気が伝わってきたので、あの方向に、どんどん話が深まっていったのです……」

主催者　「後半の先生のお話、『お客様は、企画書そのものよりも、その企画書を実施する我々の人間を見ていますよ。特に、我々の面構えを見ていますよ！』という言葉には、言葉に力があり、説得力がありましたね……」

田坂　「あれは、会場の中央にいた営業マンらしい方が、こちらの顔を見つめながら盛んに頷かれていたので、私も、思わず、あの方と思いを交わすような気持ちになり、熱がこもったのです（笑）。あの方のお陰ですよ……」

主催者　「一方、冒頭、静かに、深い雰囲気で話を始められたのを、まもなく、冗談を交えた色々なエピソードの話にされましたね……。あれは、どのようなお考えだったのでしょうか？」

田坂　「あれは、冒頭、静かな雰囲気で話を始めたら、会場の何人かの方が、『この講師は、これからどんな話をするのかな？』という感じで、手元の講演資料をめくり始めたので、私の話に集中して頂くために、敢えて、話のトーンを切り替えたのです……（苦笑）」

このように、「講演」のような、表面的には講師が一方通行で話をしているように見える場においても、**実は、聴衆は、様々な形で「無言のメッセージ」を発しており、**それゆえ、著者は、講演においては、聴衆の方々から伝わってくる、その「無言のメッセージ」

に耳を傾けながら、講演の内容や方向を、適宜切り替えて話をしている。

このように、「話を聞く」という立場の人から、むしろ様々な「無言のメッセージ」が伝わってくるということを理解するならば、逆に、**我々が「話を聞く」という立場に立ったときには、そうした状況だからこそ、自分の「無言のメッセージ」が相手に伝わっていくということを、自覚しておく**必要がある。

では、どうすればよいのか？

相手の話を聞くときにこそ、自分の「無言のメッセージ」が、そのまま伝わってしまうのであるならば、我々は、そうした状況において、どのような聞き方をすればよいのだろうか？

そのことを、次に話そう。

その前に、この第一九話のまとめを一言。

何気ない視線や仕草で
「無言のメッセージ」が伝わってしまうことの
「怖さ」を知る

第二〇話

最も成熟した「深層対話力」は「聞き届け」の技法から

ただ相手の話を聞いているだけでも、こちらの「無言のメッセージ」や「言葉以外のメッセージ」が伝わってしまう。もし、そうであるならば、我々は、どうすればよいのか？

相手の話を聞くときに、我々は、どのような聞き方をすればよいのだろうか？

その心得は、ただ一つである。

「聞き届け」をする。

それだけである。

この「聞き届け」とは、もともとは、臨床心理学やカウンセリングの世界で使われてきた言葉であり、「ただ聞く」のではなく**「深い共感の心をもって相手の話を聞く」**という技法であるが、難しい理屈よりも、それが見事にできる一人の人物を紹介しよう。

元米国大統領、ビル・クリントンである。

彼は、スピーチの名手として、歴代の大統領の中でも屈指の評価を得ているが、実は、彼は、「語り手」としてだけでなく、「聞き手」としても、卓抜な力量を持っている。

なぜなら、彼は、多くの支持者に囲まれた場において、支持者から語りかけられたとき、その目の前の一人の話に、心を込めて耳を傾けるからである。

そのことを、ある支持者は、次のように表現している。

「ビル・クリントンと話していると、自分の話に集中してくれるので、周りには、自分以外に、他に誰もいないような気分になる」

このエピソードは、拙著『ダボス会議に見る世界のトップリーダーの話術』においても紹介したものであるが、実は、ビル・クリントンは、こうした形で、見事な「聞き届け」ができるのである。そして、「**話し手**」としてのビル・クリントンの卓抜な力量と、この「**聞き手**」としての卓抜な力量は、共通の力によって支えられている。

それが、「言葉以外のメッセージを**巧みに受け止める力**」であり、「言葉以外のメッセージを**巧みに発する力**」である。そして、それは、まさに、本書で述べてきた「深層対話力」に他ならない。

しかし、無言でも相手にメッセージが伝わってしまうことは、こうした怖い例だけでなく、見事な例もある。そのことを紹介しよう。

三四年前に、著者が経験した場面である。

第一話で述べたように、若き日に勤めていた会社で、著者が仕えた上司は、「仕事の達人」であり、優れた人間力を持った人物であった。

ある日、あるコンサルティング会社が、その上司に、仕事を求めてきた。

その上司は、当時、私が担当していたプロジェクトから、技術調査の仕事を発注してはどうかとの指示を出し、一度、その会社の部長と担当者が来社するので、私に先方の調査能力をチェックするようにとのことであった。

その上司の指示に従い、先方の調査能力をチェックする質問リストを準備し、数日後、先方の部長と担当者が来社し、上司と私の四人で会議室に入り、商談が始まった。

しかし、先方との商談が始まっても、私の上司は、その部長と雑談をするだけで、なかなか本題に入らない。相手の部長も、その雑談に、快く相槌を打つだけであり、若い担当者は、黙って側に控えているだけであった。

そのうち、予定していた一時間が過ぎると、上司は、その雑談だけで、本題に入っていないにもかかわらず、何と、「では、この調査、よろしく!」という言葉とともに、その技術調査の仕事を発注してしまった。

エレベータホールで先方を見送り、二人で部屋に戻るとき、私は、思わず上司に、こう聞いた。

「あの会社に、この技術調査を発注されましたが、あの社の調査能力は、先ほどの会合では、ほとんど分からなかったのですが……」

そのとき、この問いに対して、上司が語った言葉が、忘れられない。

「その点は大丈夫だろう。あの若い担当者、良い面構えをしていたからな。あいつ、良い仕事をするぞ！」

そう言われ、会合を振り返ると、たしかに、その担当者は、眼光の鋭さを感じさせ、静かながらも、何か存在感があった。

上司は、その「**面構え**」から、発注の判断をしたのであった。

そして、実際、この担当者は、その技術調査の納期が来ると、我々の期待に違《たが》わない優れた仕事を出してきた。

この経験から、著者は、大切なことを学んだ。

我々が、顧客から仕事を得るとき、

買って頂くのは、実は、「商品」ではない。

買って頂くのは、我々自身の「人間」である。

そして、我々がどのような「人間」であるかは、

優れた人物には、その面構えや身のこなしから、自然に伝わってしまう。

それは、「言葉以外のメッセージ」として、自ずと伝わってしまう。

著者は、若き日に、この経験から、そのことを学んだ。

それゆえ、著者は、後に、自身が部長として、客先への営業に行くとき、初めて営業に同行する若手社員との間で、しばしば、次のような会話を交わした。

田坂「A君、今日は、一緒に営業に行くか。君にとっては初めての営業の経験だ」

A君「はい、お供します。しかし、私は、営業の場に同席しても、まだ、何もお手伝いできませんが……」

田坂「それは、構わない。プレゼンも、商談も、自分と次長がやるから、君は、何もしなくてよい。ただ、君には、一つだけ頼みたいことがある」

A君「何でしょうか？」

田坂「力に満ちて、そこに、在る！
商談の最中、それだけ頼む。ただ、それは簡単ではないがな……」

この言葉を、若手社員にかけるとき、著者の心の中には、いつも、かつてのあの「良い面構えをした若い担当者」がいた。

あの担当者と同様、この若手社員にも、「言葉以外のメッセージ」で上司を支える、ということを覚えてもらいたいと思った。

それは、上司として助かるだけではない。必ず、この若手社員の人生を切り拓く力になっていく。

このように、「深層対話力」とは、相手の「言葉以外のメッセージ」を**感じ取る力**だけでなく、相手に「言葉以外のメッセージ」を**伝える力**でもある。

本書においては、「言葉以外のメッセージ」を感じ取る力を中心に語ってきたが、この「言葉以外のメッセージ」を伝える力もまた、極めて重要な力である。この力をいかに身につけるかについては、先ほど紹介した拙著『ダボス会議に見る世界のトップリーダーの話術』において、いくつかの要点を述べているが、近い将来、別の著書において詳しく述べたいと思う。

さて、ここまで、「深層対話の技法」と「深層対話力」について、いかにして、それを身につけるか、様々な仕事の場面を紹介しながら語ってきたが、これらの場面は、基本的に、一つの会社組織における、「営業」の仕事の商談の場面、「企画」の仕事の社内会議の場面などを中心に、紹介してきた。

しかし、読者が、それぞれの場面での登場人物の「会話」と「心の動き」を深く学ばれるならば、それは、会社組織にかぎらず、どのような職場においても活用できること、また、営業や企画の仕事にかぎらず、どのような仕事にも活用できることが分かるだろう。

そこで、どのような職場の、どのような仕事においても、読者が経験する日常的な場面を紹介しながら、この「深層対話力」の最も基本的な使い方を、次に話そう。

その前に、この第二〇話のまとめを一言。

「面構え」や「身のこなし」が伝えてしまう「無言のメッセージ」を自覚せよ

第二一話

すべての仕事において活用すべき「深層対話力」

会議が終わった。廊下を歩きながら、A君は、上司のB課長に話しかけた。

A君 「かなり盛り上がった会議でしたね。それにしても、C君とD君から、あんなに面白いアイデアが出るとは、予想外でしたね」

B課長 「そうだな。あの二人のアイデアは、なかなか面白いな。お客様にも喜んで頂けるアイデアだな」

A君 「C君とD君も、会議の最中、お互いの意見を出し合って、どんどん、アイデアを具体化していきましたね。あの二人に任せれば、このアイデア、結構、実現しそうですね」

B課長「うん、あの二人は、相当、やる気になっているな……」
A君「ところで、課長は、なぜ、あのアイデアの具体化の場面で、E君に『君は、どう思う？』って質問をしたんですか？　その後、E君が出したアイデアは、あまり現実味もなく、ほとんど参考にならなかったですよね……。まあ、いつものことですが……」
B課長「いや、あのC君とD君の盛り上がりの最中、E君が何かを言いたそうにしていたから、話を向けたんだよ……」
A君「え、課長は、E君の表情を見ていたんですか？　彼は、課長の横に座っていて、ほとんど表情は見えなかったのではないですか？」
B課長「いや、彼の表情は、自分の目の隅に入っていたよ……。こういう仕事を永くやっていると、目の隅でも、人の表情の変化は分かるんだな……（笑）」
A君「それは、驚きですね。自分には、E君は、ただ無表情なだけに見えましたが……。まだ、修業が足りませんね……（笑）」
B課長「無表情に見えても、人の表情には、実に細やかな変化があるんだね……。それと、表情だけでなく、その人から伝わってくる雰囲気も、実に雄弁に何かを語るときがある……」

A君　「しかし、E君から、それほど卓抜なアイデアが出ないと分かっていて、なぜ、彼に話を向けたんですか?」

B課長　「会議というものは、ただ、優れたアイデアが出れば良いというものではないんだね……。ただ、数人が盛り上がれば良いというものでもない……。やはり参加したメンバー一人ひとりが、参加した意味を感じられるものでなければならない。だから、E君が、意見を述べることができたので、それまで『蚊帳《かや》の外』という雰囲気だったF君も、身を乗り出して他のメンバーの話を聞き始めただろう……」

A君　「課長は、あの会議室の隅にいたF君の様子まで、見ていたんですか?」

B課長　「会議を主宰する人間は、参加メンバー全員の表情や雰囲気に注意を払うことは、まず、基本の基本なのだね……（笑）」

A君　「なるほど、勉強になりました……（苦笑）」

B課長　「いや、自分も若い頃、会議で、議論の『蚊帳の外』に置かれて、寂しい思いをしたことがあるからな……。若い頃の自分もそうだったが、誰もが、自分を認めてもらいたいと思っているんだな……」

このB課長の最後の発言、この課長が、「深層対話力」の達人であるだけでなく、「**人間力**」においても、見事なものを持っていることを感じさせる。いや、本当に**優れた「深層対話力」の奥には、必ず、優れた「人間力」があるというべき**か。

もう一つ、日常の仕事で、よく出会う場面を紹介しよう。

メンバー全員での打合せが終わった。G課長とH課長補佐が、エレベータの中で語り合っている。

H課補「いよいよ、この仕事も大詰めですね。先ほどの会議では、メンバー一人ひとりに、仕事の進捗状況を聞き、それぞれが分担した仕事が、予定した期日までに終わるかを確認できて、良かったですね」

G課長「そうだな。この仕事全体の進捗状況も、メンバー一人ひとりの状況も、確認できて、良かったな……」

H課補「ところで、どうしますか？ 会議で、メンバーのI君が、『私の担当する作業は、もうアップアップです』と悲鳴を上げていましたが、誰かサポートのメンバーをつけますか？」

G課長「いや、それは必要ないだろう……。I君の表情を見ていると、まだ、余裕があるよ……（笑）。彼は、いつも、ああ言って、自分の頑張りをアピールしてくるからな……（苦笑）」

H課補「なるほど……。課長は、鋭いところを見ていますね……（苦笑）」

G課長「むしろ、K君のところは、サポートをつけた方がいいな……」

H課補「ええ、なぜですか？　彼は、先ほどの会議で『期日までに、大丈夫か？』と聞いたら、『大丈夫です』と答えていましたよね……」

G課長「たしかに、彼はそう答えたが、あの表情を見ていると、かなり限界にきているな……。夜もあまり寝ないで頑張っているんじゃないか……。彼は、責任感が強いから『大丈夫です』と言うが、仲間に迷惑をかけたくないという思いで、ああ言っているんだろう。後で、君から『G課長の指示です』と伝えて、とにかくサポートをつけてあげてくれ。彼は、辞退するだろうが、内心は、ほっとすると思うよ……」

H課補「なぜ、課長は、そこまでメンバーの心が読めるんですか？」

G課長「いや、メンバーの心を読むなどという偉そうな話ではないんだよ……。自分も若い頃、不器用で、周りに迷惑をかけたくないという思いで頑張ったんだが、結局、納期に間に合わず、かえって仲間に迷惑をかけてしまったことがあったんだな……。K君には、あの辛い思いはさせたくないんだよ……」

このG課長、「深層対話力」も見事だが、「人間力」も見事。そして、その「**温かい人間力**」の**背後に**、「**深い人間観**」**がある**。永年の仕事を通じて、多くの人間を見てきたことによる「人間観」、自分自身の失敗の経験を通じて身につけた「人間観」。それが、この課長の優れた「深層対話力」を支えている。

では、こうした「深層対話力」を、どうすれば、身につけることができるのか？

そのことを考えるとき、一つ、誤解してはならないことがある。

それは、「心理学を学べば、深層対話力が身につく」という誤解である。

次に、そのことを話そう。

その前に、この第二一話のまとめを一言。

優れた「深層対話力」の背後には、必ず
「温かい人間力」と「深い人間観」がある

——第二三話——

「心理学」を学ぶだけでは決して身につかない「深層対話の技法」

本書においては、「仕事の技法」の最も根幹は、「相手の心」を感じ取る技法であり、それはすなわち、相手の「言葉以外のメッセージ」を感じ取る技法であり、「深層対話の技法」であることを述べてきた。

しかし、こうして「深層対話の技法」の大切さを述べると、読者の中には、誤解をする人が現れるかもしれない。

それは、**書物を通じて**「**心理学**」を**学ぶことによって**、「**深層対話の技法**」や「**深層対話力**」**を身につけようとする誤解**である。

では、なぜ、それが誤解なのか？

一つの場面を紹介しよう。

題名は忘れたが、ある映画での一場面。主人公たちの会話。

A君「彼女、どうも自分に気があるらしいんだ……」

B君「どうして、そう思うんだ?」

A君「だって、彼女、いつも俺を見るとき、うっとりとした表情で、じっと目を見つめてくるんだ……。よく心理学の本にも書いてあるが、あれは、彼女の恋心の表れだと思うんだ……」

B君「その話は、前に聞いたよ……。しかし、実は、俺を見つめるときも、彼女は、同じように、じっと目を見つめてくるんだ……。それで、俺も、彼女は、俺に気があるんじゃないかと思って、先日、彼女と二人きりのとき、思い切って聞いてみたんだ。君は、いつも人を見るとき、そんな表情で見つめるのかい、って……」

A君「彼女、何て言っていた?」

B君「知りたいかい?」

A君「うん」

B君「彼女、笑いながら言っていたよ。ごめんなさい、私、強い近眼なので、メガネをかけていないときは、つい、相手のことを見つめてしまうの……だってさ」

これは、まだコンタクトレンズが無かった頃の古い映画での主人公たちの会話、思わず微笑んでしまう会話でもあるが、一つ、教えられることがある。

それは、本や雑誌で学んだ「心理学」だけでは役に立たない、ということである。

おそらく、この場面のA君とB君は、何かの本や雑誌で読んだ「相手の目をじっと見つめる表情は、相手に恋心を抱いている表情である」という一**般的な心理解釈**を知っていたのだろう。しかし、実際の生活や仕事において、こうした一般的な心理解釈は、しばしば、誤る。なぜなら、人間というものは、それぞれに違った性格を持ち、違った経歴を歩み、違った状況に置かれており、それゆえ、その**性格や経歴や状況によって**、**その人間が示す心理的反応も**、**それぞれに多様だ**からだ。そのため、一般的な心理解釈は、実践的場面では、しばしば、当てはまらない。

しかし、もし、A君やB君が、恋愛の経験が豊かな人間ならば、相手が「じっと目を見つめる表情」をしたときにも、それが、「恋心」からなのか、「近眼」だからなのか、はたまた、「自分に警戒心を持っている」からなのかは、ほとんど誤ることなく分かるだろう。

このことを理解するならば、「深層対話の技法」を身につけ、「相手の心」を感じ取ることができるようになるために、我々は、まず、一つの心構えを持つべきであろう。

「心理学」だけで、相手の心を知ることはできない。
「心理」を感じ取る修練だけが、それを可能にする。

しかし、我々は、仕事において接する、顧客や業者、上司や同僚や部下など、「相手の心」を知る必要に迫られると、しばしば「心理学」を学ぼうと考えてしまう。「心理学」を学べば、容易に「相手の心」が分かるようになるという幻想に陥ってしまう。

その我々の幻想を掻き立てるのが、世の中に溢れる『相手の心を見抜く心理テクニック』や『仕草から分かる相手の心理』などの本であろう。もとより、こうした本は、「心理学」の観点から間違ったことを書いているわけではないのだが、問題は、それを読む、我々の側にある。

なぜなら、我々は、本を通じて「**理論**」を学ぶと、それだけで何かの「**技法**」が身につくという幻想に、容易に陥るからだ。そのことは、第六話で、すでに述べた。

「心理学」の場合も同様。本を通じて「心理学の理論」を学ぶと、それだけで、「相手の心を感じ取る技法」が身につくと、安易に考えてしまう。

しかし、残念ながら、「心理学」を学んだだけでは、「相手の心を感じ取る技法」を身につけることはできない。なぜなら、「心理学」とは、基本的に、「人間」というものを普遍化して考え、「人間の心」の一般的な傾向を探り、そこに一つの「理論」を当てはめるものだからである。

だが、先ほど述べたように、**現実の人間は、極めて個性的である。**一人一人が違った性格を持ち、違った経歴を歩み、違った状況に置かれている。その一人の人間の心を感じ取ろうとするならば、「心理学の理論」は、参考にはなるが、それだけで「相手の心」を感じ取ることはできない。

もし我々が、「相手の心」を感じ取る力を身につけたいならば、「人間は、こういう気持ちになると、こういう表情をする」や「人間は、こういう仕草をするときは、その背後に、こういう心理がある」といった、本に書かれているような「理論」に頼るのではなく、何よりも、**数多くの人間と心で**「**正対**」し、**相手の細やかな心の動きを感じ取る、現場での修練**を積み重ねなければならない。

それゆえ、本書においては、どうすれば、日々の仕事の中で、「相手の心」を感じ取る修練ができるのか、そのことを、仕事における様々な場面を紹介しながら、語ってきた。

これらの場面での登場人物たちのやり取りを参考にして、読者諸氏には、ぜひ、仕事の現場において「相手の心」を感じ取る修練を積んで頂きたい。

ただ、日々の仕事において、こうした「相手の心」を感じ取る修練をするとき、我々が陥ってしまう「**危うい落し穴**」がある。

それは、何か？

最後に、そのことについて述べよう。

その前に、この第二二話のまとめを一言。

「心理学」だけで、**相手の心を知ることはできない**
「心理」を**感じ取る修練だけが、それを可能にする**

第二三話

「深層対話力」とは
極めて切れ味の良い「諸刃の剣」

では、日々の仕事において、「相手の心」を感じ取る修練をするとき、我々が陥ってしまう「**危うい落し穴**」とは何か？

そのことを理解して頂くために、一つの寓話を紹介しよう。

あるとき、天上から下界を見下ろしていた神は、人間に成長の機会を与えようと考え、地上に降り、一人の旅人に姿を変え、五日間、村から村へと旅をした。

そして、それぞれの村で、宿を貸してくれた五人の村人に、そのお礼として、「あなたには、神から不思議な力が与えられます」と伝え、「相手の心」が分かる力を与えた。

一年後、ふたたび旅人に姿を変えた神は、それら五人の村人を訪れ、「相手の心」が分かる力を、どのように使ったかを聞いた。

一人目の村人は、こう答えた。

「素晴らしい力を与えて頂きました。お陰で、相手の思いや気持ちが分かるようになり、深い共感の心を持つことができるようになりました」

二人目の村人は、こう答えた。

「素晴らしい力を与えて頂きました。お陰で、相手が何を望んでいるかが分かるようになり、必要なとき、力を貸してあげられるようになりました」

三人目の村人は、こう答えた。

「素晴らしい力を与えて頂きました。お陰で、相手の考えと自分の考えが違っているとき、うまく歩み寄ることができるようになりました」

四人目の村人は、こう答えた。

「素晴らしい力を与えて頂きました。お陰で、相手を自分の思うままに動かせるようになりました」

五人目の村人は、こう答えた。

「素晴らしい力を与えて頂きました。お陰で、自分が神になったような気分です」

この寓話を読まれて、読者は、何を感じられただろうか？

本書の最後に、読者には、この寓話を通じて、一つ、大切なことに気がついて頂きたい。

「深層対話力」とは、極めて切れ味の良い「諸刃の剣」となる。

それは、使い方を誤らなければ、人を活かし、自分を活かす、素晴らしい剣になる。

しかし、使い方を誤れば、人を殺し、自分をも殺す、危うい剣になる。

本書において述べてきた「深層対話の技法」と「深層対話力」は、もし、それを身につけるならば、相手が顧客、業者、上司、同僚、部下、誰であろうとも、その「言葉以外のメッセージ」を感じ取る力が大きく高まり、「相手の心」が分かるようになっていく。

そして、「相手の心」が分かるようになると、我々は、相手の立場や心境を深く理解し、「**共感する**」ことができるようになる。また、相手が楽になり、助かるように、「**支援する**」ことができるようになる。そして、相手との利害の相違を感じ取り、うまく「**協調する**」ことができるようになる。

すなわち、この「深層対話力」は、それを身につけ、仕事や生活において正しく使うならば、「共感」「支援」「協調」を通じて、相手を活かし、自分も活かすことができる素晴らしい力となる。

そのことは、先ほどの寓話で、一人目、二人目、三人目の村人の姿が教えてくれることでもある。

しかし、この「深層対話力」は、そうした形で素晴らしい力となる一方、その使い方を誤ると、極めて危うい「落し穴」に陥ることになる。

なぜなら、「相手の心が分かる」と思った瞬間に、我々の心には、実に容易に、相手を意のままに操ろうとする「操作主義的発想」が忍び込むからだ。

そのことの危うさは、四人目の村人の姿が教えてくれる。

そして、さらに危ういことは、「相手の心が分かる」と思った瞬間に、我々の心に、相手に対する「密やかな優越感」が忍び込むことである。そして、それは、ときに、「無意識の傲慢さ」にさえなってしまう。

そのことの危うさは、五人目の村人の姿、「神になった気分」に酔う、その姿が教えてくれる。

しかし、すでに第一六話で述べたように、我々の心の中の「操作主義的発想」や「密やかな優越感」「無意識の傲慢さ」は、必ず、相手に感じ取られてしまう。そのため、結果として、その相手との関係を壊してしまう。

このように、本書で述べた「**深層対話力**」という切れ味の良い「**剣**」は、使い方によっては、**相手に対する**「**共感**」や「**支援**」「**協調**」を通じて、**相手との良い関係を築き、使い方によっては、**「**操作主義的発想**」や「**密やかな優越感**」「**無意識の傲慢さ**」によって、**相手との関係を壊してしまう**、まさに「諸刃の剣」に他ならない。

そうであるならば、この「深層対話力」という「諸刃の剣」、それを誤ることなく使いこなすために、我々は、どうすれば良いのか？

一つの心構えを、胸に刻むべきであろう。

相手に、深い「敬意」を持って接する。

それが顧客であれ、業者であれ、上司であれ、同僚や部下であれ、相手を「一人の人間」として見つめ、「敬意」を持って接することである。

ただ、ここで「敬意」とは、「尊敬に値する優れた人物への敬意」という意味ではない。

人間であるかぎり、誰もが、未熟な自分を抱え、人生と仕事の問題に直面し、人間関係に苦しみ、自分の中の「小さなエゴ」に悩まされながら、生きている。それでも、誰もが、懸命に生きている。一度かぎりの人生を、かけがえの無い人生を、良き人生にしたいと願い、誰もが、懸命に生きている。

その姿を「尊い姿」と思えること。

それが「敬意」ということの、真の意味であろう。

そして、もし我々が、その「敬意」を持って相手に接することができるならば、自然に、我々の心の中の「相手を自分の思うままに動かしてやろう」という「操作主義的発想」は消えていく。

もし我々が、その「敬意」を持って相手に接するならば、自然に、我々の心の中の「密やかな優越感」や「無意識の傲慢さ」は消えていく。

だから、本書の最後に、読者の方々に、申し上げたい。

本書において述べてきた「深層対話の技法」は、読者が、日々の仕事の中で、その技法を実践していくならば、不思議なほど、「深層対話力」が身につき、「相手の心」を感じ取る力が身についていく。

しかし、その「深層対話力」は、文字通り、「諸刃の剣」。

使い方を誤れば、「危うい落し穴」が待っている。

それゆえにこそ、読者が、その切れ味の良い「諸刃の剣」を、人を活かし、自分を活かすために、使われることを願っている。

そして、著者もまた、日々の仕事を通じて、この「深層対話力」を磨きながら、同時に、その「危うい落し穴」に陥らぬよう、歩み続けている。心の中の「操作主義的発想」や「密やかな優越感」「無意識の傲慢さ」を見つめ、自身の内面を見つめながら、人間としての成長をめざし、歩み続けている。

いま、本書の筆を置くとき、数十年の歳月を越えた、自らの歩みを振り返り、そして、目の前に続く、遥かな人間成長への道を見つめながら、一つの思いが、心に浮かぶ。

「深層対話力」とは
「相手の深層と対話する力」であることを超え、究極
「自己の深層と対話する力」に他ならない

謝辞

最初に、講談社現代新書・編集長の田中浩史さんに、感謝します。
田中さんとは、一九九七年の『複雑系の知』以来、一八年ぶりの共同作品です。
この『複雑系の知』が、高等学校の『現代文』の教科書に採用されたように、
この『仕事の技法』が、多くのビジネスパーソンにとって、
素晴らしい仕事を成し遂げていくための教科書になることを願います。

また、本書の原稿へのコメントを頂いた、藤沢久美さんに、感謝します。
藤沢さん自身が、優れた「深層対話力」を持ち、
その力によって道を拓いてきた、ビジネス・プロフェッショナル。
その藤沢さんからのコメントは、多くの示唆を与えてくれました。

そして、いつも温かく執筆を見守ってくれる家族、
須美子、誓野、友に、感謝します。
この「深層対話力」は、家族にとっても、大切な力です。

いま、富士の地は、晩秋を終え、静かに冬を迎えています。
青く晴れた空を背に、凛として聳え立つ富士。
その姿が伝えてくる、深いメッセージ。
その「対話」の一瞬に、心惹かれます。

最後に、すでに他界した父母に、本書を捧げます。

お二人が、一つの人生を精一杯に生きた、その姿。
その姿こそが、父母が、生涯をかけて伝えてくれたメッセージ。
そして、二〇年余の歳月を経ても、なお、
父母との対話は、続いています。
その対話によって、私を導こうとする父母の思い。
その思いへの感謝は、尽きません。

二〇一五年一二月一九日

田坂広志

さらに「仕事力」を高めたい読者のために

――自著を通じてのガイド――

『仕事の思想』（ＰＨＰ文庫）

「仕事力」を高めていくためには、様々な「仕事の技法」を身につけるだけでなく、その根底に、確固とした「仕事の思想」を身につけなければならない。

では、我々が身につけるべき「仕事の思想」とは、何か。

本書では、そのことを、「思想」「成長」「目標」「顧客」「共感」「格闘」「地位」「友人」「仲間」「未来」という一〇のキーワードを通じて語った。

「仕事の思想」を身につけたい読者のための一冊。

『知的プロフェッショナルへの戦略』（講談社）

これから到来する高度知識社会においては、「専門的な知識」を身につけただけの「ナレッジ・ワーカー」は、「求められる人材」にはなれても、「活躍する人材」にはなれない。高度知識社会において活躍するのは、「専門的な知識」だけでなく、「職業的な智恵」を身につけた「知的プロフェッショナル」と呼ばれる人材である。

本書では、その「職業的な智恵」を身につけ、「知的プロフェッショナル」へと成長していくための戦略と心得について語った。

「知的プロフェッショナル」をめざしたい読者のための一冊。

『知性を磨く』（光文社新書）

二一世紀に求められる「知性」とは、ただ世の中を評論するだけの「解釈の知性」ではなく、目の前の現実を変革することのできる「変革の知性」。それは、思想、ビジョン、志、戦略、戦術、技術、人間力という「七つのレベルの知性」を垂直統合した知性であり、これからの時代に活躍するのは、その「七つの知性」を身につけた「スーパージェネラリスト」と呼ばれる人材である。

本書では、その「スーパージェネラリスト」へと成長するための技法について語った。

「現実を変革する力」を身につけたい読者のための一冊。

『人は、誰もが「多重人格」』（光文社新書）

「才能」の本質は、実は、「人格」であり、「性格」である。そして、我々は、誰もが、自分の中に「様々な人格」を持っている。それゆえ、自分の中に眠る「隠れた人格」に気がつき、それを意識的に育てるならば、我々の中の「隠れた才能」が開花していく。

本書では、我々が無意識に、自分の中の「隠れた人格」を抑圧し、「才能の開花」を妨げてしまう心理的プロセスを解き明かし、自分の中に眠る「様々な人格」を育て、「隠れた才能」を開花させていく技法について語った。

「隠れた才能」を開花させたい読者のための一冊。

『ダボス会議に見る世界のトップリーダーの話術』（東洋経済新報社）

「話術」において相手に伝わるのは、「言葉によるメッセージ」が二割、「言葉以外のメッセージ」が八割である。従って、「話術」を磨きたければ、実は、この「言葉以外のメッセージ」を伝える力をこそ、磨かなければならない。

本書では、ダボス会議での、トニー・ブレア元英国首相、クリントン元米国大統領、サルコジ元フランス大統領など、世界のトップリーダー一五名のスピーチを紹介し、「言葉以外のメッセージ」の観点から分析し、最も高度な話術のノウハウを語った。

「話術」を磨きたい読者のための一冊。


『経営者が語るべき「言霊」とは何か』（東洋経済新報社）

経営者やマネジャーが語る言葉に生命力が宿るとき、それは「言霊」となって、社員や部下の腹に響き、胸を打ち、心に残るメッセージとなる。

では、その「言霊」に満ちたメッセージを語るためには、何が求められるのか。

本書では、そのことを、「ビジョン」「戦略」「理念」「予測」「計画」「意思決定」「志」をテーマに、「一〇の心得」として語った。

「言葉の力」を身につけたい読者のための一冊。

『意思決定　一二の心得』（PHP文庫）

ビジネス・プロフェッショナルの「意思決定」とは、単に、様々な選択肢を前に、意思を決定することだけではない。意思決定したことを上司や部下に納得させること、その意思決定の結果に自ら責任を取ること。その三つを行って、初めてその行為を「意思決定」と呼ぶ。すなわち、プロフェッショナルの意思決定に求められるのは、「決断力」「説得力」「責任力」という三つの力に他ならない。

本書では、その「三つの力」を身につけるための「一二の心得」を語った。

「意思決定力」を身につけたい読者のための一冊。

『企画力』（ＰＨＰ文庫）／『営業力』（ダイヤモンド社）

ビジネス・プロフェッショナルにとっての「企画力」とは何か。

それは、「企画を立案する力」ではない。「人間と組織を動かす力」である。

では、ビジネス・プロフェッショナルにとっての「営業力」とは何か。

それは、「商品を売り込む力」ではない。「人間と組織を売り込む力」である。

この二つの書では、その「企画力」を身につけるための「二二の心得」、「営業力」を身につけるための「二五の心得」を語った。

「企画力と営業力の真髄」を身につけたい読者のための二冊。

『なぜ、マネジメントが壁に突き当たるのか』（東洋経済新報社・PHP文庫）

マネジメントが壁に突き当たるのは、多くの場合、そのマネジャーが、「暗黙知」と呼ばれる「言葉に表せない智恵」を身につけていないことが原因である。

本書では、その「暗黙知」を身につけるために、経営者やマネジャーが摑むべき「一二の心得」について語った。

「マネジメント力」を鍛えたい読者のための一冊。

『人生で起こること、すべて良きこと』（PHP研究所）

人生において、苦労や困難、失敗や敗北、挫折や喪失といった「逆境」に直面したとき、「人生で起こること、すべてに深い意味がある」「人生で起こること、すべて良きこと」と思い定めるならば、必ず、道は拓ける。

本書では、著者が、若き日に「生死の体験」を通じて摑んだ、その「こころの技法」を語った。

人生と仕事において、壁に突き当たった読者のための一冊。

「人生」を語る

『未来を拓く君たちへ』(PHP研究所)
『いかに生きるか』(ソフトバンク・クリエイティブ)
『人生の成功とは何か』(PHP研究所)
『人生で起こること　すべて良きこと』(PHP研究所)
『逆境を越える「こころの技法」』(PHP研究所)
『すべては導かれている』(PHP研究所)
『運気を磨く』(光文社)
『運気を引き寄せるリーダー　七つの心得』(光文社)

「仕事」を語る

『仕事の思想』(PHP研究所)
『なぜ、働くのか』(PHP研究所)
『仕事の報酬とは何か』(PHP研究所)

「成長」を語る

『知性を磨く』(光文社)　『人間を磨く』(光文社)
『直観を磨く』(講談社)　『教養を磨く』(光文社)
『能力を磨く』(PHP研究所)　『成長の技法』(PHP研究所)
『人は、誰もが「多重人格」』(光文社)
『なぜ、優秀な人ほど成長が止まるのか』(ダイヤモンド社)
『成長し続けるための77の言葉』(PHP研究所)
『知的プロフェッショナルへの戦略』(講談社)
『プロフェッショナル進化論』(PHP研究所)

「技法」を語る

『なぜ、時間を生かせないのか』(PHP研究所)
『仕事の技法』(講談社)　『意思決定 12の心得』(PHP研究所)
『経営者が語るべき「言霊」とは何か』(東洋経済新報社)
『ダボス会議に見る世界のトップリーダーの話術』(東洋経済新報社)
『企画力』(PHP研究所)　『営業力』(ダイヤモンド社)

主要著書

「思想」を語る

『死は存在しない』(光文社)
『生命論パラダイムの時代』(ダイヤモンド社)
『まず、世界観を変えよ』(英治出版)
『複雑系の知』(講談社)
『ガイアの思想』(生産性出版)
『使える弁証法』(東洋経済新報社)
『自分であり続けるために』(PHP研究所)
『叡智の風』(IBCパブリッシング)
『深く考える力』(PHP研究所)

「未来」を語る

『田坂広志　人類の未来を語る』(光文社)
『未来を予見する「5つの法則」』(光文社)
『目に見えない資本主義』(東洋経済新報社)
『これから何が起こるのか』(PHP研究所)
『これから知識社会で何が起こるのか』(東洋経済新報社)
『これから日本市場で何が起こるのか』(東洋経済新報社)

「経営」を語る

『複雑系の経営』(東洋経済新報社)
『「暗黙知」の経営』(徳間書店)
『なぜ、マネジメントが壁に突き当たるのか』(PHP研究所)
『なぜ、我々はマネジメントの道を歩むのか』(PHP研究所)
『こころのマネジメント』(東洋経済新報社)
『ひとりのメールが職場を変える』(英治出版)
『まず、戦略思考を変えよ』(ダイヤモンド社)
『これから市場戦略はどう変わるのか』(ダイヤモンド社)
『官邸から見た原発事故の真実』(光文社)
『原発は、これからどうなるのですか?』(東洋経済新報社)

著者情報

田坂塾への入塾

思想、ビジョン、志、戦略、戦術、技術、人間力という
「7つの知性」を垂直統合した
「21世紀の変革リーダー」への成長をめざす場
「田坂塾」への入塾を希望される方は
下記のサイトへ

http://hiroshitasaka.jp/tasakajuku/
(「田坂塾」で検索を)

田坂塾大学への訪問

田坂広志の過去の著作や著書、講演や講話をアーカイブした
「田坂塾大学」は、広く一般に公開されています
訪問は、下記より

http://hiroshitasaka.jp/college/
(「田坂塾大学」で検索を)

「風の便り」の配信

著者の定期メール「風の便り」の配信を希望される方は
下記「未来からの風フォーラム」のサイトへ

http://hiroshitasaka.jp/
(「未来からの風」で検索を)

講演やラジオ番組の視聴

著者の講演やラジオ番組を視聴されたい方は
「田坂広志　公式チャンネル」のサイトへ
(「田坂広志　YouTube」で検索を)

著者略歴

田坂広志（たさかひろし）

1951年生まれ。1974年、東京大学工学部卒業。
1981年、東京大学大学院修了。工学博士（原子力工学）。
同年、民間企業入社。
1987年、米国シンクタンク、バテル記念研究所客員研究員。
同年、米国パシフィック・ノースウェスト国立研究所客員研究員。
1990年、日本総合研究所の設立に参画。
10年間に、延べ702社とともに、20の異業種コンソーシアムを設立。
ベンチャー企業育成と新事業開発を通じて
民間主導による新産業創造に取り組む。
取締役・創発戦略センター所長等を歴任。現在、同研究所フェロー。
2000年、多摩大学大学院教授に就任。社会起業家論を開講。現名誉教授。
同年、21世紀の知のパラダイム転換をめざす
シンクタンク・ソフィアバンクを設立。代表に就任。
2005年、米国ジャパン・ソサエティより、日米イノベーターに選ばれる。
2008年、ダボス会議を主催する世界経済フォーラムの
Global Agenda Councilのメンバーに就任。
2009年より、TEDメンバーとして、毎年、TED会議に出席。
2010年、ダライ・ラマ法王14世、デズモンド・ツツ元大主教、
ムハマド・ユヌス博士、ミハイル・ゴルバチョフ元大統領ら、
4人のノーベル平和賞受賞者が名誉会員を務める
世界賢人会議・ブダペストクラブの日本代表に就任。
2011年、東日本大震災と福島原発事故に伴い、内閣官房参与に就任。
2013年、思想、ビジョン、志、戦略、戦術、技術、人間力という
「7つの知性」を垂直統合した
「21世紀の変革リーダー」への成長をめざす場、「田坂塾」を開塾。
現在、全国から8500名を超える経営者やリーダーが集まっている。
2021年、田坂広志の過去の著作や著書、講演や講話をアーカイブした
「田坂塾大学」を開学。広く一般に公開している。
2023年、21世紀アカデメイアの理事長兼学長に就任。
海外でも旺盛な出版と講演の活動を行っている。

講談社現代新書　2350

仕事《しごと》の技法《ぎほう》

二〇一六年一月二〇日第一刷発行　二〇二四年六月四日第七刷発行

著　者　田坂広志《たさかひろし》

発行者　森田浩章

発行所　株式会社講談社

東京都文京区音羽二丁目一二―二一　郵便番号一一二―八〇〇一

電　話　〇三―五三九五―三五二一　編集（現代新書）

〇三―五三九五―四四一五　販売

〇三―五三九五―三六一五　業務

装幀者　中島英樹

印刷所　株式会社ＫＰＳプロダクツ

製本所　株式会社ＫＰＳプロダクツ

定価はカバーに表示してあります　Printed in Japan

N.D.C. 335　225p　18cm

ISBN978-4-06-288350-4

「講談社現代新書」の刊行にあたって

教養は万人が身をもって養い創造すべきものであって、一部の専門家の占有物として、ただ一方的に人々の手もとに配布され伝達されうるものではありません。

しかし、不幸にしてわが国の現状では、教養の重要な養いとなるべき書物は、ほとんど講壇からの天下りや単なる解説に終始し、知識技術を真剣に希求する青少年・学生・一般民衆の根本的な疑問や興味は、けっして十分に答えられ、解きほぐされ、手引きされることがありません。万人の内奥から発した真正の教養への芽ばえが、こうして放置され、むなしく滅びさる運命にゆだねられているのです。

このことは、中・高校だけで教育をおわる人々の成長をはばんでいるだけでなく、大学に進んだり、インテリと目されたりする人々の精神力の健康さえもむしばみ、わが国の文化の実質をまことに脆弱なものにしています。単なる博識以上の根強い思索力・判断力、および確かな技術にささえられた教養を必要とする日本の将来にとって、これは真剣に憂慮されなければならない事態であるといわなければなりません。

わたしたちの「講談社現代新書」は、この事態の克服を意図して計画されたものです。これによってわたしたちは、講壇からの天下りでもなく、単なる解説書でもない、もっぱら万人の魂に生ずる初発的かつ根本的な問題をとらえ、掘り起こし、手引きし、しかも最新の知識への展望を万人に確立させる書物を、新しく世の中に送り出したいと念願しています。

わたしたちは、創業以来民衆を対象とする啓蒙の仕事に専心してきた講談社にとって、これこそもっともふさわしい課題であり、伝統ある出版社としての義務でもあると考えているのです。

一九六四年四月　野間省一

哲学・思想Ⅰ

66 哲学のすすめ——岩崎武雄
159 弁証法はどういう科学か 三浦つとむ
501 ニーチェとの対話——西尾幹二
871 言葉と無意識——丸山圭三郎
898 はじめての構造主義 橋爪大三郎
916 哲学入門一歩前——廣松渉
921 現代思想を読む事典 今村仁司 編
977 哲学の歴史——新田義弘
989 ミシェル・フーコー 内田隆三
1001 今こそマルクスを読み返す 廣松渉
1286 哲学の謎——野矢茂樹
1293 「時間」を哲学する——中島義道
1315 じぶん・この不思議な存在——鷲田清一
1357 新しいヘーゲル——長谷川宏
1383 カントの人間学——中島義道
1401 これがニーチェだ——永井均
1420 無限論の教室——野矢茂樹
1466 ゲーデルの哲学——高橋昌一郎
1575 動物化するポストモダン 東浩紀
1582 ロボットの心——柴田正良
1600 ハイデガー＝存在神秘の哲学——古東哲明
1635 これが現象学だ——谷徹
1638 時間は実在するか 入不二基義
1675 ウィトゲンシュタインはこう考えた 鬼界彰夫
1783 スピノザの世界——上野修
1839 読む哲学事典——田島正樹
1948 理性の限界——高橋昌一郎
1957 リアルのゆくえ 大塚英志 東浩紀
1996 今こそアーレントを読み直す——仲正昌樹
2004 はじめての言語ゲーム——橋爪大三郎
2048 知性の限界——高橋昌一郎
2050 超解読！ はじめてのヘーゲル『精神現象学』 竹田青嗣 西研
2084 はじめての政治哲学 小川仁志
2099 超解読！ はじめてのカント『純粋理性批判』 竹田青嗣
2153 感性の限界——高橋昌一郎
2169 超解読！ はじめてのフッサール『現象学の理念』——竹田青嗣
2185 死別の悲しみに向き合う——坂口幸弘
2279 マックス・ウェーバーを読む——仲正昌樹

Ⓐ

哲学・思想Ⅱ

13 論語——貝塚茂樹
285 正しく考えるために 岩崎武雄
324 美について——今道友信
1007 日本の風景・西欧の景観——オギュスタン・ベルク 篠田勝英 訳
1123 はじめてのインド哲学 立川武蔵
1150 「欲望」と資本主義——佐伯啓思
1163 「孫子」を読む——浅野裕一
1247 メタファー思考——瀬戸賢一
1248 20世紀言語学入門 加賀野井秀一
1278 ラカンの精神分析——新宮一成
1358 「教養」とは何か——阿部謹也
1436 古事記と日本書紀 神野志隆光

1439 〈意識〉とは何だろうか 下條信輔
1542 自由はどこまで可能か 森村進
1544 倫理という力——前田英樹
1560 神道の逆襲——菅野覚明
1741 武士道の逆襲——菅野覚明
1749 自由とは何か——佐伯啓思
1763 ソシュールと言語学——町田健
1849 系統樹思考の世界——三中信宏
1867 現代建築に関する16章 五十嵐太郎
2009 ニッポンの思想——佐々木敦
2014 分類思考の世界——三中信宏
2093 ウェブ×ソーシャル×アメリカ 池田純一
2114 いつだって大変な時代——堀井憲一郎

2134 いまを生きるための思想キーワード——仲正昌樹
2155 独立国家のつくりかた 坂口恭平
2167 新しい左翼入門——松尾匡
2168 社会を変えるには——小熊英二
2172 私とは何か——平野啓一郎
2177 わかりあえないことから 平田オリザ
2179 アメリカを動かす思想 小川仁志
2216 まんが 哲学入門——森岡正博 寺田にゃんこふ
2254 教育の力——苫野一徳
2274 現実脱出論——坂口恭平
2290 闘うための哲学書——小川仁志 萱野稔人
2341 ハイデガー哲学入門 仲正昌樹
2437 ハイデガー『存在と時間』入門——轟孝夫

宗教

Ⓒ

政治・社会

経済・ビジネス

350 経済学はむずかしくない〈第2版〉——都留重人
1596 失敗を生かす仕事術　畑村洋太郎
1624 企業を高めるブランド戦略——田中洋
1641 ゼロからわかる経済の基本——野口旭
1656 コーチングの技術——菅原裕子
1926 不機嫌な職場——高橋克徳 河合太介 永田稔 渡部幹
1992 経済成長という病——平川克美
1997 日本の雇用——大久保幸夫
2010 日本銀行は信用できるか　岩田規久男
2016 職場は感情で変わる　高橋克徳
2036 決算書はここだけ読め！——前川修満
2064 決算書はここだけ読め！キャッシュ・フロー計算書編　前川修満

2125 ビジネスマンのための「行動観察」入門　松波晴人
2148 経済成長神話の終わり　アンドリュー・J・サター 中村起子 訳
2171 経済学の犯罪——佐伯啓思
2178 経済学の思考法——小島寛之
2218 会社を変える分析の力　河本薫
2229 ビジネスをつくる仕事　小林敬幸
2235 20代のための「キャリア」と「仕事」入門——塩野誠
2236 部長の資格——米田巖
2240 会社を変える会議の力　杉野幹人
2242 孤独な日銀——白川浩道
2261 変わった世界 変わらない日本——野口悠紀雄
2267 「失敗」の経済政策史　川北隆雄
2300 世界に冠たる中小企業　黒崎誠

2303 「タレント」の時代——酒井崇男
2307 AIの衝撃——小林雅一
2324 〈税金逃れ〉の衝撃　深見浩一郎
2334 介護ビジネスの罠——長岡美代
2350 仕事の技法——田坂広志
2362 トヨタの強さの秘密　酒井崇男
2371 捨てられる銀行——橋本卓典
2412 楽しく学べる「知財」入門——稲穂健市
2416 日本経済入門——野口悠紀雄
2422 捨てられる銀行2 非産運用——橋本卓典
2423 勇敢な日本経済論——高橋洋一 ぐっちーさん
2425 真説・企業論——中野剛志
2426 東芝解体 電機メーカーが消える日　大西康之

世界の言語・文化・地理

日本史Ⅰ

1258 身分差別社会の真実——斎藤洋一 大石慎三郎
1265 七三一部隊——常石敬一
1292 日光東照宮の謎——高藤晴俊
1322 藤原氏千年——朧谷寿
1379 白村江——遠山美都男
1394 参勤交代——山本博文
1414 謎とき日本近現代史 野島博之
1599 戦争の日本近現代史 加藤陽子
1648 天皇と日本の起源 遠山美都男
1680 鉄道ひとつばなし——原武史
1702 日本史の考え方——石川晶康
1707 参謀本部と陸軍大学校 黒野耐
1797 「特攻」と日本人——保阪正康
1885 鉄道ひとつばなし2——原武史
1900 日中戦争——小林英夫
1918 日本人はなぜキツネにだまされなくなったのか 内山節
1924 東京裁判——日暮吉延
1931 幕臣たちの明治維新 安藤優一郎
1971 歴史と外交——東郷和彦
1982 皇軍兵士の日常生活 一ノ瀬俊也
2031 明治維新 1858-1881 坂野潤治 大野健一
2040 中世を道から読む——齋藤慎一
2089 占いと中世人——菅原正子
2095 鉄道ひとつばなし3——原武史
2098 戦前昭和の社会 1926-1945——井上寿一
2106 戦国誕生——渡邊大門
2109 「神道」の虚像と実像 井上寛司
2152 鉄道と国家——小牟田哲彦
2154 邪馬台国をとらえなおす——大塚初重
2190 戦前日本の安全保障——川田稔
2192 江戸の小判ゲーム——山室恭子
2196 藤原道長の日常生活 倉本一宏
2202 西郷隆盛と明治維新 坂野潤治
2248 城を攻める 城を守る——伊東潤
2272 昭和陸軍全史1——川田稔
2278 織田信長〈天下人〉の実像 金子拓
2284 ヌードと愛国——池川玲子
2299 日本海軍と政治——手嶋泰伸

Ⓖ

日本史Ⅱ

2319 昭和陸軍全史3——川田稔
2328 タモリと戦後ニッポン　近藤正高
2330 弥生時代の歴史——藤尾慎一郎
2343 天下統一——黒嶋敏
2351 戦国の陣形——乃至政彦
2376 昭和の戦争——井上寿一
2380 刀の日本史——加来耕三
2382 田中角栄——服部龍二
2394 井伊直虎——夏目琢史
2398 日米開戦と情報戦——森山優
2401 愛と狂瀾のメリークリスマス　堀井憲一郎
2402 ジャニーズと日本——矢野利裕
2405 織田信長の城——加藤理文
2414 海の向こうから見た倭国　高田貫太
2417 ビートたけしと北野武　近藤正高
2428 戦争の日本古代史——倉本一宏
2438 飛行機の戦争 1914-1945——一ノ瀬俊也
2449 天皇家のお葬式——大角修
2451 不死身の特攻兵——鴻上尚史
2453 戦争調査会——井上寿一
2454 縄文の思想——瀬川拓郎
2460 自民党秘史——岡崎守恭
2462 王政復古——久住真也

世界史Ⅰ

世界史Ⅱ

959 東インド会社――浅田實
971 文化大革命――矢吹晋
1085 アラブとイスラエル 高橋和夫
1099 「民族」で読むアメリカ 野村達朗
1231 キング牧師とマルコムX 上坂昇
1306 モンゴル帝国の興亡〈上〉――杉山正明
1307 モンゴル帝国の興亡〈下〉――杉山正明
1366 新書アフリカ史――宮本正興 松田素二 編
1588 現代アラブの社会思想 池内恵
1746 中国の大盗賊・完全版――高島俊男
1761 中国文明の歴史――岡田英弘
1769 まんが パレスチナ問題 山井教雄
1811 歴史を学ぶということ 入江昭
1932 都市計画の世界史――日端康雄
1966 〈満洲〉の歴史――小林英夫
2018 古代中国の虚像と実像 落合淳思
2025 まんが 現代史――山井教雄
2053 〈中東〉の考え方――酒井啓子
2120 居酒屋の世界史――下田淳
2182 おどろきの中国 橋爪大三郎 大澤真幸 宮台真司
2189 世界史の中のパレスチナ問題 臼杵陽
2257 歴史家が見る現代世界 入江昭
2301 高層建築物の世界史 大澤昭彦
2331 続 まんが パレスチナ問題 山井教雄
2338 世界史を変えた薬 佐藤健太郎
2345 鄧小平――エズラ・F・ヴォーゲル 聞き手＝橋爪大三郎
2386 〈情報〉帝国の興亡――玉木俊明
2409 〈軍〉の中国史――澁谷由里
2410 入門 東南アジア近現代史 岩崎育夫
2445 珈琲の世界史――旦部幸博
2457 世界神話学入門――後藤明
2459 9・11後の現代史 酒井啓子

自然科学・医学

1141 安楽死と尊厳死——保阪正康

1328 「複雑系」とは何か——吉永良正

1343 カンブリア紀の怪物たち　サイモン・コンウェイ・モリス 松井孝典 監訳

1500 科学の現在を問う　村上陽一郎

1511 優生学と人間社会——米本昌平 松原洋子 橳島次郎 市野川容孝

1689 時間の分子生物学——粂和彦

1700 核兵器のしくみ——山田克哉

1706 新しいリハビリテーション　大川弥生

1786 数学的思考法——芳沢光雄

1805 人類進化の700万年　三井誠

1813 はじめての〈超ひも理論〉　川合光

1840 算数・数学が得意になる本　芳沢光雄

1861 〈勝負脳〉の鍛え方——林成之

1881 「生きている」を見つめる医療——中村桂子 山岸敦

1891 生物と無生物のあいだ　福岡伸一

1925 数学でつまずくのはなぜか　小島寛之

1929 脳のなかの身体——宮本省三

2000 世界は分けてもわからない　福岡伸一

2023 ロボットとは何か——石黒浩

2039 ソーシャルブレインズ入門　藤井直敬

2097 〈麻薬〉のすべて——船山信次

2122 量子力学の哲学——森田邦久

2166 化石の分子生物学——更科功

2191 DNA医学の最先端　大野典也

2204 森の力——宮脇昭

2219 宇宙はなぜこのような宇宙なのか——青木薫

2226 宇宙生物学で読み解く「人体」の不思議——吉田たかよし

2244 呼鈴の科学——吉田武

2262 生命誕生——中沢弘基

2265 SFを実現する——田中浩也

2268 生命のからくり——中屋敷均

2269 認知症を知る——飯島裕一

2292 認知症の「真実」——東田勉

2359 ウイルスは生きている　中屋敷均

2370 明日、機械がヒトになる　海猫沢めろん

2384 ゲノム編集とは何か　小林雅一

2395 不要なクスリ 無用な手術　富家孝

2434 生命に部分はない——A・キンブレル 福岡伸一 訳

知的生活のヒント

78 大学でいかに学ぶか 増田四郎
86 愛に生きる——鈴木鎮一
240 生きることと考えること 森有正
297 本はどう読むか——清水幾太郎
327 考える技術・書く技術——板坂元
436 知的生活の方法——渡部昇一
553 創造の方法学——高根正昭
587 文章構成法——樺島忠夫
648 働くということ——黒井千次
722 「知」のソフトウェア——立花隆
1027 「からだ」と「ことば」のレッスン——竹内敏晴
1468 国語のできる子どもを育てる——工藤順一

1485 知の編集術——松岡正剛
1517 悪の対話術——福田和也
1563 悪の恋愛術——福田和也
1620 相手に「伝わる」話し方 池上彰
1627 インタビュー術！——永江朗
1679 子どもに教えたくなる算数 栗田哲也
1865 老いるということ——黒井千次
1940 調べる技術・書く技術——野村進
1979 回復力——畑村洋太郎
1981 日本語論理トレーニング——中井浩一
2003 わかりやすく〈伝える〉技術——池上彰
2021 新版 大学生のためのレポート・論文術——小笠原喜康
2027 地アタマを鍛える知的勉強法——齋藤孝

2046 大学生のための知的勉強術——松野弘
2054 〈わかりやすさ〉の勉強法——池上彰
2083 人を動かす文章術——齋藤孝
2103 アイデアを形にして伝える技術——原尻淳一
2124 デザインの教科書——柏木博
2165 エンディングノートのすすめ——本田桂子
2188 学び続ける力——池上彰
2201 野心のすすめ——林真理子
2298 試験に受かる「技術」——吉田たかよし
2332 「超」集中法——野口悠紀雄
2406 幸福の哲学——岸見一郎
2421 牙を研げ 会社を生き抜くための教養 佐藤優
2447 正しい本の読み方 橋爪大三郎

人が集まる

環境×デザイン×こ

仙田 満

講談社現代新書

2366

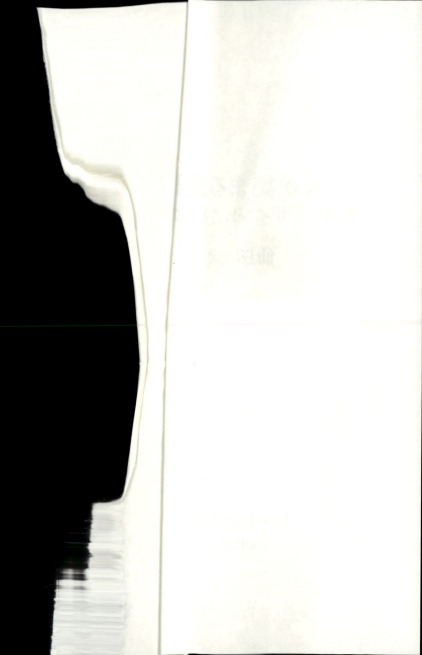

はじめに

１９６８年、私はデザイン事務所、環境デザイン研究所を設立した。大学では「環境の意匠」、「清らかな意匠」を論じた谷口吉郎教授にあこがれ、大学を出て菊竹清訓《きくたけきよのり》先生に設計方法論を学び、ただ自らの力を試したいと、無謀とも思える26歳で起業した。多くの失敗をし、いくつかの建築家としての危機にも出遭い、現在もたくさんのプロポーザル・コンペを戦いながら仕事をしている。

私が環境デザイン研究所を立ち上げた１９６８年、アメリカ環境デザイン学会が設立された。環境デザインとはそれまでの空間のスケールで分けられたデザイン領域座標に直交する座標で、「○○のための環境デザイン」というように、対象を明確にしたデザイン領域である。

例えば、こどものための環境デザインでは都市、造園、建築、遊具、おもちゃ等、すべての空間デザインがその領域となる。物や空間中心の世界ではなく、そこに生きる人、社会を中心にすえたデザイン領域が環境デザインといえる。

すなわち環境デザインという仕事は、いわば社会貢献の仕事である。単に「自分の力を試したい」、「自分の作品をつくりたい」と考えて立ち上げたわけだが、環境デザインとは社会に寄与するものでなければ意味がない。しかし、そのことを実感としてとらえ、社会システムまでも含んだ領域として関わらねばならないことを理解したのは50歳を過ぎてからのことだった。

政治哲学者のハンナ・アーレントは著書『人間の条件』の中で、人間のあり方を「労働」(labor)、「仕事」(work)、「活動」(action)に三類型している。自らの生活の糧を得るための労働、自らの表現としての作品としての仕事、そして社会に貢献するための活動。今もこの3つは同時並行的に私の課題である。

本書では、建築及び環境デザインが、多くの人を集め、幸せにする方法について、実践を通して述べている。それは多くの場合、発注者、クライアント、依頼者との協働作業であった。私は次の時代を担うこどもが元気に育つ社会を念頭に、そのような社会を実現するための環境デザインについて、研究・デザインしてきた。

ここで述べている「遊環構造」という設計手法は、研究によってもたらされたものであるが、こどもを元気にするだけでなく、意欲を喚起する手法、町を元気にする手法としても有効であると考えている。建築やデザイン領域はある意味で経済的な価値を生む。観光立国が目指されている我が国を活気づけるためにも、建築や環境デザインが環境価値を上げるものでなければならない。我が国は高いポテンシャルをもっている。それが未利用、未開発な状態にある。それを遊環構造をもつ環境によって変えられないかと考えた。遊環構造とはもともと空間システムであるが、思考システムとしても使えると考えている。

もちろん環境価値の向上を阻害している要因は本書にも述べている100年以上も続く会計法などの社会システムにもある。従来からいわれている官民の縦割りと硬直した慣習を崩し、可能性に挑戦するためにも、遊環構造というやわらかで循環的な思考システムは有効と確信している。本書が、若い心を持ち、企業家精神をもつ多くの人たちの参考になることを希望したい。

また、建築や環境デザインが文化だけでなく、経済的にも大きく関係することを、一人でも多くの人たちに理解してもらい、デザインの重要性についていささかでも認識していただければ幸いである。

2016年4月

仙田満

目次

第1部　なぜ人は「遊環構造」に集まるのか

近年、多くの新聞、雑誌等でも取り上げられた、私が設計した3つの作品を通して、人が集まる設計原則を考える。

1　新広島市民球場（2009年／広島県広島市）

1年間に訪れる人が約2倍を超えた広島の新名所

建築設計・環境デザインという仕事を始めて50年。

そもそも建築家は建物を建てたいという依頼者の希望を聞いて、建築物を設計するのが役目だ。依頼者は、「幼稚園や小学校や図書館を建てたい」という学校経営者のこともあれば、「スポーツ施設をつくりたい」という自治体関係者のこともある。

発注されるとき、民間のクライアントであれば必ず言われるのが、「こどもや人々がいつの間にか集まるような建物にしてください」「訪れた人が楽しめる、喜ぶ空間にしてください」といったことだ。公共施設ではあまりそういうことは言われないが、本来、税金によってつくられる建物は、多くの人に利用されなければならない。「予算はいくらまでです」と上限があるのは当然だが、集まる人の数や、楽しさや喜びに上限を設ける依頼者はもちろんいない。

では、建物の設計・環境デザインで人は集められるのか？　空間のつくり方で人を喜ばすことは可能なのか？　答えはＹＥＳだと思う。

私は「環境建築家」を自称している。建築だけでなく、環境を設計、デザインする。その環境とは、都市、地域、土木的構築物からインテリア、展示、遊具、家具等、きわめて領域は広い。そのすべての領域を通して、環境価値を向上させることを私の仕事としている。その重要な使命が多くの人に満足や、喜びを与えられる環境をつくることということである。

何でもそうだが、人間という動物の意欲には、「面白そうだ→実際に行ってみた→やってみた→満足した→感動した→もう一度行ってみよう」というサイクルがある。このサイクルがうまくまとまった施設は、必ずリピート率が高まっていく。だからまず入り口のところで、面白そうだと思わせることも大事なのである。

同時に、誰もが来やすい、また来たくなると思う仕組みが必要である。私は、どんな施設であっても、設計によって集客力、利用率をいかに高められるかを常に考えている。多くの人に利用してもらうためにはどうすればいいか。決定的なものではなくても、その施設を使ってくれるであろう人たちが満足できるポイントをいくつ用意できるか。それもできるだけたくさん。友達同士、恋人同士、家族連れなど、多様な属性の人たちが楽しめる要素をできるだけたくさん盛り込んでいる。

私が設計して２００９年に完成した新広島市民球場にも、いかに人を集めるか、楽しませるか、また来てもらえるようにするかの工夫を随所に詰め込んでいる。

その結果、新広島市民球場の年間入場者数は、旧市民球場の90万人（２０００年代半ば）から、１８０万人に増えた。流行語にもなった「カープ女子」も、どんどん増加している。

スポーツ評論家の二宮清純さんはその著書『最強の広島カープ論』（廣済堂新書）でこう分析している。

《赤いユニフォームをコーディネートし、これまでの野球観戦では考えられないような凝ったファッションに身を包んで球場へ通う若い女性カープファンの動向は、社会現象にまでなった。女性に限らず、新たなカープファンが増えている。ファン増加の最大の理由は、もちろんチームが強くなっていることだが、「ユニフォームが好き」と言う人も多い。09年の本拠球場移転にあわせたユニフォーム変更が功を奏した。（中略）さらに大きいのは、新球場「マツダスタジアム広島」の存在だ。総天然芝で、開放感がある。ウッドデッキや寝ソベリアといった新タイプの観客席など、アミューズメント施設としての工夫がなされている。米国で野球場を「ボールパーク」と言うように、野球を見る喜びの多くはスタジアムの魅力に起因する。考えてみてほしい。どんなに強いチームでも、勝率はせいぜい6割5分。ということは、10回球場に行って6回勝てばいいほうで、残りは負ける。ほぼ半分、2回に1回しか勝ち試合は見られないのだ。だから「負けても楽しい」という観戦環境が球場には必要だ。「今日は試合は負けたけど、やっぱり野球っておもしろいよな」とか「広々として気持ちがいいな」「ビール、うまかったな、ホットドッグ、うまかったな」といった付加価値こそが、ファンを惹きつける。その付加価値が、マツダスタジアムにはふんだんにある。「行ってみたい」と思わせる球場の存在も、カープ人気復活の理由の一つに違いない。》

新広島市民球場が「聖地」を離れた理由

そもそもなぜ、私が新広島市民球場の設計を手がけることになったのか。そのきっかけは2004年にさかのぼる。「こどものあそび環境」という講演会でお話をさせていただくために、広島市を訪れたときのことだ。

講演会が終わったあとに、広島市役所の職員の方から、「球場を見てほしいのです」という相談を受けた。私は前年まで日本建築学会の会長を務めていたので、そのときは「専門家にちょっと意見を聞いておきたい」という感じの軽い相談だったのだと思う。

彼の話を聞くと、球場の躯体《くたい》および設備のかなりの部分が老朽化しており、建て替えは避けられないのだという。また、客席が急勾配に設置されており、お年寄りや、足の悪い方々にやさしくないという構造的な問題もあった。そして、移設ではなく、旧球場の跡地に、新球場を造りたいという話であった。

私は、実際に球場を視察し、内部の設備などは改修でいけそうだ、勾配のすべてを修正するのは無理だが一部は改修でもやれるだろうという感想を持った。しかし、広島市の希望は建て替えである。そこに根本的な問題があった。球場が置かれている敷地自体が狭すぎるのだ。よって、「この場所で建て替えるとなると、かなり多額の費用が必要になりますよ」。そんなお話をしたことを覚えている。

その後、広島市は、県、ゼネコンを含む財界等の関連事業者を含めて、球場建て替えのための委員会を設置する。そして、そこに再び私は呼ばれることになる。今度は「仙田先生、建築家として、学者として、球場建て替えに関する考えを委員会で提言してほしい」ということであった。

私は、最初の席で、「旧球場跡に新球場を造るのはいかがなものか」という私見をお伝えした。広島市は、世界で唯一といっていい、ある意味「聖地」がある都市である。聖地である広島平和記念公園の先に、いわゆる祈りの場所のすぐ先に、球場の照明施設が見える景観は、やはりよろしくない。あの場所は、緑の丘など、神聖な場としてふさわしい別の何かに変えて、ほかの敷地に新球場を移設するのがよい。

そして私が調べた結果、広島市が購入していた、ＪＲ広島駅東側に広がる11haの旧国鉄貨物ヤード跡地が、移設する場所として最適であるという考えをお伝えした。

しかし、委員会の多くの方々は、「あの球場は我々にとって戦後復興のシンボルである。市民から集めた『たる募金』を使った大切な球場なのであるから、やはり同じ場所で」という。

新広島市民球場はJR線路そばに立地

当時の入場者数は年間１００万人に届いていなかった。経済波及効果という側面で見ても、弱い。しかも、同じ場所で建て替えるとなると、シーズン中のプロ野球公式試合を別の場所で開催するための補償資金も追加で必要となる。広島市にそれがまかなえる潤沢な資金があるわけでもない。
「現在の場所で建て替えをするとざっと計算しても２５０億円くらいの費用がかかるが、ヤード跡地に新球場を造れば、１００億円くらいで済むのではないか。実際に今の球場の年間入場者数は１００万人に満たず、地域の商店街にそんなに大きく寄与しているとは思えない。それより、この場所は聖地の拠点にふさわしい、通常的に年間100万人以上集められる低層の集客施設を事業コンペで選んだらどうか」と話した。その時は、単に意見を聞かれる第三者の立場だったものだから、あまり深く考えることなく、そんな話をさせてもらった。

結果、その時の私の話がどれほど聞き入れられたのかは定かではないが、資金調達の問題が大きかったのだろう。秋葉忠利広島市長（当時）が、現在地での建設困難を理由に、ヤード跡地に建設する方針を示す。その後、経済界もその方針を追認。結果、ヤード跡地への球場移設計画が委員会で決定された。

そしてまず、ゼネコンと設計会社による新球場の設計・施工コンペというかたちとなったが、2006年3月に実施されたコンペでは、防衛施設庁談合事件に絡んだ多数のゼネコンが失格になる事態となってしまう。その後の同年6月、今度は設計を対象としたコンペが新たに実施され、21作品の提案が集まった。

私自身、それ以前から何度も相談を受けたプロジェクトである。であれば、結果はどうあれ最後までお付き合いするべきだと考え、私が会長を務める「環境デザイン研究所」もコンペに参加した。最終的には、我々の提案が最優秀案となったのだが、もしも私が、広島市からご依頼いただいた講演会に赴いていなければ、このコンペに参加することはなかったし、この仕事を手がけることもなかっただろう。

こどもも大人も楽しめる「遊環構造」

さて、新しい球場をデザインするとき、人を集め、楽しませるためにどんな考え方をしたのか。

「遊環構造」という、私自身が生み出した設計手法がある。

私はこれまでの40年間をかけて、こどもが元気に、丈夫に健全に育つためには、様々な教育メソッドも重要であるが、彼らが楽しく生きるための時間を有意義にすごす空間も大切であると訴え、その空間的な解決策を環境建築家として社会に提案し続けてきた。それが「遊環構造」だ。

こどもを対象とした施設の設計を手がけるなかで、「遊環構造」を持った建物こそがこどもを集め、楽しませ、育てる空間となる。遊環構造には、以下7つのポイントがある。

①　循環機能がある、回遊性があるということ

②　その循環が安全で変化に富んでいること

③　シンボル性の高い空間、場があること

④その循環にめまいを体験できるということ
⑤その循環が一様ではなく、近道がある、ショートカットできること
⑥循環に大きな広場が取り付いていること
⑦全体がポーラス（多孔的）な空間で構成されていること（穴が開いていてどこからでも入り込めどこからでも逃げられるという状態）

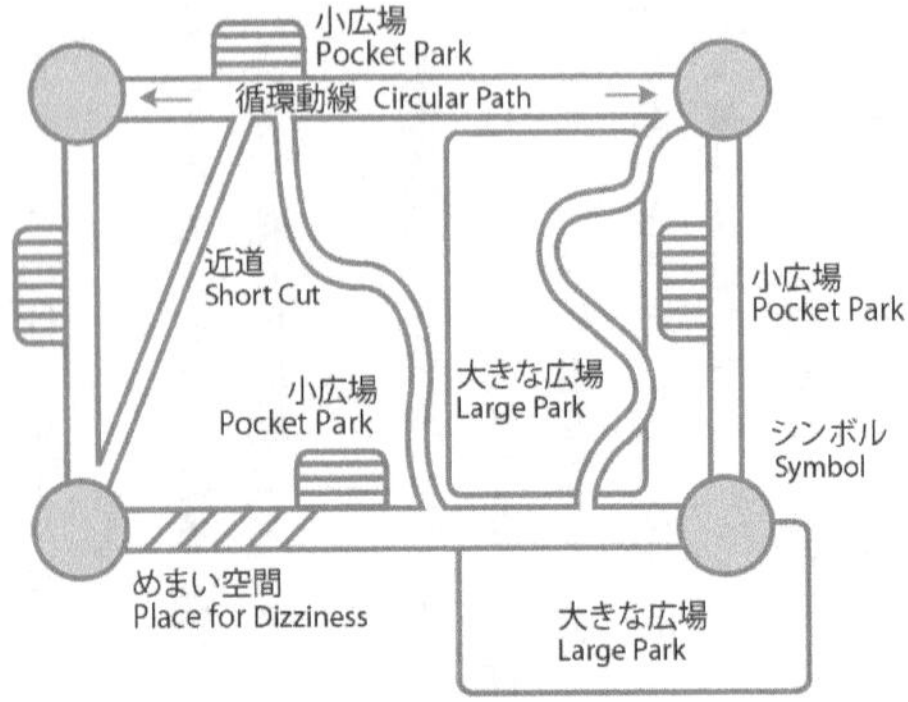

人が集まる遊環構造の基本概念図

④の「めまい体験」とは、フランスの社会学者のロジェ・カイヨワが提唱したあそびの4つの要素の1つである。こどもがすべったり、高いところから飛び降りたりして、肉体的精神的に一時的パニック状態を楽しむもので、それをめまいと定義している。

次項で細かく解説していくが、新広島市民球場には、これらの「遊環構造」のポイントを重視した数多くの設計を施している。

プロ野球チーム同士の対戦を球場に観戦に行き、自分のファンチームを応援する楽しみは、大人であって

もこどもであっても同じであろう。

であるとすれば、私が考え、提案し続けてきた「遊環構造」が、球場の設計に必要とされると考えるのは間違っていないはずだ。こどもはもちろんのこと、大人もあそびのタイミングには、こども心を取り戻すのだから。

「遊環構造」で売り上げが2倍に

新広島市民球場には、遊環構造の7つのポイントを、漏れなくふんだんに盛り込んだ。一つひとつのポイントが複雑に絡み合いながら、より高い集客効果を発揮している詳細を解説していこう。

駅から新球場までのアクセスは600m。JR広島駅から徒歩約10分だからアクセスはまったく悪くない。さらに200mのなだらかなスロープをつくっている。この坂を駆け上がっていくと、緑の芝生のフィールドが広がる。期待が感動に変わる。そんなワクワク感、ときめき感を、このスロープによって醸成した。この球場までの道は「カープロード」と呼ばれている。

球場全体は回遊性のあるポーラス（多孔的）な遊環構造とした。また、左右対称ではなく、メジャーリーグのフェンウェイ・パークやAT&Tパークのような、非対称でもいいのではないかと考えた。ここから発想したデザインが、カープのシンボルである「優美な鯉が躍動する」イメージを生み出している。

三塁側はJRの線路に面しており、広島駅を発着する新幹線や在来線の窓から乗客は約11秒間グラウンドを見ることができる。そのため、外壁を低くし、三塁側とレフト方向の観客席を減らしている。もちろん、打球が場外に飛びださないよう、過去の強打者のデータを調べるなど計算したうえで、それを防ぐための防球ネットを設けている。

かつて名古屋駅の近くにあった中日ドラゴンズの球場は、新幹線の窓から見ることができたのだ。車窓から見える、あの風景が私はとても好きだった。あのような、球場外のさまざまな場所からのぞき見ることができる、開放的な球場をつくるというのが最初に考えたコンセプトだった。新幹線から球場が見えることも、県外からの観客が大幅に増えたポイントであろう。開かれた球場としたもう一つの理由は、私が昔から閉所恐怖症だから。そもそも、閉ざされた空間が個人的に嫌なのだ。

球場内部には、一周６００ｍのメインコンコースを設置した。観客は球場内をぐるぐる歩き回りながらさまざまな視点でグラウンドや客席を眺めることができる。さまざまなスタイルのシート、さまざまな種類の売店を設けているため、ただ歩くことで多様な体験が

上：駅から続く緩やかな上りのアプローチは観客の期待感を高める効果がある
中：びっくりテラスなど27種の席がありこどもも大喜び
下：遊環構造を取り入れたコンコース

できる。
コンコースはＪＲの線路に面している三塁側は直線で、その反対側はチューブ型のカーブである。単に円形の周囲を同じように回るよりも、歩く際の視線の変化を持たせている。

旧球場の売店の多くが新球場にテナントとして入っているが、売り上げは昔とくらべると2倍以上になっているようだ。外周部にもアッパースタンドに上るコンコースがある。従来、そのような部分は球場の外しか見えない、つまらない場所だったが、断面を綿密に計算し、そこからグラウンドがちらっと見える形にしている。アッパースタンドとメインコンコースの心理的な距離を近いものにしていると思う。とにかく、ぐるっと一周すると600ｍだが、上ったり、下ったりとさまざまな回遊のルートをつくり、めぐる楽しさ、探索する楽しさを演出することを心掛けた。

このメインコンコースは公式戦をやっていない年間3分の1は、市民などのジョギングコース、散歩コースとして開放され、自由に、もちろん無料で使うことができる。実はこれも、大事なポイントである。野球に興味がない人たちにもグラウンドが見えるため、「こんなきれいなグラウンドなのか。今度は野球を観戦しにきてみようかな」という〝再来動機〟になっているのである。もちろん、遠くから野球場を見に来ても、一般的な野球場は試合がないと中の様子を見ることはできないのだが、ここではいつでも中を見ることができる。そして、試合がなくても球場を一周するだけで大満足で、きっと「今度は試合の時に来よう」と思うに違いないのだ。

新球場はバラエティに富んだシートのスタイルも売りである。ライトスタンド2階席に浮かぶように設置された応援団のための「パフォーマンスシート」、三塁側内野スタンドとビジターパフォーマンスシートを結ぶ高さ8ｍの橋上に設置された「ゲートブリッジ」、ライトスタンドの下に設置されたグラウンド地表面より85㎝低い「のぞきチューブ席」など、旧球場では11区分だった観客席は、新球場では27区分とより細分化されている。

「ゲートブリッジ」は設計当初、ただの客席をつなぐための通り道でしかなかったのだが、カープオーナーの「ここは絶対に高くても売れる」という鶴の一声で、有料の観客シートとなった。

レフトスタンド砂かぶり席の後方に設置された「ただ見エリア」は、壁の一部が取り払われているため、球場の外から無料で試合を観戦できるようになっている。

また、車いす利用者のために、最大300席を用意している。車いすに乗る方は一人ではなかなか来られないため、家族や友人など、多人数で来場する。これも入場者数の向上に一役買っている。さまざまなハンディキャップを抱えている人たちのために、エントランスから幅10m、長さ200mのスロープが、大きな役割を果たしており、さらにエレベーターも6ヵ所設置している。これらの取り組みが、バリアフリー、ユニバーサルデザインの観点からも高く評価され、第3回国土交通省バリアフリー化推進功労者大臣表彰も受けている。

バリアフリーデザインは、ハンディキャップを持つ人たちのため、ユニバーサルデザインは、すべての人のためのデザインである。人間、誰もが一生のうちに、何らかのハンディキャップを背負う。私は、眼鏡がないとものがしっかり見えない。また、年をとればいつか足が衰え、そのうち耳も聞こえづらくなるだろう。

世界的な大ヒット商品となったウォシュレットの原型は、もともとアメリカで研究されていたお尻をふけないハンディキャップを持つ人のための医療機器だった。しかし、その型を日本企業が輸入して、暖房便座、温かいお湯が出る製品として改良。誰もが欲しがる、使いたいと思う商品に生まれ変わった。今では、ハンディキャップを持つ人のための便器ではなくなっているのだ。すぐれたユニバーサルデザインが、商品や空間の価値をあげ、マーケットを広げた好例である。幅10m、勾配20分の1のアプローチスロープ等、新広島市民球場のユニバーサルデザインの徹底は観客増に極めて大きく寄与している。

そんなさまざまな工夫と遊環構造を備えた新球場は２００９年のシーズンに完成した。しかし、２００９年の春に間に合わせるため、基本設計と実施設計をあわせた設計期間は通常の半分の10ヵ月しかなかった。工期も17ヵ月と、従来の工期の3分の2程度になっている。旧球場と比べて座席数は3％ほど増えてはいるが、２００％ほどの年間観客動員数を今も継続できている。ほかのプロ野球球場のリニューアル後の平均来場者数が１１５％（すなわち15％増えただけ）といわれているので、どれほどたくさんの人たちに愛され、訪れやすい球場となったかおわかりいただけると思う。

コストを抑える「目標型設計」とは何か

建設コストに関しては、私が「１００億円くらいでいけるのでは」とお話ししたことが、委員会の方々の頭に残っていたのか、設計コンペの際の予算条件は90億円に設定された。建築費というものは、建築家がやりたいことを考えて、それを積み上げた結果、「このくらいかかります」というやり方もある。

ただ一方で、この予算の範囲で何ができるのかという進め方も、もちろんある。工業製品のほとんどがそうだと思うが、例えば、この車を４５０万円で売ろうと最初に価格を決め、そのために何を足し、何を削るかというふうにアイディアと努力を重ねていくわけだ。建築設計の世界でもその手法を使うことは可能なのだ。

積み上げ型ではなく、私は「目標型設計」と呼んでいるが、どういう素材を使って、どういう仕上げを施してと細かく計画しながら、予算内で完成させるための新球場の建築プランを一生懸命考え、90億円を超えないようなプランニングを行った。もちろん、できるだけ多くの人たちが球場を訪れたくなり、また、訪れた人たちがもう一度来たくなる施設を頭に思い浮かべながらである。


というわけで、新球場を設計するための一番の課題は90億円という予算を守ることだった。時に大型の建築は、どういった構造を選択するかで価格が大きく変わってしまう。

この時、私はプレキャスト・コンクリート（PC）工法を選択した。工場で、球場建設に必要とされるコンクリート部材を先に造り、それを現場で組み立てるというものである。そのほかの工法として、現場打ちコンクリート（RC）工法、鉄骨（S）工法がある。ちなみに、アメリカの球場のほとんどが主にS工法を採用している。

私も当初はS工法を考えたが、当時は中国の建設需要がとても高まっており、鉄の価格が高騰していた。RCももちろん検討したが、これは手間と時間がかなりかかってしまう。だからPCなのであるが、実はPC業界各社は横のつながりがしっかりしており、なかなか価格の融通がきかない。そこで私は、「PCを使いたいが価格競争をしないなら、今後、建築家はPCを使わなくなる」と各社に交渉し、何とか想定内のリーズナブルな価格で活用することができた。

左右非対称のかたち、バラエティに富んだシートの設置など、新球場の複雑な構造に関しては、私の大学の後輩で、日本を代表する構造家である金箱温春《かねばこよしはる》さん（金箱構造設計事務所）に依頼した。大部分をPCでまかない、複雑なシート部分にのみ鉄骨を活用。建築費を抑えながら、信頼性の高い構造をもつ建築となった新球場の実現は、彼の力によるところも大きい。

もうひとつコストを落とせたポイントがある。私は過去に商業施設も多く手がけていたが、顧客から見える場所は豪華にしっかりと仕上げ、バックヤードに関してはペンキも塗らないなど、小さなコストを徹底的に削っていった。新球場もそのような努力を重ねていったことで、この規模だと、従来125億円程度かかるところを90億円と全体のコストを下げることにつながっている。

球場の経済効果は年間200億円

当初は、全天候型のドーム球場にしたいという声もあったが、それを実現させるためにはかなり大きな敷地を必要とするため、ヤード跡地の敷地全体の11haを市が所有することになる。財政事情がきびしい広島市には到底できそうもなかった。一昔前、野球の本場・アメリカの球場もドーム型が増えたが、昨今、開放型や天然芝などへの回帰が起こっている。それを考慮したのだろう。天然芝の球場にするという条件も定められた。

今、球場の敷地は5haのみで残りのうち4・4haは民間企業である三井不動産に売却し、同社が管理運営している。これも、球場の維持コストをまかなうために必要な施策であった。

ちなみに、三井不動産は事業コンペで選定されたわけだが、私は市側のマスターアーキテクトとしてコンペ案の審査側のアドバイザーを担当した。しかし、球場完成後の球場と商業地のシナジー効果をもっと高めるためには、コンペに参加して設計側に回って勝ち残り、たくさんの口出しをしたほうがよかったと、後悔している。

新広島市民球場が稼働してから、広島カープの奮闘もあって、年々、予想を超える多くの人たちがこの場所に足を運ぶようになり、駅周辺の止まっていた開発プロジェクトがすべて動き出した。地元のシンクタンク中国電力エネルギア総合研究所は、広島カープと新広島市民球場が7年間、毎年200億円前後の経済効果を出していると発表している。商業施設がたくさん生まれ、ホテルもどんどん立ち、「いま中国・四国地方で経済的に一番元気なのはこのエリア」といわれている。その反対に、旧球場のあたりが少しさびしくなっているのは残念なことだ。

私は、旧球場の跡地の活用方法として、事業コンペとして「世界こども大使館村」の設置を提案した。残念ながらそれは受け入れられなかった。広島の聖地に、世界の国々がスポンサーとなって、地球の未来を担うこどもたちのための施設を造るという構想である。世界的な聖地をもつ広島にふさわしいアイディアをと考えたのだが。今もその思いを、まだあきらめられないでいる。

2　ゆうゆうのもり幼保園（2005年／神奈川県横浜市）

こどもの成育環境向上が人生のテーマ

人間は誰しも、こども時代を経験して大人になっていく。そういった意味では、スポーツ施設であっても、保育園などこども向け施設であっても、「行ってみたい」という気持ちが高まったり、「また行ってみたい」と再訪したくなったりする空間の根本的なかたちは同じであると信じている。ここでは、「ゆうゆうのもり幼保園」という、私が設計したこども施設の解説をしていくが、その前に——私が社会人という大人になって、初めて手がけたこども施設の話をしておきたい。

東京都町田市と横浜市緑区（当時）にまたがる丘陵に「こどもの国」がオープンしたのは、1965年のこと。私は、大学卒業後にメタボリズムグループの新進建築家 菊竹清訓先生が主宰する「菊竹清訓建築設計事務所」に就職した。社会人になって初めて手がけた仕事が、「こどもの国」の林間学校施設の設計だった。「こどもの国」は敷地が約100haあり、皇太子（現天皇陛下）の御成婚記念としてつくられた。

「こどもの国」設立の趣旨をひとことでいえば、「こどもに野あそび、山あそびを返そう」というもの。日本の高度成長期、都市開発によって自然がどんどん失われていく中で、こどもが自然あそびをのびのびとできる環境をつくろうとしたのである。

私は「こどもの国」で1年ほど、現場常駐していた。この時、児童遊園をデザインした彫刻家のイサム・ノグチさんや、造園家の伴典次郎さんに出会ったことはとても貴重な経験だった。当時、厚生省の「こどもの国」担当技官であった伴さんの家にも一時寄宿した。イサム・ノグチさんは児童遊園を当時東京大学助教授で、建築家の大谷幸夫《さちお》さんと一緒につくっておられた。ブルドーザーのオペレーターを指示して、自然の丘からノグチワールドの特徴的な美しい丸みをもった丘に変えていく様子を近くで見て本当に驚き、大地をデザインする凄さに感動した。伴さんには樹林によって建築が見えないことの美しさ、カーブする道の期待感等、多くのことを学んだ。雑誌に発表する建築写真でも、人のいる空間や樹林をできるだけなくして、作品である建築空間だけを見せようとする建築中心主義の建築家の態度の誤りに気付かせてくれた。ノグチさんや伴さんから、建築以外の魅力的な世界の広がりを教えてもらったことで、やはり建築というものは、いろんな領域と一緒になって環境全体を考えていくべきなのだと、再確認することができた。

この仕事が、私の建築家、研究者としての方向を決めた。こどもやあそび、そして自然と建築などを考えた最初のきっかけが、このプロジェクトであり、人生をかけて、こどもの成育環境を空間の力で向上させていきたいと考えるようになったのだ。

そして1968年、26歳のときに独立。自分の名を冠した事務所名ではなく、「環境デザイン研究所」という事務所名としたのは、建築だけでなく都市、造園、インテリア、展示、遊具、プロダクトデザインなど、広い領域で設計に携わっていく、そう決めていたからだ。

こどもの育成に必要な6つの空間(スペース)

こどものあそびや、あそび場の実態を私が本格的に調査し始めたのは、1973年のこと。大人は誰でも一度はこどもだった。だから誰もがこどもの専門家になれる。しかし自分の「こども時代の思い出の窓」からしかこどもをみることはできない。

私にしても、長い間こどものあそびの研究をしていて、数多くの人々からあそびとあそび場の思い出を採集したが、つまるところ私自身のこども時代の思い出がその中心になっている。当初、私は自分のこども時代の経験から、こどものあそび空間には4つの原空間があると考えた。しかしその後の多くの人々のあそび場思い出調査等のさまざまなあそび環境調査から、6つの原空間があることがみえてきた。ゆうゆうのもり幼保園も、以下の6つの空間をイメージしながら設計している。

第1の空間は自然スペース。自然スペースの中で魚をとり、虫をとり、泳ぎ、木にのぼり、ぶらさがり、かくれ家をつくり、土手をすべりおり、洞窟にもぐる。そういう空間の中で、こどもは生命の尊さを学ぶ。

第2の空間はオープンスペース。オープンスペースの中でこどもは走りまわり、鬼ごっこやさまざまなボールを使ったゲーム、陣とり、縄とび、野球をする。そういうゲームの場は広がりのある空間である。

第3の空間は道スペース。道は、こどもの出会いの空間であり、いろいろなあそびの拠点を連携するネットワークのあそび空間である。

第4の空間はアナーキースペース。廃材置場や工事場のような混乱にみちた空間である。このような空間でのあそびは追跡、格闘などのワイルドなあそびが多い。こどもの想像力を刺激する。

第5の空間はアジトスペース。親や先生、大人に隠れてつくるこどもの秘密基地をアジトスペースと呼んでいる。こどもの共同体としての意識をはぐくみ、友情や思いやりだけでなく、ある時は裏切りや暴力をも体験させる。

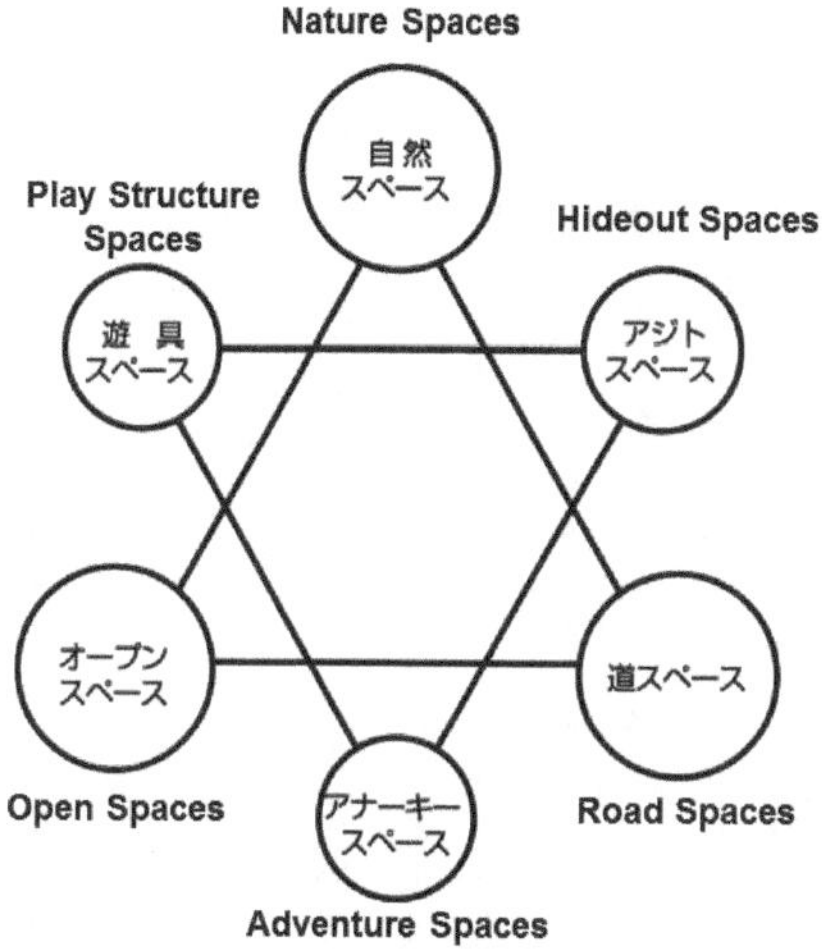

こどもの6つの原空間のイメージ

第6の空間は遊具スペース。これは児童公園の建設とともに着実に増えてきている。遊具スペースはあそびが集約的であること、あそび場の象徴性をもっていることなど、今後も無視できないスペースである。

この6つのスペースは、その重要度において自然、オープン、道という3スペースが中心的な空間で、アナーキー、アジト、遊具という3つのスペースが従の空間である。こどもがこのすべてを豊富にもつことは難しい。しかし少なくとも3つぐらいのスペースを十分にもっていることが必要ではないかと考えている。

初期に私が設計をお手伝いした代表的なこども関連施設は、静岡県富士宮市にある「野中保育園」。野中保育園は、どろんこ保育というユニークな保育理念をかかげ、戦後、塩川豊子園長が馬小屋を改造して始めた園である。40年以上経った今でも見学者が多く訪れる、保育業界ではけっこう有名な存在となっている。

その後も私は、こどもが元気に育つ環境づくりをライフワークとしながら、日本建築学会や日本建築家協会の会長職も務め、さらに、学際的な研究活動団体である「こども環境学会」や、日本学術会議の活動を通じて政府に対する成育環境改善の提言も積極的に行うなど、社会システムの問題にも積極的に発言してきた。

そして、2005年に竣工した「ゆうゆうのもり幼保園」は、私と環境デザイン研究所がそれまで積み上げてきた研究や実践で得たすべてを詰め込んだ、新しいかたちのこども施設といえるだろう。

幼稚園と保育園のあるふしぎな国

２００３年、横浜市は港北ニュータウンの一角にあるＵＲ（都市再生機構）の幼稚園用地を取得し、モデル事業として、幼保一体化の施設を造るという計画を立ち上げた。その時に手を挙げたのが、私の友人でもある渡辺英則さんだった。

渡辺さんは、渡辺学園の理事長として、横浜市都筑区内ですでに港北幼稚園を運営しており、横浜市幼稚園協会の役員も務めていた。20年ほど前にその協会の若手メンバーたちに向けた講習会の講師として呼ばれ、こどものあそび環境について話をしたことがきっかけとなり、お付き合いが始まった。

私も横浜市生まれである。1回かぎりの講演だけではもったいないと考え、20名ほどの協会若手メンバーが参加する研究会を、渡辺さんらとスタートさせた。月1回、メンバーたちが運営している園をみんなで訪ね、未来を担うこどもたちのために、自分たちの施設にできることを考える。「将来、建て直すならこうしたほうがいい」「今からでも園庭に築《つき》山《やま》をつくったほうがいい」など、園庭や建物など環境全体も含めて、お互いの園を視察し合ってアドバイスしたり、ディスカッションしたり、とても活発な研究会であった。

当時は、みんな30代、40代で、園の2代目、副園長クラスだったが、徐々に世代交代の時期を迎え、初代が造った園が時代にそぐわなくなったり、改築の必要が生じたりと、私は様々なかたちで建築の依頼も引き受けるようになっていく。そんな彼らメンバーのリーダー的存在が、渡辺さんだった。頼りにされる人柄もあって、横浜市からの信頼も厚かったのだと思う。

その頃、私は、渡辺さんが運営している港北幼稚園の改築の相談に乗っていた。しかし、横浜市が幼保一体化のモデル施設をつくるという話を聞いた渡辺さんは、「仙田先生、やってみたいと考えているのだが、どう思う?」と聞いてきた。私は、「幼保一体化は時代の流れであるし、横浜市も十分な助成してくれるのだから、ぜひ挑戦してみるべきではないか」と伝えたのだった。結果、渡辺さんは自園の改築を後回しにして、横浜市で初となる幼保一体化施設の提案を、私と一緒に進めることになる。

当時は、認定こども園という法律がまだ制定されていなかったので、2階が幼稚園、1階が保育園という、同じ建物空間に二つの園が入居するかたちで、ということになった。横浜市も我々のプランを認めてくれ、ゆうゆうのもり幼保園のプロジェクトが動き出した。

ご存じのとおり、幼稚園は文部科学省、保育園は厚生労働省の管轄だ。我が国の幼児施設は、戦後からずっと幼稚園、保育園という二つの仕組みが共存してきた。日本には幼稚園、保育園が合わせて3万7千園余りあり、両施設の比率はおよそ2対3である（内閣府、「平成27年版子供・若者白書」)。このように2種類の幼児施設が存在している国は、日本くらいである。しかし、今から20年ほど前から徐々に両方の差がなくなってきた。そして、幼保一体化に向けた議論が本格的になされ始めた。

ゆうゆうのもり幼保園は、その名のとおり学校法人が運営する「幼稚園」と社会福祉法人が運営する「保育所」の機能・役割を併せ持つ、横浜市内で最初に誕生した「幼保一体化施設」である。2005年に開園し、今では「認定こども園」となったゆうゆうのもり幼保園が、幼稚園、保育園業界に与えた影響は大きい。

働く親がこどもを預けたくても預け先がない、いわゆる待機児童の問題は今もって深刻だ。その解消を目指して2006年に、認定こども園制度が設けられた。ちなみに現在、認定こども園には4つのタイプが認められている。

◎幼保連携型「幼稚園及び保育所等の施設・設備が一体的に設置、運営されているタイプ」
◎幼稚園型「認可された幼稚園が保育所的な機能を備えたタイプ」
◎保育所型「認可された保育所が幼稚園的な機能(幼児教育)を備えたタイプ」
◎地方裁量型「都道府県の認定基準により認定されたタイプ」

現在の、ゆうゆうのもり幼保園のタイプは「幼保連携型」である。

人間の神経系の90%は8歳ごろまでに完成

ゆうゆうのもり幼保園の敷地面積は2400㎡。まずは現場を見学に行き、いくつかのプランをイメージした。西側が斜面になっていたが、現状の敷地をできるだけ壊さずに使うことにした。山や谷などと同じく、こどものあそびに斜面はとても大事だと思っている。そういったところを上り下りすることで、バランス感覚、瞬発力が身につき、不安定な場所で転んだときに無意識に手を出して、大きなけがを防ぐことができるのだ。

そもそも私は、その場所が持つ自然、歴史、そのほか様々な周辺環境と対話しながら、建築を設計することを大切にしている。こどもには自然環境が重要だ。斜面があればできるだけ活用し、山や谷もできるだけ残したい。もしも、起伏のない平坦な敷地であれば、斜面や山や谷をつくることもある。

特に幼児の段階が重要だ。スキャモンの発育曲線にみられるように、神経系の開発は生まれてから8歳ごろまでに90%が完成され、12歳までにほぼ100%になるといわれている。神経系は、一度その経路が出来上がるとなかなか消えない。

たとえば、いったん自転車に乗れるようになると何年間も乗らなくても、いつでもスムーズに乗れることから理解できるだろう。バランス感覚や、倒れたときに無意識に手をつく行動は神経系の開発によるものだ。

運動能力といっても、走る、跳ぶ、投げるという行為はそれほど差が出ないが、片足ケンケン跳びでは、豊かな起伏のある園庭ですごしているこどもたちは250mくらいを跳んでいくが、そうでない園では、その10分の1くらいしかないことが、私が指導する国士舘大学の調査研究で明らかになっている。小学校高学年までには神経系の開発は終了してしまう。しかし、こどもの人生はその後何十年も続いていくのだ。そういった意味でも、幼児期には豊かで、変化のある園の環境ですごす時間がとても重要なのである。

こどもが毎日通いたくなるワクワクする仕掛け

私は常に最低でも3案、多いときは6案ほどの設計プランをつくる。まず、考えたのは、どうすればこどもが園庭に出やすいかということであった。

1階の保育園児がすぐに園庭に出られるようにすることは難しくない。2階の幼稚園児の出入りのためにデッキテラスをつなぎ、2階の幼稚園の保育室を南北両側に配置。北側の保育室についてはトップライトから日照をしっかり入れることとした。その南北の保育室の外側に1階への階段をつけた外廊下でぐるりとつないだ。そして建物の左右から園庭の端まで伸びる大型遊具を設置している。この大型遊具は斜めに滑り台のように上り下りでき、梯子や抜け穴を通って上にも下にも自在に動けるこどもの行動のガイドの役目も果たしている。

そうやって1階、2階部分の保育室に園庭から直接、すぐに出入りすることができる形式をもたせることに成功した。

直線的な廊下に比べて、回遊できる廊下だと、こどもはどんどん歩き回りたくなる。もちろん、1階、2階とも、建物の内側にも回遊できる廊下をつくった。どこを歩いても、行き止まりがなく、先に進むことができるわけだ。そんな遊環構造によって、こども同士の出会いがどんどん増え、教師、保育士とのコミュニケーションも生まれる。

ゆうゆうのもり幼保園の外観

こどもがいつも元気にすごせる、交流を増やすというポイントは、渡辺さんと相談して決めたことだ。2階の幼稚園部分西側に、こどもが職員と気軽に会話ができるよう、病院のナースステーションのような職員室をつくっている。これは渡辺さんのアイディアだ。従来、事務スタッフと職員の部屋が一緒の園が多かったが、職員専用の部屋を設置した。もちろん、1階にも保育園職員専用のナースステーションがある。常に開け放たれたナースステーションには、こどもがいつでも出入りできるようになっている。

親御さんも、この廊下を回遊し、こどもや先生と立ち話をする光景が多く見受けられる。会話や交流を増やす仕掛けとして、回遊できるということはとても重要な要素なのだ。

不安定な巨大ネットの効用

通常、幼稚園、保育園は、部屋を南側に向けることが原則である。ところが、この敷地ではそれが難しかった。建物の中央を広い吹き抜けとし、保育室の間から自然光をもたらす断熱型ガラスによるトップライトを筋状に設けることでこの問題をクリアしている。

さらに、内部の天井までの吹き抜けの部分に大きなネットを設置し、3階部分の屋根裏と2階の部分を立体的につないでいる。実はこのネットは2階の左側から3階の右側へ、2階の右側から3階の左側へ、たすき掛けにクロスしてつながれていて、どちらの階からも上り下りすることができるようになっている。ネットの周囲には猫のように歩く通路（キャットウォーク）があり、そこからネットに転げ落ち、動き回る姿はまさにスパイダーマンのようだ。

1階保育園にある明るい吹き抜け広場から、まだ小さな0〜2歳のこどもが上を見上げる。すると、自分たちよりちょっと大きなこどもが大きなネットで楽しそうにあそんでいる。いつかは自分もあそこであそびたいという、ワクワクした気持ちになるようである。

小さなこどもは、いつも上であそぶ大きなこどもを見ている。

不安定というキーワードも重要だ。ネット、遊具、斜面、滑り台など、不安定なあそびの場所を意図的につくっている。もちろん、「危険では？」と聞かれることもある。しかし、こどもはリスクを体験しないと、人生の荒波を乗り越えられなくなる。これからこどもが人生を切り開いていくなかで、たくさんのハードルに出遭うだろう。ちょっと高いところから飛び降りる、不安定なネットを渡り切るなど、幼児の頃から小さな成功を積み重ねながら、成長させることが私は大事だと考えている。

ちなみに、リスクヘッジ対策として、園が完成したタイミングで、施設や遊具のチェックをしっかり行った。大学の先生やさまざまな専門家といった第三者からなる安全委員会という外部組織をつくり、園を使う側の目線で厳しく検査してもらうのである。CG、模型の段階で細かくリスクを検証しているが、建物が出来上がったときに、思ってもみなかった新しい課題が生じることはままある。

もちろん、こども関連施設だけではなく、環境デザイン研究所が手掛ける、ほかのすべての施設でも同じだ。例えば、新広島市民球場のときも、「ここの隙間がちょっと危ない」、「興奮した観客がここに立ってしまう可能性がある」など、スポーツ関係者を中心とした安全委員会にチェックしてもらった。

上：階段の上、2階に張り巡らされた巨大ネットで自由に遊ぶこどもたち
下：建物2階のテラスとつながり園庭を一周できる通路

クライアントは、「仙田満はこども施設設計の専門家なのであるから、問題がある建物をつくるわけがない」と思っている。しかし、新しい挑戦には、リスクがあって当然だ。一人ではできないことであっても、協力者を募り、考えうる限りのリスクを取り除くことはできるのだ。そうやってリスクを軽減していくことも、環境建築家の大切な仕事であると思っている。

ゆうゆうのもり幼保園で苦労したのは、工期がとても短かったこと。補助金の決定がずれこんでしまい、工事着工から竣工まで、半年くらいしか時間がなかった。9月に着工して、翌年の3月には竣工しなければならない。その後、検査、準備などを終え、4月にオープンする。工期短縮のために、ここでもプレキャスト・コンクリート工法を使った。地元の建設会社、馬淵建設の所長さんもとても熱心に協力してくれた。早く内装を仕上げるために、既製品の手すりを使ったり、私もデザインの部分は相談しながら妥協したり。ちなみに、園庭に設置する数々の遊具は、5月の連休前にやっと完成。まさに滑り込みセーフといった感じであった。

多くの建築は補助金や借入など極めて経済的、また工期的な問題も絡まる。しかしその問題は優先順位としては後になる。こどもにとって楽しい、安全な環境とすることが第一だ。私の経験によれば、多くの場合、関係者はその優先順位を丁寧に説明すれば理解し、協力してくれる。

　ここにこどもを通わせたいという親御さんは多く、そのためにわざわざ近くに転居してくる人もいると聞いている。また、幼稚園、保育園関係者の見学者が全国から訪れ、天皇皇后両陛下もご視察にお見えになるなど、横浜市初の認定こども園として大きな話題となった。神奈川県建築コンクールという伝統ある建築評価で最優秀賞をいただき、OECD／CELE学校施設好事例集第4版に選定され、文部科学大臣の表彰も受けた。

　私自身も、従来の幼稚園、保育園のプロトタイプを大きく変え、「遊環構造」理論に基づく、幼保一体化施設の新しい型をつくることができたと自負している。

　ゆうゆうのもり幼保園が2005年に開園して以降、幼稚園、保育園の見学者が多く、当事務所への設計依頼も格段に増えている。2012年に関東学院六浦こども園、2014年に完成した名古屋の椙山《すぎやま》女学園大学附属幼稚園・附属保育園の設計に携わることになるのだが、その際に、リング状の回遊廊下、吹き抜けと広場、どこからでも保育室に入れる遊環構造など、ゆうゆうのもり幼保園の設計に携わったことで創造することができた。こどもがイキイキ、ワクワク、元気に過ごすことができる様々なメソッドを取り入れ、また発展させている。

3　国際教養大学中嶋記念図書館（2008年／秋田県秋田市）

ブックコロシアム

学びの場や、運動の場などすべての施設は、それぞれの機能だけではなく、こどものあそび場と同じように、楽しく、魅力的でなければならないと考えている。2006年に、新聞で秋田の公立大学が図書館設計をプロポーザルで公募しているという小さな記事を発見し、温めてきた図書館のアイディアを実現したいと応募した。

そして、このプロポーザル案に、「ブックコロシアム」という名前を付けた。図書館もスポーツ施設と同じように躍動的かつ、探索的で感動的である必要があると思ったからだ。昔、私の二人の息子のためにキシャコゾウという45cmの高い床をもった机をつくった。こどもにとって少し高いところは、特別な場所なのだ。そんなキシャコゾウ的な空間を半円形に連続させた図書館がブックコロシアム、現在の中嶋記念図書館である。

公立大学法人国際教養大学（AIU）は、2004年に秋田県に建学された、日本で最初の地方独立行政法人運営による公立大学である。1990年に開校し、2003年に閉校となった米ミネソタ州立大学機構の撤退に伴い、同大秋田校の旧校舎や宿舎等の施設を秋田県が買収して開学。初代理事長・学長となった中嶋嶺雄先生の「日本の教育の貧しさの原因は、教養教育が乏しいからだ。教養教育を重視しなければならない」という信念と方針の下、教養教育と海外コミュニケーション能力を重視したカリキュラムが組まれた。

真のグローバル人材を育成することを目指す、ＡＩＵでは、幅広い教養と外国語のコミュニケーション能力を培う「国際教養（International Liberal Arts）」を教学理念に掲げており、学部は「国際教養学部」のみ。全学の在校生が１０００人弱という、小さな単科大学である。

キシャコゾウは二人の息子につくった床の高い机。これがAIU図書館の原点に

秋田市郊外にある自然に囲まれたキャンパスは、学生たちの学びの場であり生活の場でもある。キャンパス内に学生寮や学生アパートが完備されており、1年生は全員が寮生活を送る。ただ、2年以降も大学内の寮、アパートで生活することを希望する学生が多い結果、全学生の約90％がキャンパス内で暮らしており、事実上の全寮制となっている。

ＡＩＵには毎学期１００人以上の外国人留学生が訪れるが、彼らもまた同じ寮に暮らしている。日本全国、世界各国から集まる多種多様な仲間との共同生活も、ＡＩＵの教育プログラムの一環だ。

そんなＡＩＵに注目しているのは教育界だけではない。多くの一流企業の採用担当者が秋田に足を運び、学生の確保に奔走する。そして、ＡＩＵは例年、ほぼ１００％の就職率を誇っている。内定先も、大手商社やメガバンク、政府機関をはじめとする名だたる企業・団体だ。そして新しく企業を立ち上げる卒業生もいる。秋田のプロバスケットボールチーム「秋田ノーザンハピネッツ」の運営会社社長・水野勇気さんは第１期生だ。

秋田県の公立大学であるから、運営費の多くを県費でまかなっているにもかかわらず、大都市を中心に他県から進学してくる学生が多く、県内の学生がなかなか入れない。それが県議会でも問題になっているそうだ。しかし、教育県秋田のＰＲに一役買っていることは確かだろう。私が設計を手がけた図書館は、テレビＣＭやドラマの舞台に使われたりするなど、とても露出度が高い。今やＡＩＵは秋田の新しいブランドとなっている。多くの大学の理事等にお会いして、ＡＩＵを知らない方はいない。私の名前は知らなくても、「ＡＩＵの図書館の設計者だ」というと、多くの方は「実際に見た。素晴らしい図書館だ。感動した」と言ってくれる。

残念ながら初代理事長・学長を務めた中嶋先生は、２０１３年に亡くなられたが、氏は東京外国語大学学長を務められた日本を代表する政治学者の一人であり、幼少の頃からバイオリンをたしなまれるなど、まさに〝高い教養を身につけられた人物〟であった。そんな人物と共に、これからの日本を背負う優秀な学生が、高いレベルの教養や学問を身につけるための施設をこの手でつくれたことを、私は誇りに思っている。

２０１４年11月、ＡＩＵは、開学10周年を記念して、中嶋嶺雄初代理事長・学長の業績を顕彰し、「中嶋記念図書館 -Nakajima Library-」と改称するとともに、館内に中嶋嶺雄文庫を開設した。

遊環構造の利点を知の巨人にレクチャー

私がＡＩＵのキャンパスづくりに参加することになったきっかけは、前述のプロポーザル・コンペへの参加であったが、図書館だけでなく緑の多い、明るく伸びやかな環境を大切にしつつ、グローバルな人材を育むＡＩＵの〝顔〟としてのマスタープラン、ランドスケープを提案し、図書館棟の他に、講義棟、多目的ホールなどを、やはりプロポーザル・コンペを通じてお手伝いすることとなった。特に図書館棟に関しては、外国から教鞭をとりにやってこられた多くの先生方が、私の案を推してくれたそうだ。

大学における学生と教員の多様な営みには、①学習、教育、研究の活動、②各自の生活、③学生同士、学生と教員、外部の人との交流活動がある。

マスタープランとしては、キャンパス内に点在する施設を、遊環構造の原理で、回廊や通路を使って結ぶこととした。先に述べた3つの交流活動に対応した3種のサーキュレーションがつなぎ合わさって、日々の多様な活動が営まれることになるという提案だ。

そして、新設された図書館棟や講義棟をはじめ、多目的ホール、中央の学生会館など、それぞれの役割と動線サイクルが絡みながら、キャンパスをつなぐ循環動線「キャンパスリング」の形成をプレゼンテーションした。これによって、学生や教員、外部の人たちとのコミュニケーションが活性化されることを狙ったのである。

積雪地帯である秋田であるから、シンボルとなる図書館棟や講義棟などを2階部分の連絡ブリッジでつなぐことで、学生や教員は、雪の日に外に出なくても学内を移動することができる。2016年には、私が提案した「キャンパスリング」がすべてつながることになるそうだ。この決断も、中嶋先生の希望であり、ある意味、遺言だったのだと思っている。

私はAIUのコンペで選んでいただいた後に、中嶋先生からの依頼で、遊環構造理論を講義させていただいた。中嶋先生は絵をたしなみ、建築についても高い関心を持っておられた方である。建築家の親戚や、同窓も多いと話されていた。先生にできるだけ詳しく、正しく、私がＡＩＵで実現したい遊環構造によるキャンパス計画をご理解いただきたかったのだ。

その際、アメリカの友人の環境心理学者が行った「園路は、直線よりも回遊性があるほうが22％も活動性が向上する」という児童施設の園庭の園路に関する研究結果を引用しながら、通路や園路における出会い、コミュニケーションの重要性についてもお話しした。あの時、熱心に私の話に耳を傾けてくれた中嶋先生の姿を、今も鮮明に思い出すことができる。

常識を覆した段差のある図書館

さて、図書館棟のプランについて詳しく説明していこう。

ＡＩＵの設立母体は秋田県である。当時の県知事だった寺田《てらた》典城《すけしろ》さんによるプロポーザルの要件として、県産木材である秋田杉の使用が挙げられ、自然豊かなキャンパスに溶け込むような木造図書館が求められていた。そのプロポーザル・コンペへの参加を決めた私には、この図書館設計に関して、いくつかの試してみたいアイディアがあった。

ひとつは、段差のある図書館である。従来の日本の建築計画学では、図書館は書架をフラットなスペースに設置することを原則としてきた。しかし、私は高低差90㎝ごとの段床を4段設け、扇型に広がる大きな書架を配置している。知の探索、本を探索する場所は、山があり、谷がある空間がいいと考えたのだ。

部屋の後ろへ行くほど床が高くなるような階段状の教室を階段教室と呼ぶが、あの空間には何かしらライブ的な臨場感があり、一歩室内に足を踏み入れた瞬間に、何か面白いことが始まるようなワクワクした雰囲気が生まれる。それも、静のイメージが強い図書館に取り入れてみたかった。

「本と人と緑をつなぐ」半円形の段状の空間と、傘状の木の構造で構成された、学生たちが本と戦う劇場空間＝「ブックコロシアム」。これが、私が考えたデザインコンセプトである。

約8万冊の蔵書は、洋書を中心とした段状の大空間「グレートホール」と、和書を中心とした1階の閲覧スペースで、明確に区分している。

円形の図書館はけっこうあるが、館内をぐるぐる回ると自分がどこにいるかわからなくなることがある。しかし、半円形なら円の部分もあり、直線の部分もあるので自分が今いる位置がよく把握できる。意欲を喚起する空間の原則「遊環構造」を多数適応し、学習意欲を喚起する空間が形になったと思っている。すなわち回遊性と多様かつ連続的な体験を

上:「本のコロシアム」を支えるのは和傘のような木組みの天井
下:緑の遊環構造が学ぶ意欲を喚起する国際教養大学のキャンパス

可能とする空間構成とした。階段状の後側に閲覧テーブルとイスがある。そこに座ると極めてパーソナルな空間となり、集中できる。顔を上げると図書館全体が見渡せる。学生たちは、「その日の気分によって座席を選べることもうれしい」と言ってくれている。座席、居場所をそれぞれの個性で選択可能な多様性を意図的につくっている。

学生たちは思い思いに書架をめぐり、気に入った本を見つけた場所ですぐに閲覧することができる。閲覧席は、大空間の中にありながら、落ち着いたスペースとなっている。

そもそも段差をつけると、バリアフリーの原理に反するのではないかといった反対意見もあった。この点については、学生や司書の方々とも十分に話し合い、エレベーターとリフトを5ヵ所設置することでクリア。車いすの方でも十分に回遊でき、司書の方々が本を出し入れする作業も支障なく行えるようになっている。

居心地のいい学生の書斎に

もうひとつは、学生が、長く、そして快適に学ぶ時間をすごすための工夫だ。この図書館は、学生なら24時間、365日、利用することができることも特徴である。実現には、「図書館は大学にとって知的シンボルであり、学生がいつでも自由に使えることを前提としなければならない」という中嶋先生の強い思いがあった。欧米の大学ではそれほど珍しくない運営方式だが、日本ではおそらくほかに例がない。

ほぼ全寮制であるからして、すべての学生はキャンパス内にあるこの図書館を、自分の書斎のように使っているようだ。また、時間に制限はあるが、地域住民も自由に使える開かれた場所となっている。

中嶋先生の狙いどおり、年間の図書館の利用人数は、延べ24万5000人。深夜0時から朝8時までの学期末の一日当たり利用人数は300人強、夏・冬休み中は100人強。つまり全学生の2~3割が深夜まで図書館で勉強しているということだ。

AIUは、世界各地から留学生を受け入れている。多様な学生に配慮し、ライブラリーホールでは、座席の高さが違う3色の椅子と、温度や明るさの違う閲覧室を利用者が自分の好みで選び、学習できるように配慮している。

以前、福岡県久留米市の城島総合文化センターに併設された図書館の設計を引き受けた際に、ある試みを行った。2階に書架のあるメインの図書室があって、1階に閲覧室があるのだが、その間に段状閲覧室を設置してみたのだ。図書館はフラットという原則では、多層の図書館はエレベーターや階段で空間をつなぐ。それを段状の閲覧室でつないだのだ。これがけっこう評判がよく、居心地がとてもいい人気の空間になった。このアイディアをいつかもっと大々的に使ってみたかった。そこで、AIUの図書館に応用した。通常の閲覧スペースに加え、書架の段上の裏側に閲覧机を設置している。下の段からはその閲覧机が隠れて見えないので、勉強に集中できる。そこから顔を上げると、大きく取られたガラス窓からきれいな緑が抜けて見えて、癒される気持ちになる。庭の杉林をそのまま景観的なフォーカスとし、図書館の暗いイメージを払拭することに成功していると思う。多分、ここでも私の閉所への恐怖症的好みがこのような空間構成を決定しているのだろう。

木材でできた生活環境は人間に最適

半円形の和傘のような構造をイメージして、ほぼコンペの際に提出したスケッチのままこの図書館は出来上がった。これまで多くのプロポーザルやコンペに参加して仕事を獲得してきたが、ここまで最初に出したスケッチどおりに完成したのは、この時が初めてだと思う。我ながら感動した。本当にいい施主にめぐり会うことができ、建築家冥利に尽きる仕事をさせてもらった。

半円の中心部分に立てた6本の傾柱から、放射状に構造が伸びる。地場産の杉製材を使って、放射構造の屋根を架け渡し、繊細で奥行き感のある豊かな木造空間を形にした。建築形態は、半円形で直径22m、天井高さ約12mの半円筒形空間に、広大な半円形2段のフラットルーフを載せたもので、ルーフの段差部分に採光のための水平連続窓を設置している。

構造に関しては、山田憲明さんという若手構造家に依頼した。彼の師匠は、私の東京工業大学時代の先輩である増田一眞さんで、伝統木造建築を得意とする著名な構造家である。

半円形のプランは、力学的にバランスがとりづらい。また、木の建築物というのはコンクリートに比べてどうしてもコストがかかる。さらに、積雪地帯ゆえに、150㎝の積雪を想定しつつ、緩やかな水勾配を保持できるフラットルーフの設置も。それらの構造的問題をはらみつつ、構造用製材の中では強度の低い部類に入る杉を用いて、どのような構造システムに統合していくのかが大きな課題となった。

まず、入手が比較的容易で安価な150㎜角程度の地場産杉製材を用い、2種類の特徴的な合せ梁をつくる。それらを縦に重ねて放射配置し、円弧中心から放射状に立てた傾柱で支持する傘状の構造を計画した。

また、屋根梁の組み上げには、30㎜厚の構造用合板を直貼りして、水平面をつくり、ルーフの段差部分に鉄製の梯子状の梁を配置した。それに木の合せ梁を架けている。鉄とコンクリートと木材をハイブリッドに組み合わせ、必要な強度を補完したというわけだ。

私は木材の美しさは線材の美しさだと思っている。木材は80年生でもせいぜい30〜40㎝

の太さであり、長さも20〜30mほどの直線材である。自然素材の中ではもちろん石材のようにボリュームで勝負するものもあるが、竹や木材は線材としての美しさを追求すべきと考えている。一つの究極は和傘である。私はここで、木材としての生の美しさを生かす、線による空間構成を目指した。

放射状の合せ梁をつなぎ合わせる継手に関しては、「追掛《おつか》け大栓継《だいせんつ》ぎ」や「傾《かた》ぎ大入《おおい》れ」など、日本の伝統的な大工技術である「かん合式接合」を用いて、高価な制作金物を減らし、簡素で美しいディテールを目指した。

ちなみに、柱部分の杉材だけは別だが、そのほかの部分はほとんど、特注せずに手に入る、いわゆる規格品を使った。コストを下げたい時は、規格品を使ってできることを考えればいいのである。結果的に、コンクリート造と同じくらいのコストで仕上げることができている。

また、木材の経年変化により結合部分にガタが生じても、十分な乾燥と欠陥除去に努め、なおかつ、追い締めによる調整ができるようになっている。伝統的な日本の匠の技が、この図書館の構造を支えているというわけだ。

日本の国土の70％近くが森林である。そして戦中、戦後に植林された木々が十分に育ち、地球温暖化防止、CO_2固定化、循環型素材として極めて注目されている。しかも、森林面積は過去40年間ずっと約2500万haで横ばいといわれ、国産木材の使用量を増やすことが、国家的な課題でもある。2010年に国は、公共建築物等における木材の利用の促進に関する法律を施行している。

木材はポーラスで、熱伝導率が低く、やわらかく、もともと人間の生活環境にとって最適な素材である。東京大学名誉教授で林学の専門家・有馬孝禮教授が行った有名なコンクリート、鉄、木のケージによるネズミの生育実験でも、木のケージの良さが示された。

しかし、木の問題点は燃えやすいということ。我が国では、歴史的にも大きな都市火災に見舞われてきた。そのため日本建築学会では公共建築における木材使用の制限を1959年に発表し、木材に関する技術や研究が一時停滞してしまった。しかし、先述のとおり地球環境的な課題の中で、循環型エネルギー建築素材としても木材が近年急速に見直されている。もともと日本は工芸にしろ、大工技術にしろ、木材におけるものづくりの歴史的伝統がある国なのだ。

もうひとつ、木材は経年変化が顕著であり、特に雨には弱い。したがって屋根のないところや、雨がかりのところは腐ったり、弱体化したりする。メンテナンスも必要だ。しかし、培ってきたメンテナンス技術を継承することによって、木造建築も100年、1000年というオーダーで長寿命化することは可能である。

仕事の評価は仕事に。新しい図書館への挑戦

我が国は木の国である。その伝統、技術をもっている。その優位性を使わない手はない。スカンジナビア半島や、北米の国々のように森林資源をさらに産業化し、地球環境に寄与する必要がある。地域の林業という産業を掘り起こしながら、私たちの国は新たなインフラの時代に戦略の舵を切るべきではないだろうか。

仕事で会った大学関係者の感想の多くが、「この図書館が10億円でつくれたとは安い」「自分の大学時代にもこんな図書館がほしかった」という。

大学によると、今でも一週間あたり平均20組の来訪者・見学者が訪れているそうだが、キャンパス内の施設の中で、彼らが一様に感嘆、感心するのがこの図書館なのだという。ありがたいことである。

仕事のご褒美は仕事という話をよく耳にするが、2008年にAIUの図書館が完成して以降、私の元にはいくつかの図書館設計のプロポーザルやコンペティション参加の依頼が届いている。

実際に手がけた作品の一つが、国立大学法人新潟大学の図書館。1万1000㎡の既存建物の耐震補強と内部改装、ほか4000㎡の新築棟をつくった。それは新しいラーニン

グ・コモンズ機能を持つものである。ラーニング・コモンズとは複数の学生が集まって、電子情報も印刷物も含めた様々な情報資源から得られる情報を用いて議論を進めていく学習スタイルを可能にする場である。既存棟では、中庭をつぶし、3層吹き抜けをつくり、新たなグレートホールをもつ図書館に変えた。ラーニング・コモンズ機能と再生した図書館棟をドッキングした計画で、これが画期的な成功を収めた事例であると、文部科学省のモデル事例として紹介され、評価していただいた。もちろん、館内に回遊性をもたせ、遊環構造のある図書館に仕上げている。

今後も、新潟大学のプロジェクトのように、まだ使うことができる古い建物を改修して長生きさせ、できるだけ少ない予算で新たな機能を付加するといった取り組みは増えていくだろう。それは、教育関連施設だけではなく、住まいやテナントビルなど、様々なフィールドの施設についても同じである。新国立競技場も、更地にする前に、改修というかたちで新たな命を吹き込む手法をしっかりと検討すべきだったと思っている。

第6次産業のデザインで地域活性「A de B ビューティーモール」

私が設計した国際教養大学の図書館を見て、ぜひ自分がこれから考えているビジネスを支援してほしいという相談があった。

秋田大学医学部を卒業し、勤務医として数年間をすごしたあと、秋田市で皮膚科クリニックを開業した小原美子さん。彼女から私に声がかかったのは2014年の夏だった。

秋田市が2012年に市内中心部に立ち上げた、「エリアなかいち」というショッピングセンターがある。5階建てで、1、2階が商業施設、上階が駐車場というショッピングセンターだ。開業後数年が経ち、大きなスペースを確保し、営業をしていたテナントの営業成績が振るわず、撤退することとなった。その入れ替え候補募集に名乗りを挙げたのが、小原さんが主宰する「秋田 de 美人プロジェクト」のビューティーモールであった。

彼女は、「秋田美人」という地域ブランドに着目し、自身が経営する皮膚科のクリニックと合わせて、メイク、エステ、痩身など、秋田から世界に向けて発信する、総合的な美の在り方を提案する専門モールをつくることを構想していた。

彼女は医師であり、主婦であり、こどもをもつお母さんでもあって、子連れの女性を主なターゲットに据えていた。そんな方向性もあり、こどものあそび場づくりを得意とする私に、プランニングから手伝ってほしかったようだ。

話を聞くにつれ、彼女は医師であると同時に、とても優秀なビジネスパーソンであることがわかってきた。また、秋田がもつさまざまな素材をフルに活用した新しい医療ビジネスモデルで、地域活性を狙っていることも。ただし、進め方はベンチャー企業と同じである。リスクももちろん感じたが、私は彼女の志と挑戦を応援することに決めた。

基本的に私は、依頼された案件は、あまり断らない主義であり、来る球は打つタイプ。これまでも、研究、講演会、原稿依頼など、忙しいときでもできるだけ引き受けてきた。そうすると、新たなことを考えなければいけない。しかしそのおかげで、自分の新しい可能性を発見する機会になった。断るのは楽だが、依頼を受けて、苦労してでもアイディアが蓄積されるなら、そのほうが絶対にいいのである。

そして、何かを一緒にやるからには何としても成功させたい。私は、いつも成功する人と仕事をしたいと考えている。だから失敗させないために、私の仕事の領域では解決できない問題が生じたら、その道のプロをどんどん仲間に引き込んでいく。常にそうやって仕事に向かってきた。


彼女が計画するビューティーモールには、皮膚科クリニック、エステ、まつ毛エクステンション、洗顔相談・指導、オリジナル化粧品販売などのサービスがある。

それらそれぞれのサービスをしっかり包含する環境および空間づくりの前に、全体のブランディングが必要だと考えた。そのため、私は、知己のさまざまなクリエイターに協力を呼びかけた。

秋田杉が美しい「A de B ビューティーモール」受付

西武百貨店のメインコピーライター、無印良品のネーミングなどに携わった日暮《ひぐらし》真三さんが、「秋田で美人」をモチーフにして、「A」＋「B」、AdeB＝アーデ・ベーというブランドネームを考案してくれた。そうして、モールの名前が「AdeBビューティーモール」に決定。小原さんの皮膚科美容クリニックの名前も「AdeBクリニック」となった。

オリジナル化粧品をつくるというので、著名なパッケージデザイナーである鹿目《かのめ》尚志《たかし》さんに登場願った。そのほかにも、ハウステンボスや愛知万博のサイン計画を担当したグラフィックデザイナーの原田照也さん、照明デザイナーの稲葉裕《ゆたか》さんなど、いろんな才能が一丸となって、小原さんの「秋田 de 美人プロジェクト」を支援していった。

若者が本気でチャレンジすることは素晴らしい。そのやる気と本気を、やはり年配の経験のある我々としては、とにかくサポートしてあげたいと思うのである。

ビューティーモールの広さは約650㎡。「秋田美人」というキーワードを使った、いわゆるキャンペーンでもあるのだから、やはり秋田の素材である秋田杉を使ったお店づくりを提案した。

それからもう一つは、皮膚科であるから、秋田美人の肌のきめの細かさと、やさしさ、柔らかさ、白さを空間的に表現したかった。全体的には遊環構造をコンセプトとして、各サービスのエリアを緩やかな回遊動線でつなげている。ただ、医療であるから、法規的な制約があって、クリニックとそれ以外のところは仕切りで分けるなど、そのあたりをクリアすることが少し難しかった。

商業施設であるから、約6mと天井が高い。そのため2層の空間を構成し、屋根裏のようなこども向けスペースを設置することができた。〝成育〟をコンセプトとした空間で、秋田杉の角柱によって構成されている。つい手にとって読みたくなる絵本がたくさんあり、楽しみながら想像力を養うことも視野に入れての空間演出。大人がさまざまなサービスを受けている間でも、安心して、こどもたちが楽しい時間を過ごすことができるスペースを意図した。

オープン以来、客足も評判も上々と聞いている。2015年から新しい化粧品を鹿目さんのパッケージデザインで展開している。秋田から日本全体に、世界に、これからの

「美」のあり方を発信していく本プロジェクト。私自身も、このブランド、ビジネスモデルの可能性を高く評価している。

地方で埋もれている才能、素材、ビジネスモデルが、この国にはまだまだあると思う。ぜひ行政もそのような挑戦の後押しをしてほしい。「A de B ビューティーモール」が今後、どんどん知名度を上げていけば、同じような挑戦をしようという若者たちが増えていくだろう。これからも、若い人の活躍する環境デザインのサポーターとして関わっていきたい。

4 人が集まる環境デザインの発想

こどもの目

こどもの成育環境のデザインに取り組むようになったのは、大学を出て勤務した菊竹先生の事務所で担当した「こどもの国」の仕事がきっかけだったという話をした。私にとって、こどものあそび環境をつくる際も、図書館や野球場をつくる際も、基本的な思想は同じだ。その場を使う誰もが楽しむことができる環境となる原則、遊環構造というものがあると考えたのは1980年頃のことである。それに至る道のりもまたスリリングであった。さまざまな試行錯誤を経て、またそのさまざまな私自身の体験もある時は苦しみながら、ある時は楽しみながら、一つ一つ積み上げていった。

私には二人のこどもがいるが、こどもたちとあそびながら、公園に行ったとき、あるいは遊園地に行ったときの彼らの選ぶ基準はなんなのかを考えた。こどものための遊具を学生たちとつくり、こどものあそびたいと考える基準はなんなのかを考えた。20代から30代にかけて、私はこどもと一緒に、こどもになった目で楽しいことは何かを考え続けていた。しかしそのようにこどもの成育環境に注目する前、1960年に大学に入り、ル・コルビジェ全盛の時代の中で、私がまず目指したのは「環境デザイン」だった。

日本の城の様式から学んだこと

「環境デザイン」の本質とは何か？　50年以上前、私は大学生だった頃から考え始めた。

東京工業大学での卒業研究テーマは「歴史的空間論」だった。特に集中したのは、日本の城郭＝城の研究である。

日本の城のスタイルは、安土桃山時代から江戸時代にかけての1600年前後に一定の完成をみるのだが、1543年（諸説あり）の鉄砲伝来からわずか50年ほどで、石垣や木造多層高層化など、その様式が耐火建築、軍事的な要塞として確立されていった。

五重塔のような日本伝統の姿を持ちながら、漆喰で外側を塗り固め、防火建築として、小さな窓から弓矢や鉄砲で攻撃していく。武将がつくり上げたそんな城は、彼らにとって権力を誇る重要なシンボルでもあった。

しかしなぜ、城の様式がそんな短期間で出来上がったのか。鉄砲によって戦の攻撃力がどんどん高まり、戦火が激しくなっていく中、できるだけ早く自分の拠点をつくり、堅固に守る必要に迫られたことも、短期間で様式が固まった大きな要素の一つだったのだと思う。

しかし、私が導きだした結論は、コラボレーション、協働である。

法隆寺や伊勢神宮をつくったかつての宮大工、匠とは違った新しい技術人、すなわち武将と一緒に下剋上で成り上がっていった田舎大工、渡来した南蛮人、そして例えば千利休のような新たな都市文化人、はたまた海外の事情を知っている商人など、これら多様な能力を持つ人々のコラボレーションによって、「城」という建物のシステムと建築手法がスピーディに完成したと思われる。

先が読みづらく、変化の激しい時代は、昔の宮大工のように優れた棟梁・技術者がすべての権限をもって差配するのではなく、様々な異なる得意分野をもった人がそれぞれの技能を持ち寄ってコラボレーションして、トライ・アンド・エラーを繰り返しながら新しい時代のデザインをつくっていく。

私は大学の卒業論文で城をつくった組織の研究を通し、「新たな時代の様式は、多様なデザイナーの協働による」と結論づけた。「ル・コルビジェやフランク・ロイド・ライトのような偉大な個人の建築家よりもバウハウスのようなチームこそが未来の様式をつくるはずだ」とまとめた。そして、それを卒業設計にまず適応させ、4人の友人と共同設計で挑戦した。テーマは大学都市。そもそも卒業設計で共同設計など、前代未聞だった。とにかく長く議論し続け、仕上がりに時間がとれなくなってしまったが、評価は2番だった。楽しい思い出だ。

私が環境デザイン研究所をスタートした際も、卒業論文の結論を応用した。建築だけではなく、都市計画、造園、遊具、インテリア、展示イベント、プロダクト、グラフィックなど、様々な分野のデザイナーたちと協力して仕事をしていくことを決めていた。

大阪万博で協働した才能たち

もう一つの大きな契機は、大学の時に所属していた谷口吉郎研究室の影響である。谷口先生は文筆家であり、その『清らかな意匠』というエッセイは建築家としてもとても卓越したものである。その中で「環境の意匠」ということをいっている。環境の意匠＝環境デザインをすでに1940年代に述べているのである。先生が戦後すぐに設計した「藤村記念堂」は環境デザインの一大傑作であると思われる。

谷口先生は戦前ドイツに遊学し、東京工業大学の水力実験室や慶應義塾幼稚舎等の白い箱型の近代建築をつくってきた建築家であるが、戦後すぐに藤村記念堂を、島崎藤村の生家跡に設計する。白い近代建築ではなく、馬籠《まごめ》の集落にあわせて幅1間、長さ7間の小さなお堂を建てた。藤村の生家跡の空地にそれを眺めるような形で設計している。環境デザインとは関係性のデザインといえるが、歴史的、景観的、空間的関係性という点から、とても素晴らしい解決を示したと思える。藤村記念堂は日本建築学会作品賞を受賞した。

藤村記念堂は環境デザインの傑作

幸運だったのは、菊竹清訓建築設計事務所で4年ほど働き、1968年に26歳で独立したタイミングで、日本が日本万国博覧会の開催を2年後に控えていたことだ。独立したての私にもお声がかかった。磯崎新さんが三井グループ館のデザインを依頼されたのだが、多忙につき、東孝光《あずまたかみつ》さんがそのプロジェクトを引き受けることになった。東さん自身、坂倉建築研究所から独立したばかりで、スタッフが少なく、東さんから「チーフデザイナー」の任をいただいたという次第だ。

私の立場は、雇われ設計チーフではあったが、インテリアデザイナーの倉俣史朗さん、映像クリエイターの中嶋興《こう》さん、彫刻家の伊原通夫さん、作曲家の一柳慧《いちやなぎとし》さんなど、時代の先端をいく異分野の専門家と一緒に仕事ができたことは、本当に勉強になった。

70年万博の三井グループ館

倉俣史朗さんによってインテリアデザインという領域を知ることができた。素晴らしい感覚の世界だ。私の巨大遊具の仕事や、「思考椅」や「高い机」というようなあそびの家具もとても高く評価してくれ、倉俣さんが「展覧会をやりなよ」とアドバイスしてくれた。その言葉に背中を押され、私は30歳の時に表参道の地下のフジエギャラリーで初めての個展を開いている。

デザインという仕事を空間的に分けるならば、地球のデザインからはじまって、世界、国土、都市、地域、広場、公共物、家など、さまざまな領域に分けることができる。

しかし、それらを通貫するデザイン領域があるのではないかと常々思っていた。

例えば、そこに「こどものための」という概念を置くと、空間的な横の領域に対して、縦軸のデザイン領域が新しく生まれてくる。それが私が推進するべき、環境デザインの軸であると考え、こどもの成育環境のデザインという新たな分野を切り開いていくことを決めた。

「多様なデザイナーとの協働が新しい時代のスタイルをつくる」。そうやって導きだした結論が、私が環境デザイナー、環境建築家として人生を歩むことになった原点である。

環境デザインは「関係」のデザインである

そもそも環境とは、人間と関係するあらゆる存在である。それは外在する場、もの、生物、形式などすべての事象を含む。しかし、環境という漢字の意味においてもわかるように、「環」という字は円を表し、「境」という字は境界を表している。

環境デザインにとって、境界はとても重要だ。その境界をデザインする、あるいは研究するということが環境デザインであり、環境デザイン学なのではないかと考えた。

英語で環境を意味するエンバイロンメントの語源を探ってみよう。

「en」とはそもそもギリシャ語で「中へ」を意味する接頭辞である。「viron」は古くは

「円」を意味していたというから、日本語の「環」と同じイメージをもった言葉であると考えていいだろう。「environ」は円をかたちでつくるという意味でとらえられる。よって、「environment」は中心となる人間や生物、あるいはときによってはものを取り巻く周囲のかかわりとの状態である。

すなわち環境とは、「境界」と「関係」という2つの領域によって構成されている。建築空間を外部空間と内部空間に分類するとき、それぞれの空間に境界が形成される。その境界の部分をどうデザインしていくかが、テーマとして極めて重要なのである。たとえば、建築空間だけでいえば、敷地と境界の先に広がるすべてを考慮して設計することを環境デザインといっていい。

環境デザインという視点は、人と環境の関係である。そういう意味でデザインを捉えていくと、環境デザインとは関係のデザインということになる。

その関係には、4つの側面がある。それは、空間的関係、時間的関係、社会的関係、方法的関係と見ることができる。ある住宅をある敷地に建てようとすると、その住宅の日陰が隣の家に影響を及ぼすことがある。あるいは風通し、景観に影響を与えることも多いだろう。前面の道路を歩く人にとっても、その家のありようが影響を与える。視線、音、においを含めてである。

敷地の中に桜の木があるとき、その桜の木を切って新しく家をつくるのか、その木を保存してつくるのかは、その家をつくる建築家にとって重大な決断だ。その桜の木が地域の多くの人たちに愛されている古木であるならば、おそらく保全したほうがいいだろう。

その地域に開かれた関係を示すのか、地域とは距離を置いた景観の空間をつくり上げるのかも、時間的関係、社会的関係をどう評価するかによって決定される。

環境をデザインするということは、基本的に「すでにある物語を大切にするデザイン行動」なのである。敷地を大きく改変するのではなく、その敷地や周辺のもつ環境の文脈を深く読み、できるだけ少ない改変によって、新しく環境を再生する技術こそが、環境デザインに求められるデザイン技術であると私は考えている。

つまり、その場所が「物語」として、もともと持っていた自然をできるだけそこなわず、続いてきた歴史を尊重し、そこを利用する人間と周囲に暮らす人間はもとより、すべての生物が喜ぶ新たな環境をつくり出すということである。

その実現のためには、建築という領域だけではなく、コミュニティデザインから導き出される都市計画、まちづくりはもちろん、その場所に適した建物の使われ方とストーリー、素材、かたち、色、道具まで、すべてのデザイン領域の専門家が総力をもってデザインしていく必要があるはずだ。

一方、時代の変化の中で、新しいツールがどんどん生み出されていく。もちろん、それらも環境デザインに大きな影響を与える。

たとえば、人と車の関係においては、人々の健康な生活を守る環境をつくるよう、関係性を再構築しなければならない。

幹線道路はなるべく渋滞が起きないように、道路の幅や車線数を十分にとり、交差点を少なくしたほうがいいだろう。しかも、車は凶器にもなるため、歩行者と車道を明確に分ける方法をとるか、あえて歩車共存型の道路のあり方をデザインする場合もある。

現代を生きる私たちは、もう自動車という交通手段を拒否できない。それと同じように、新しく生まれるツールと、常に良好な関係をつくる必要がある。

昨今の問題はＩＴメディアであろう。ＴＶ、パソコン、ＴＶゲーム、携帯、スマホ等、それらが双方向的コミュニケーション機器として進歩している。しかし、それにあまりにも時間をとられ、生身の接触、交流が阻害されており、空間的には自閉的になりつつある。社会的ツールの開発のスピードは速くなるばかりで、世代間のギャップも生まれている。しかし、「人間は生き物であるから限界がある。歴史がある。文化がある。それに基づいた生物としての対応が何かしらの制御をし始める」と楽観しているが、さてどうだろうか。

これも環境デザインの重要な課題である。

こどもを元気にする戦略

私は、独立してから約50年にわたって取り組んできた、こどものあそび環境のデザインと研究をとおして、こどもの成育環境の現状と問題について提言し続けてきた。

そして、こどもを元気にする環境づくりを進めていくためには、建築だけではなく、教育、保育、心理学、体育学、小児医科学といった多様な研究者、活動家とともに進める必要があると考え、２００４年に「こども環境学会」を立ち上げ、２００６年からは、日本学術会議で課題別委員会「子どもを元気にする環境づくり戦略・政策検討委員会」を、その後２００７年には常置の「子どもの成育環境分科会」を提案した。

あそび環境も4つのエレメントで考えられる。先にも述べた、空間的関係、時間的関係、社会的関係、方法的関係である。

しかし、こどものあそび空間はこの70年間で、１００分の１というオーダーで減少している。

近年のこどもたちの体位を見てみると、特に男子で肥満の傾向が強い。40年間で身長、座高は約3％の伸びであるが、体重は約12％も増えている。

これは、あそばないことによる運動不足に起因するものであることは明らかである。また、各種の運動能力もこの20年間で5〜10％落ちている。性差に関係ない。運動不足により成人病になるこどもが増加している。

精神的な面でみてみると、2007年のOECD（経済協力開発機構）の調査によれば「自分は孤独である」と感じている15歳のこどもの比率は、多くの国が5％内外であるのに対し、日本のみが30％と高い値を示している。この調査は、我が国の設問の表現等に問題があるという指摘が出されているが、全体的には他の調査でもこの調査の傾向と一致している。

また職業に対する意欲も、積極性という点ではOECD調査各国の中で最低といえる。不登校も増え続けている。精神疾患も増加傾向にあり、10年間で2倍という報告もある。また意欲という点では、神奈川県藤沢市教育委員会が1965年より5年毎に学習意欲の調査をしている。2010年の報告によれば、この1965年からの45年間で「大いに勉強したい」と答えたこどもの割合は40ポイントも下落して25％になっている。

これらのこどもの劣化現象とも呼ぶべき状況は、家庭や学校でのしつけや、教育の問題もあるが、こどもの生活環境である都市、建築環境が、こどもが群れてあそぶ環境でないことによる影響も極めて高いと思われる。

生まれたときからテレビにさらされ、年少の頃からゲームやインターネットに接して多くの時間を過ごす傾向が高くなっている。長時間それらのIT機器に囲まれて育ったことによる、コミュニケーション能力や言語能力の発達の遅れも指摘されている。

自分の足で歩けるこどもででも、親がベビーカーに乗せてまちを移動する姿を多く見かけないだろうか。こどもは大地を歩くことによって身体性を開発し、また、自然のさまざまな変化や不思議さ、美しさに気づく。

自家用車、園バス、ベビーカーなどのライドで移動することにより、歩行する機会がどんどん奪われ、さまざまな学びの機会が失われているといえる。親はこどもの安全のためにとライドに乗せているが、こどもが安全に歩くことができる幅広い歩道や〝あそび空間〟が、特に都市の中で十分に用意されていないのもその原因だ。

体育学者は、3歳児頃で、1日あたり1万3000歩程度歩く必要があるといっているが、500歩ぐらいしか歩いていないこどもも多いようである。

学童になると、家、学校、塾という3ヵ所を回るだけの生活行動の中で、道草やあそびの時間が減少し、体験の少なさが危惧される。

また、「公園のこどもの声がうるさい」「噴水を止めろ」「保育園の建設反対」など、近年、こどものあそび場や活動に対して理解のない大人の発言が増えている。司法の場でも争われるなど、この傾向もこどもの成育環境を守るうえで、極めて深刻な問題だ。

こどものあそび環境

脳科学の進歩によって、人間の中枢神経は8歳頃までに約90％が形成されることがわかっており、その頃までのさまざまな体験が、その後の人生に大きな影響を及ぼすといわれている。8歳以下のこどもの成育環境は、あそび環境といってもよいのだが、それによって5つの能力を開発すると考えられる。

第1に身体性である。身体性とは体力、運動能力である。こどもは群れてあそぶことによって、体力、運動能力を発達させてきた。

第2は社会性である。アメリカの作家ロバート・フルガムは『人生に必要な知恵はすべて幼稚園の砂場で学んだ』という本の中で、人間関係学は大学や大学院で学ぶことでなく、幼稚園時代に砂場であそびながら学ぶという内容を述べ、多くの人の共感を得た。そしてケンカや仲直りの大事さも指摘している。仲直りできることは社会性という点で極めて大きな能力なのだ。

第3は感性である。 こどもは自然あそびをとおして感受性、情緒性を開発する。それは自然あそびの基本が生物採集のあそびだからである。自然の中でのあそびをとおして、自然の変化や生死と出会うことによって、感性を育んでいく。

第4に創造性である。 動物学者デズモンド・モリスが著書『人間動物園』の中で述べているように、「あそびはボーナスとして創造性の開発をもたらす」のである。それはあそびが自由であり、楽しいもので、繰り返され、無償のものだからである。あそびは往々にして偶然性をはらむ。その中に新たな発見、発明がもたらされるのである。

そして**第5に挑戦性である。** あそびは意欲、すなわち挑戦性を開発する。道ばたに丸太が転がっていれば、そこにぴょんと飛び乗り、バランスをとってどこまでいけるか挑戦する。失敗しても何度も繰り返して、征服したときの喜びを忘れない。自由な意志で挑戦する。

この5つの能力の要素のうち、挑戦性以外の要素は私が20年以上前、岩波新書から出版した『子どもとあそび——環境建築家の眼』で述べた考えだ。しかしその後、我が国は大きな自然災害を何度も受けている。地震でいえば1995年の阪神淡路大震災、2011年の東日本大震災などである。環境建築家として、復興、復活力がとても重要と思えた。レジリエンスの大切さを考え、私は近年4つの能力の中心に挑戦性を加えた。「困難はいつもやってくる。それを乗り越える力が重要なのだ」と言いたい。

このように、あそびをとおしてこどもは身体性、社会性、感性、創造性、挑戦性を獲得していくのだが、それはあそびから疎外されたこども、あそべないこどもが、これらの能力を開発するチャンスを失ってしまうことを意味している。

現代日本のこどもは、あそび環境そのものを奪われ、それによって育まれる能力の開発のチャンスを奪われているといってもよい。すなわち、身体性、社会性、感性、創造性、挑戦性を開発する機会を失っているのだ。

こどもが元気に育つ社会、それは自然と共生する社会である。未来はこどもたちによってつくられる。私たちは明るい未来をつくるためにも、こどもたちの環境を考え、特に小さなこどもたちの心と身体を解放する空間を環境として用意しなければならない。

幼少期の成育環境への投資が最大の国家的利益を生む

日本の教育関係者および業界に、大きな衝撃を与えた研究結果がある。

ノーベル経済学賞の受賞者でもあるシカゴ大学のジェームズ・ヘックマン教授は、就学前のこどもに対する教育投資効果に着目し、「就学後の教育の効率性を決めるのは、就学前の教育にある」とする論文を発表した。

ヘックマン教授が論文の中で使っているデータは、1962年から1967年に米国ミシガン州で行われたペリー就学前計画という実験結果だ。これは、経済的に恵まれない3歳から4歳のアフリカ系アメリカ人のこどもたちを対象として約2年間、午前中は学校で教育を施し、午後は先生が家庭訪問をして指導にあたるというものだった。

そして2年間の教育終了後、実験の被験者となったこどもたちと、就学前教育を受けなかった同じような経済的境遇にあるこどもたちとを比較し、その後の経済状況や生活の質にどのような違いが起きるのかについて、40年にわたる追跡調査を行った。

その結果、就学前教育を受けたこどもは、受けなかったこどもよりも学力検査の成績がよく、学歴が高く、特別支援教育の対象者が少なく、収入が多く、持ち家率が高く、生活保護受給率や逮捕者率が低いという結果が出た。

これらの結果から導き出した、ペリー就学前プロジェクトの利益（費用1ドル当たりの年間利益）の率は、6%から10%と見積もられている。これは通常の公共投資ではあり得ないほどの高い投資収益率である。

そしてヘックマンは論文の中で、「恵まれない境遇にいるこどもたちへの教育投資は、公平性と効率性を同時に促進する稀な公共政策である」と述べている。

創造的で挑戦的な未来の国民を育てるなら、幼少期にお金をかけるほうが国家的に大変効率がよいということだ。

こどもの成育環境の問題は、地球環境問題と同じく、私たちの将来の問題としてとても大きな課題となっている。

集客力向上にも大きく貢献する「遊環構造」

私も含め、大人の誰もがこども時代を経験してきた。こどもにとって楽しい思い出の場所や空間のありかたを取材し、調べてみると、共通した空間の構造があることに気づいた。

それを論文にまとめ「遊環構造 Circular Play System」と名付けたのが、1982年のことだった。

遊環構造——それは新広島市民球場の項で詳しく述べたが、「循環機能があること」「その循環(道)が安全で変化に富んでいること」「その中にシンボル性の高い空間、場があること」「その循環に〝めまい〟を体験できる部分があること」「近道(ショートカット)ができること」「循環に広場が取り付いていること」「全体がポーラス(多孔質)な空間で構成されていること」、これら7つの条件をもつものである。

私は、遊環構造を適用した、建築、造園、都市空間を長年設計してきたわけだが、こどもがあそびやすい空間構造とは、大人にとっても学習意欲、運動意欲、交流意欲、ほかさまざまな意欲をパラレルに誘発するのではないかと考え始めた。

幼稚園、保育園、学校などはもちろん、スポーツ施設、博物館系施設、商業施設ほか、まちづくり、地域おこし、それらに7つの条件を空間の環境デザインに加えることで、集客力が高まっていくことが徐々にわかってきたのだ。

アメリカの心理学者ジェームス・ギブスンは「アフォーダンス」（環境が動物に対して与える〝意味〟）という概念を述べている。そして、人間と環境との関係をわかりやすく説明している。

たとえば、こどものための遊具である小さなトンネルは、そこに潜り込みたいという行動欲求を起こさせる。道端に落ちている丸太は、ぴょんととび乗りたい、その上でバランスを取りたい、落としっこをしたいという欲求を起こさせる。建築と人間との関係においても、あるいは自然と人間との関係においても、同じことがいえる。

エベレストに挑戦した登山家ジョージ・マロリーは、「なぜ登るのか」と聞かれたとき「そこに山があるからだ」と答えたといわれている。山という自然の存在が、人間をして登りたいという欲求を起こさせる。それは、児童公園の小さな山をこどもたちが登りたくなることと同じである。

遊環構造の7つの条件は、こどもにさまざまな行動や意識の働きかけをする。

私が手がける空間の環境デザインは、「ちょっと行ってみたくなる」、「体験してみよう」、「行ってみたら面白かった」、「感動した」、「もう一度行ってみたい」、そんなストーリーづくりを大切にしている。

私は、1970年代後半から商業施設のデザインに関わったことで、環境デザインにしても、建築にしても、多くの人に来てもらう、リピートしてもらうことが極めて重要であるということを痛感した。しかし、大学の建築学科では、そういった集客率、満足度という視点をほぼ教えていない。それはビジネスの世界の人間がやることであって、建築家がやるべきことではないと捉えているのだろう。しかしビジネスという点から建物をつくるということも投資である。それを成功させる必要がある。

そして、建築空間がある種の満足度を担っていることは間違いない。たとえば、流行っているレストランを考えてみる。きっとそこには、美味しい料理、素晴らしい接客サービス、居心地のいい空間、楽しいイベントの4つが揃っているはずだ。しかし、それらの一つでも欠けると、「一度でいいや」という人が増えていくだろう。そう考えると、事業成功の要因の最低4分の1の責任は、空間を造る立場の人間=建築家にあるといえる。だから私は、関係のデザインである環境デザインを大切に考えるのだ。

過去、遊園地や博覧会の仕事をいくつか手がけてきた。人気の遊園地には、ジェットコースターやメリーゴーラウンドなど、最低30くらいのアミューズメントアイテムが設置されている。しかし、一日ですべてを体験することはできない。では、どのくらい体験すれば満足するか。訪れる人の満足度を研究した結果、7つくらいということがわかった。要するに、空間が人を満足させるには、量的な要素も大切なのである。

ほかさまざまな施設利用者の満足度の研究も行っているが、遊環構造の7つの条件は、こどもはもちろん、大人にとっても、その空間を訪れたくなる、また、リピートしたくなるためのトリガーとなっているようだ。

できうる限りの遊環構造をちりばめた、新広島市民球場、ゆうゆうのもり幼保園、中嶋記念図書館のユーザー数の多さも、そのことを証明してくれている。

ユニバーサルデザインは誰のものか

ユニバーサルデザインの領域は環境デザインの領域と重なっている。すべての人は障がい者になる可能性があり、すべての人に関係するデザインがユニバーサルデザインであるといえる。

障がい者、弱者という視点からのデザインは、こども、高齢者、車いす利用者など、新広島市民球場のように新しい利用者を拡大させていく力をもつ。施設デザインにおいてユニバーサルデザインという観点から取り組むべき新たな領域はたくさんあると思える。それは発明ともいえるもので、新たな装置や空間の今後の展開が期待できる。

環境デザインとは、都市、建築、土木、造園、インテリア、家具など、幅広い領域を貫通する概念であることは先にも述べた。また、こどもが元気に育つ環境のデザインは、公園、児童館、住宅、学校、街路、遊具などさまざまな領域にまたがる。

ユニバーサルデザインは「できるだけすべての人々のためのデザイン」というコンセプトであり、そういう意味ではこどものための環境デザインもその分野に含まれる。

また、環境デザインは、分野横断的なものだが、こども、女性、障がい者というような人々をテーマとするばかりでなく、文化、安全、健康、地球環境というテーマなど、より広い分野に対応すると考えられる。

一方、バリアフリーという考え方は1970年代に社会テーマとなった。アメリカでポリオが流行した時期に幼児期を過ごしたこどもが成人となった年代であり、またベトナム戦争従軍によって障がいを伴った人が多く現れはじめた年代でもある。その人たちのノーマライゼイションを目指すバリアフリーのための法律ができ、障がい者のためのデザインがバリアフリーデザインとして一つの特殊な領域として立ち上がっていく。同時にアクセシブル、あるいはユーザブルデザインとして、多くの人が近づける、使えるデザインとしても提唱されていた。

もともと障がい者のためのプロダクトデザインの開発は北欧が先行していたが、それがより広いデザイン概念として構築されたのは1980年代のアメリカである。

ユニバーサルデザインの主導者、ロナルド・メイスは、ポリオを患ったカリフォルニアの建築家である。彼はバリアフリーエンバイロンメンツという会社も経営していたが、バリアフリーという特殊な領域から「障がいをもっている人にとってのデザインは、障がいをもっている人だけでなく、一般の人のためにもよい、使いやすいデザインとなる」と主張した。

バリアフリーデザインは、障がい者のためのデザインだが、障がいの有無にかかわらず、できるだけ多くの人が利用できる製品や環境を考えることが、ユニバーサルデザインだということである。

メイスは「ユニバーサルデザインはマーケティングだ」とも言っている。これはユニバーサルデザインをデザインの理念としてだけでなく、産業的な展開として考えていたからに違いない。

それは彼が、研究者、哲学者、思想家ではなく、建築家であり、デザイナーだったからできた発想だと思う。建築家やデザイナーには常にクライアントがいて、クライアントに対応してそのコンセプトを自由に提案し、物や空間を実現していく。建築家やデザイナーは柔軟でなければ、本来のニーズに対応できないのだ。

アメリカのユニバーサルデザインに詳しい川内美彦さんは著書『ユニバーサル・デザイン――バリアフリーへの問いかけ』の中で、メイスの言葉を次のように紹介している。

「ユニバーサル・デザインはマーケティングの概念による一つのパッケージだ。単なる様式ではない。目新しいことでもない。障害のある人のための特別なマーケットではなく、広く消費者の視点に立って考えようというマーケティングの言葉だ」と。

さまざまな消費者の存在を考えれば、当然なデザインサービスなのだということを述べているわけだ。

ユニバーサルデザインが産業、あるいは都市に与える影響は大きい。それを以下の5つの視点でとらえることができると考えている。

① 新しい製品や環境創造

特別な人のためのデザインが、そうではない人のためにも使いやすいという新しいデザイン、製品・環境を生み出すきっかけになる。ユニバーサルデザインの製品・環境は、クリエイティブ（創造的）である。例えば、ＴＯＴＯのウォシュレットのように。

② **顧客創造**

程度の差はあれ、多様な障がいを持つ人が一般消費者である。その人たちのためのデザインは製品・環境の顧客の幅、すなわち数多い顧客を獲得できる。ウォシュレットや暖房便座が新しい顧客を開拓した。

③ **多様性**

大量生産による質の低いデザイン、製品・環境ではなく、個別的な多様なニーズにあった多品種な製品・環境を生み出せるシステムが重要である。そのようなシステムを持たないデザインは、多くの人のためのデザインとはいえない。ユニバーサルデザインの製品は、多様化の対応システムが重要だ。これは同じものを大量に製品化することとは異なる方向である。

④ **経済性**

アクセシビリティ、すなわち利用者を広げることによってユニバーサルデザインにかかるコストを考える必要がある。それは特別なことではない。ユニバーサルデザインの製品・環境は、結果としてきわめて経済的なコストの安い製品となる。新広島市民球場の２００ｍ、勾配20分の１の来場者のためのアクセススロープは全工事費の３％、約３億円かかったが、それによる集客力の向上による利益は、それをはるかに上回った。

⑤ **長寿命**

誰でもが一生のうちにはさまざまな障がいに出遭う。ユニバーサルデザインは特別なことではなく、その利用の幅と時間を大きく考える視点なのである。人が生まれてから死ぬまでのさまざまな行動に対応して考える視点である。すなわち、ユニバーサルデザインの製品・環境は長寿命となる。

本当の意味でのコストとは

ユニバーサルデザインによる製品・環境に限らず、すべての製品・環境はどれほど多くの人々が利益を享受できたかによって評価されるべきと考える。すなわち、それをつくるためにかかったコストだけで評価したり、高い、安いといったりすべきではない。どのくらい人々が集まり、利用したかによって測られるべきなのである。

① **ライフサイクル・コスト／アクセシビリティ**

ライフサイクル・コスト（LCC）とは、その建物、あるいはものがつくられた時、及び維持のために要する生涯建設運営コストである。

建築でいえば建設工事費、あるいは購入した時のコストだけではなく、それを所有し、維持していくためのコストがかかる。環境の場合にはメンテナンスするためのコスト、電気、水、空調を管理していくためのコスト、その空間を利用させるための宣伝からプロモーション、運営コストも含まれる。

さらにはそれを廃棄するためのコストも積算する必要がある。当然だが、これらを合計した総コストは少ないほうがよい。

しかし、それだけではその製品・環境の価値は決まらない。アクセシビリティ（それの利用しやすさ）を向上させ、どのくらい多くの人に利用されるかということによって、その製品・環境は評価されるべきなのである。

すなわちライフサイクル・コストを分子に、アクセシビリティを分母とした数値で測られるべきである。数少ない人しか利用しないと、そのライフサイクル・コストが安くてもライフサイクル／アクセシビリティは高くなる。

多くの人々が利用する製品・環境はその絶対的コストは高くても、相対的コストは安くなる。そのような相対的評価が重要である。

ユニバーサルデザインは、特別な人のための利用を対象とするために、コストが高くなると批判されがちである。しかし利用者が多くなれば、一人当たりの負担額で考えると安くなる。ユニバーサルデザインの製品・環境はそういう意味で経済的であるといえる。

② ライフサイクル・コスト／ユーザビリティ

使いやすいという評価も多くの人が利用するのと同じように、相対コストの分母になるべき要素である。人々が使いやすい、一般の人が障がいをもつようになっても使えるということは、長く使えるということである。

使いやすいということは、使うことが負担にならないということである。楽しく使えるということでもある。それは長く使えるという時間的なファクターともなる。そういう意味でユーザビリティは、アクセシビリティと同様、多くの人に利用されるということになる。

ユニバーサルデザインのコスト的な評価は、ライフサイクル・コスト／利用者、すなわち一人当たりのライフサイクル・コストという指標によって評価されるべきだし、その評価によればユニバーサルデザインは高価なものでなく、きわめてリーズナブルな製品・環境になる可能性があることが理解できるだろう。

つまり、アクセシビリティとユーザビリティの効果をしっかり考え、それがライフサイクル・コストをしっかりまかなうことのできる計画を立てること。そのことも、環境デザイナー、環境建築家にとって、とても大事な仕事であると考えている。

ウォシュレットの「かた」が日本で発明されなかったのはきわめて残念なことではある

が、それを一般化した努力は賞賛に値する。ある限られた一定層のための発明の周辺にあるニーズをしっかり想定して商品開発に取り組み、誰もが使いたいと思えるプロダクトに仕上げていったプロセスは、環境デザインの成功例といえるのではないだろうか。

ウォシュレットや新広島市民球場の長さ200mのスロープの事例は、環境デザイン、ユニバーサルデザインの成果・効果を語るうえで、とてもわかりやすいケースである。

弱きものが困難を乗り越えられる

この本の中で、私は何回か閉所恐怖症だと言っている。小学生のころから不安神経症に悩まされてきた。時にひどい心理的パニックにおちいってしまうことは、20代まで続いた。生まれ育った保土ケ谷という町は小さな丘に囲まれた谷の町だった。丘の斜面緑地がまさにケヴィン・リンチのいうエッジで、その生活の領域が限定されていた。その丘の外に出ることは、こども時代、私にはとても勇気のいることだった。20代になっても地下鉄、エレベーター、飛行機はできれば乗りたくなかった。乗るときはいつもひどく緊張していた。

閉所恐怖症はこどものころの防空壕の暗闇のあそびも影響していたかもしれない。真っ暗な闇は本当に恐怖だった。一方、山や町を歩くのが10代の頃から好きだった。大学時代はそんなわけでワンダーフォーゲルをやっていたが、体力のない部員で、早くにばててしまい、みんなに相当迷惑をかけた。しかし、山登り、山歩き、村を歩くことは自分の体力やさまざまな能力に挑戦し、またその限界を知ることが生き残る手段となるというような知恵を知る意味では本当に良い体験だった。

人は誰でも障がいを持っている。しかし、その障がいが時に空間を設計するもの、環境をデザインするものにとって、マイナスなことではなく、かえって一般の人が気づかないことを気づけるきっかけになると考えている。私がこどものことや、ユニバーサルデザインが重要で、かつそれが一般的なものに普遍化できると考えている所以《ゆえん》である。

どんな人も困難を抱えている。困難にあったことがない人は、困難を乗り越えることができない。建築家も環境デザイナーも多くの困難を抱える人のサポーターである。みんなが協働し、協力し、困難を共に乗り越え、困難を乗り越える次世代を考える、またそのような環境をつくっていくことが私の環境建築家としての役割と考えている。

最初は酷評されたオペラハウス

オーストラリアのシドニー・オペラハウスは、デンマークの建築家・ヨーン・ウツソンの設計である。応募200案を超える国際コンペのなか、彼が描いた帆や貝殻の群れを思わせる複雑で有機的なデザインは一次選考で落選していたが、審査委員だったアメリカの建築家エーロ・サーリネンがこのアイディアを気に入り、最終選考に復活させ強く支持したとされる。

しかし、紆余曲折があり、１９６３年の完成予定は10年も遅れ、当初の想定予算７００万ドルが、完成までに15倍近くに達してしまった。

オペラハウスの工事が進む途中、ウツソンはシドニー市から設計者失格という烙印を押され、オーストラリアから逃げるようにして母国デンマークへ帰国した。その後、彼は二度とオーストラリアの土を踏むことはなかったという。

そんな背景を持って誕生したオペラハウスだが、今ではシドニーを代表する建物であるし、オーストラリアの国家的シンボルになっている。また、これまでに登録された世界遺産の中では、年代的に最も新しい建築物となった。

最終的に、シドニー市とウツソンは彼の生前に和解をし、２００３年、オペラハウス設計の栄誉をたたえられシドニー大学から名誉博士号を授与された。同時に、オーストラリア勲章やシドニー市の鍵なども授与されている。

私自身、シドニーのオペラハウスは20世紀で最も優れた建築の一つであるし、非常に素晴らしい環境デザインだと思っている。形だけでなく、そこにすぐれた景観をつくりだす思想がある。たとえば、ロビーのガラス面が垂直ではなく斜めになっている。夜、オペラを鑑賞した後、もしくは幕間にロビーに立つとよくわかる。映り込みがないため、対岸の明かりがものすごく美しく見えるのだ。昼間の景観とはまったく違う。シドニー湾全体が美しく現れ、感動する。特筆すべきポイントはまだまだたくさんあるが、20世紀を代表する建築物であることは間違いないだろう。

そういった意味では、オーストラリアおよびシドニー市にとって、ウッソンの設計は安い買い物だったといえる。さまざまな付加価値、ライフサイクル・コストの面からも、元をとってあまりある効果をもたらしていることは確実である。

歴史を振り返ると、世界の建築物にはさまざまな議論がある。重要なのは、利用者数やそのつくられた環境のさまざまな影響により、建築や環境を評価する視点であると思われる。従来、そのような視点は軽んじられていた。しかし、観光立国日本や美しい日本を目標として掲げたとき、環境価値を上げる方策をどのようにつくっていくかを考えるときに、建築や環境デザインのコンセプト、そしてその成果は極めて重要である。

第2部　あそびやすい空間の構造

１９６９年～１９９５年までのプロジェクトを紹介しつつ、
あそびやすい空間の構造の研究を経て、
遊環構造の考え方を構築した過程を説明する。

1 野中保育園（1972年／静岡県富士宮市）

富士山を望む丘の上に立つ保育園。「どろんこ保育」「大地保育」という保育理念の建築化を目指した。保育室は自立した空間をもち、それぞれに路地状のアプローチ空間をもってプロムナード（遊歩道）と自然豊かな園庭に容易にアクセスできる。プロムナードは北側敷地境界線上に沿ってつくられた背の高い〝廊〟空間である。各保育室の中2階はブリッジにより連続的につなげられ、プロムナードと連携した遊環構造を形成している。その動線はすべり棒、階段などによってこどもたちの多様な行動が引き起こされ、一体的な空間となっている。野中保育園は、遊環構造建築の原型である。

「どろんこ保育」の理念を形にした建物

保育園の設計の機会を与えてくれたのは、「こどもの国」の仕事で知り合った厚生省の造園技官の伴典次郎さんと保育専門官の高城義太郎さんだった。お二人に遊具研究会という委員会に誘われ出会ったのが、塩川寿平さんである。彼はその後、保育環境論の第一人者となるが、当時は若手の保育学者で、実家は保育園を運営されていた。その縁で、新しい園舎の設計を依頼された。

彼のお母さん、塩川豊子先生が始めた保育園は、「どろんこ保育」「大地保育」というユニークな保育理念をかかげ、戦後、馬小屋や米蔵を改造して始めた野中保育園だった。もともと大規模農家だった塩川家は、小作人のこどもたちのために、馬小屋を保育所代わりに使っていたそうだ。

豊子先生は、自由学園の羽仁説子さんに影響を受け、「太陽と水！　裸とドロンコ！原始に戻った自然の中で！」をモットーとする「大地保育」の提唱者となった。私が野中保育園を初めて訪れた当時、広い農地の中に米蔵と馬小屋を改装した園舎がまだ残っていた。

寿平さんは私と年齢が近く、また、同じようにこどものあそび環境が減っていくことに問題意識と危機感をもたれていたこともあり、理想の保育園づくりについて、自然と話が盛り上がっていった。

豊子先生は「朝、こどもたちが園に来る前に保育園におもちゃをぶちまけておいた日と、そうでない日ではこどもたちの動きは違います」と言った。私は彼女から聞いたその話を今でも鮮明に覚えている。おもちゃをぶちまけておいた日は、園児たちは朝から活発に動きまわり、あそびまわるというのだ。

確かに、こどもたちが好きな野山も同じである。自然の中に行くと、どんぐりが落ちていたり、棒切れが落ちていたり、それを目で見て感じて、何をしようかなということを自分で考えていく。だから、それらを整理する必要はないのだ。私はこどもたちの行動を観察することによって、建物を設計する手法を、豊子先生から学ばせてもらった。

野中保育園の園舎を設計するにあたり、ここにある自然環境をできるだけ残し、活用すること、豊子先生が提唱する「どろんこ保育」という理念を生かした建物にしようと考えた。

そして、私は、1年間ほど現地に通って観察と体験を重ねさせてもらった。その結果、園舎は大地にできるだけ近づかせ、大地に低くかがむような建築の形態を考えた。園の玄関からは、なだらかな勾配をもって下がっていくが、建物を低くしたため、その正面には美しい富士山を望むことができる。周辺の緑の環境を意識して外観を緑色に塗った。こどもたちが「ノナカザウルス」と命名してくれた。

実は最初に寿平さんから、3階建ての園舎のスケッチを渡された。寿平さんはできるだけ庭の広がりを守りたかったのだ。しかし、私は「それでは美しい富士山が正面から見られなくなる」と説明し、結果、平屋建て一部2階建ての園舎が実現した。

野中ザウルス１階平面図

上：広い園庭で遊ぶこどもたち。屋根の上に富士山が見える風景は一生の宝に
中：保育室をつなぐ路地のようなプロムナードにこどもたちはワクワク
下：恐竜のような保育室の配置に「ノナカザウルス」の愛称がついた

内部でも外部でもない「第3の空間」や、明確な機能を持たない「すきま」、アジール的な「へそまがりの空間」、ほかにもこどもの突飛な行動を引き出すための「舞台」、呼びかけの装置としての「テラス」など、さまざまな工夫を凝らした。

こどもたちのあそびを自然と喚起する場をちりばめた成育環境をつくるために、当時の私がもっていた建築的工夫の限りを尽くすことができたと思う。

こどもは混乱している空間を好む

野中保育園には、いわゆる廊下というものがない。その代わり天井の下の部分にアスファルトの室内化されたプロムナードと呼ぶ道がある。そしてそれと循環して中2階をつなぐスカイウェイと呼ぶ小道もある。プロムナードは、狭いところもあれば、広いところもあって変化に富んでいる。

この大きな立体的な循環動線に保育室がブランチされている。保育室はヒノキの床と白いベニヤの壁、プロムナードは赤い壁に黒いアスファルトの床。刺激的でワイルドな空間をイメージしてデザインした。下の道の広がったところが舞台のある広場になっており、お誕生会等のいろいろな催しに使われる。上の道からは階段や滑り台によって動線をショートカットすることができる。

保育室の周りは路地になっており、こどもたちは駆け回ることができる。上の道から保育室に降りるには階段、滑り棒、段状の押入などがあり、こどもたちが飛び降りることもできる。保育室にはこどもたちが隠れることのできる「すみっこ」がある。

構造が軽量鉄骨造りに木仕上げという建物の柔らかさもあるが、少々危ないことをさせなければこどもは健全に育たないという「どろんこ保育」を実践している豊子先生をはじめ、保母さんの意見を反映して、飛び降りる、滑り降りる、もぐる、ぶらさがる所を随所につくることができ、めまい体験のできる構造になっている。

大地から建築まで、すべてを〝巨大遊具〟としてとらえ、こどもたちが思う存分あそび回れるエネルギッシュな空間になったと思っている。

こどもはなぜか、すみっこ、はしっこが好きである。大勢で動き回っているかと思えば、一人でじっとしていたい時もある。体が入るだけの小さな空間は胎内の記憶か、こどもにとって心地よいものなのである。曲がりくねった廊下、バルコニー、屋根裏、階段、舞台、橋、天窓をつくった。

高い所、低い所、狭い所、広い所、明るい所、暗い所、軟らかい所、硬い所、さまざまに相反するところがこどもは好きだ。従来、死角のない空間をつくるというのが保育園の基本であったが、この保育園には、死角がたくさんある。こどもたちにとっては保母さんから眼の届かないほうが面白い。立体的なデザインを施したが、建物自体は基本平屋建てなので、危険を感じたこどもが助けを求める声はよく通るようになっている。

40年以上前に生まれた野中保育園の環境は、昔も今もほとんど変わっていない。8000㎡のゆるい傾斜地の中には、柿の木はじめさまざまな立木が茂り、小川が流れ、水がたまり、ブタ、ウサギ、イヌ、ネコが育ち、建物と人と物がせめぎあっている。広い庭に、園舎、陶芸の小屋、プール、平らな広場だけでなく、マラソンコースと呼ぶ坂道の多い一周150mの園路などもある。

中でもユニークなのは、どろんこあそびの場である。こどもたちはまさにどろだらけになってあそぶ。ここでは、こどもたちの心も体も解放されている。

どろんこあそびをした後のシャワーと浴室の空間を建設当初プロムナードの中央に設置してみた。しかし、ドロ場から遠いということで、この機能は外の別の場所につくられ、今は倉庫になってしまったが、その上はスカイウェイの小さな広場を形成している。お誕生会などイベントのための2階席の役割もはたしている。

「名のないあそび」を生み出しやすい園舎と園庭

1972年に野中保育園が竣工してから10年後、私は「野中丸」と名付けられた園舎の増築を手がけた。保育室の隔壁が可動で、小さな体育館や劇場にも変えることができる。ここでは、「みんな一緒にあそべる環境」「みんなが楽しい環境」の形成が求められた。ノナカザウルスのスロープの反対側に階段をつけることによって、ノナカザウルスの南側の庭と野中丸の園庭をつなぎ、遊環構造の規模が一気に拡大された。

野中保育園の「大地保育」という明確なコンセプトもあり、こどもたちは、設計者の私が驚くような面白い空間の使い方をする。改めて「体育をしましょう」と言わずとも、階段を登ったり、下りたり、もぐったり、跳んだりして、自然と体全体の筋肉があそびのなかで鍛えられているようだ。

もちろん、元気な体だけではなく、素晴らしい感性も育っている。

こどもにとって、絵を描くことは特別の学習ではない。描いてみたいから描くのである。ロウ石で道路にえんえんと絵を描いた経験を、多くの人がもっているだろう。

心理療法の一つに、木の絵を描かせて、その心理的な状況を判断する手法があるが、絵はまさにこどもたちの今を表しているように思う。

こどもたちの内的なエネルギーを自由に発散させると、本当に感動的な絵になる。野中保育園のこどもたちの絵を見て驚く。美しい絵というのではない。たくましい絵、元気な絵、爆発的な絵ばかりなのだ。園舎の大きな扉には、のびのびとしたこどもたちの絵が拡大されている。

野中保育園の園児はみんな、ものすごい芸術家たちだ。絵の具に夢中だ。それはきっと、広大な敷地の中でたくましく、猛烈にあそんでいるからに違いない。

普通、保育園、幼稚園時代から、小学校、中学校へと進むにしたがい、面白さはなくなり、写実的になっていく。野中保育園を卒園したあの小さな芸術家たちはどうなっていくのかとても興味がある。

豊子先生亡き後、長男の寿一さんと弟の寿平さんが「大地保育」の理念を継承している。実践保育学者の「名のないあそび」論はおもしろい。ここでは「○○あそび」という伝統的な名前がついたあそびではなく、こどもたちが発見し、発明するあそびが多い。それを寿平さんは「名のないあそび」と言っている。この野中保育園の環境はそのような「名のないあそび」をたくさん生み出しやすい園舎と園庭の環境なのだ。

進化し続ける環境

ノナカザウルス、野中丸、それぞれの園舎はもう古くなり、老朽化している。アスファルトの廊下も穴があいている。しかし、私が訪れるたびに、建物はますます生き生きしているように見える。こどもたちの自由な活動の軌跡がそこら中につけられていて、どんどん建物の空間を素晴らしくしてくれている。

その後、私は、いくつもの幼稚園、保育園、学校など、さまざまなこども施設の設計に携わったが、「大地保育」の空間というコンセプトをかなりの低予算で完成させた野中保育園は、ある意味、今でもどこにも引けを取らない素晴らしい保育園だと思っている。

旧知の写真家の藤塚光政さんに、「野中保育園以上の幼稚園・保育園の作品はなかなかつくれないんだ」と話したことがある。そうしたら藤塚さんに、「あんまり正直に言い過ぎるとダメだよ。進化がないみたいだから」とからかわれた。藤塚さんには、私の作品のほとんどを撮ってもらっている。「この建物のこの空間を撮って」と頼んでもほとんど聞いてくれない。彼はただの空間よりも人がいる空間や、こどもが楽しげにしているこどもと空間の関係を撮る。野中保育園を、今までに少なくとも5回は撮ってもらっただろう。

時代とともに保育の状況も変わり、現代では0、1歳の乳児と呼ばれるこどもの保育の要請が高くなってきた。そのため乳児棟を新たに木造で建設することになり、ノナカザウルスのかつての2階建て部分が取り壊される。

また、そうなると南側の園庭と野中丸、乳児棟との関係がうまくまとまると思われる。ノナカザウルスは40年を経ている。いつかは役割を終えるときが来るかもしれない。しかし、多くの卒園生たちの思い出の場として、現役として残り続けていって欲しいと願っている。

新たな話題の建築物はすぐに建築専門誌などに取り上げられるが、それ以降、長く語り継がれるものは少ない。しかし、野中保育園には、今でも多くの建築家や幼稚園・保育園運営者などが見学に訪れ、入園希望者も後を絶たないと聞いている。

今は、ちょっとでも危ないものは排除したがる傾向が強いが、本質的には野中保育園のような空間がますます必要となっていることに、気づき始めた人が増えているのではないだろうか。

2 トヨタ財団研究助成「こどものあそび環境の研究」（1975年）

こどものあそび環境を時間的に空間的に立体的に見るために、1973年から1977年にかけて、あそび環境の全国調査を行った。これはトヨタ財団の助成を受けて行ったものである。そして、その報告を日本建築学会、日本造園学会、日本都市計画学会や、今は廃刊となった雑誌『インテリア』『建築文化』等に発表した。1977年、『こどものあそび環境のデザイン』で毎日デザイン賞を受賞したが、デザインの背景となるあそび環境に対する研究も評価されたのではないかと思っている。その後、1995年前後、2003年前後と、第二次、第三次の調査も行っている。

遊具の原点は宮城県中央児童館モデル遊園

まずは、独立してすぐに始めたこどものための遊具づくりの話をしておきたい。

1968年に私が初めて手がけた巨大遊具が、宮城県中央児童館モデル遊園である（2013年に閉園）。仙台市の向山エリアにつくられた巨大遊具は、滑り台、ジャングルジムなど単機能的な遊具を超え、大木のようにこどもたちに総合的なあそび行動を喚起する遊具として構想したものだ。

主構造は直径1mのパイプコイルが全長180mにわたって伸びる「遊具の道」。チューブ状のパイプコイル遊具は、4つのユニットで構成でき（1ユニットの長さ1・8m）、中でも三叉型のユニットが、この遊具を特徴づけている。平面的に亀甲型プランをつくり、進んでいくルートに変化ももたせた。遊具全体のプランに8ヵ月を要すなど、かなり念入りに計画した。

この遊具のコンセプトは、3つのC、チャレンジ（Challenge）、クリエーション（Creation）、コミュニティ（Community）。国内のメディアはもとより、イタリアやドイ

パイプコイル遊具や滑り台で構成した遊具の原点

ツの本でも紹介され話題となった。

　また、モデル遊園ができた十数年後に、フランスのミッテラン大統領（当時）の肝いりでオープンしたラ・ヴィレット公園を見学に行ったとき、ドラゴンという遊具があって、それが「遊具の道」とそっくりなのには驚いた。ラ・ヴィレット公園は国際コンペでベルナール・チュミが設計したが、遊具は他のランドスケープデザイナーが設計したと言われている。明らかに引用されたのではないかと思っている。ある意味、名誉なことではあるのだが……。

　私は遊具を、こどもの発達のために、つくっている。体力も、感覚も、しっかり育てるために環境が存在しているのだからと考えている。あそびたくなる空間、要素が大事だ。なぜなら、こどもは、いつだってあそびの天才なのだ。道ばたの丸太だろうが、部屋の椅子や机だろうが、それを遊具としてすべてのエネルギーを発散させながら、楽しげに、しかも真剣にあそび、色々と学び、新しいあそび方を生み出していく。遊具というのはこどもたちがあそんで、はじめて遊具になる。

また、挑戦的な遊具であればあるほど、それを征服した時の喜びは大きい。こどもはその喜びを嚙みしめたときに、次の挑戦に応じ、その場から離れることを忘れてしまう。そういった意味でモデル遊園は、こどもの挑戦心と冒険心を思いきりかきたてる場所となったと思っている。

遊具になりやすい空間装置が大事なのだ。私は、それをデザインされた遊具と定義している。今、私の遊具のデザインの傾向は当時と比べて変わってきているが、これからも集団であそべて、こどもにとって思い出に残る巨大遊具をつくりたい。いつか最強のあそび場である「砂場」を超える遊具をつくれると信じている。

日本大学芸術学部での遊具づくり

１９７４年から、私は日本大学芸術学部（日芸）住環境デザインコース（当時）の講師を務め、毎週土曜日にキャンパスのある東京都練馬区の江古田に通った。10年間、「こどものための遊具」を題材としてデザインを教えた。この10年間の経験が、私にとって遊環構造というこどものあそびやすい空間の構造を考えるうえで、とても大きなものとなっている。

日芸住環境デザインコースの学生は1学年20名ほどである。2年生前期から夏休みにかけて、非常勤講師としてデザインを教えた。日芸は工房が充実している。「こどものための遊具」という課題は、グループ設計で、1グループ4～5人、したがって4～5グループできる。単にデザイン画を描くだけでなく、工房を使って実際に遊具をつくる。2mの立方体を基準とした大きさで、材料は自由。材料費は1グループに対して4万～5万円の提供を学校にお願いした。学生には「それ以上かかった分は自腹を切れ」と命じているため、彼らなりにただでもらえるものをいろいろ集めたりと工夫する。遊具を完成させると、それを幼稚園や保育園に持っていき、実際に園児にあそんでもらう。幼稚園教諭、保育士さんたちから「こんな危険な遊具」と言われたり、「とてもおもしろい」と評価をされたりするが、なんといってもこどもの評価はシビアだ。人気のある遊具とない遊具が明白に分かれる。ユーザーであるこどもがまさに真の評価者なのである。

このデザインプログラムでは、デザインの形だけでなく、素材、安全性、寸法の的確性が検証されるが、何よりもこどもという顧客の評価は、使って楽しいのか、おもしろいのかというところが明確である。形だけではだめで、その構成等、さまざまな要素が遊具として魅力的かどうかを決定してしまう。そこのところがおもしろい。デザインは形にとら

みんなで遊べる遊具がこどもに人気（日大での研究）

われがちだが、そうではない。こどもがどのような形で、どうあそんでいるか、観察調査に基づいたグループは、形だけのグループよりも多くの成果を遂げる。素材も重要、作成費用も重要、さまざまなデザインに関わって考えねばならないことを、小さな遊具のデザインを通して学生が学ぶことができる。今も私の弟子、桑原淳司教授によって日芸では、このプログラムが継承されている。

50もの遊具を10年間でつくったが、なぜ人気のある遊具とない遊具があるのか、それを分析してみると、当然のことだが、みんなであそべる遊具が人気が高いことがわかった。

すべり台は滑るという行為をする遊具である。2歳頃には何回も滑って滑り方を学習する。この段階を私は〝機能的段階〟と呼んでいる。3歳ごろになると立って滑ったり、友だちと連結して滑ったり、頭から滑ったりと、いろいろな滑り方を工夫する。これは〝技術的段階〟と呼んでいる。4歳頃になると、その滑るという行為自体はそれほど重要でなく、みんなであそぶ遊具としての使われ方になる。「○○

ごっこ」の舞台というわけで、これを〝社会的段階〟と呼んでいる。

多くの遊具を調査すると、この社会的段階になりやすい遊具が人気が高い遊具となる可能性をもっていることがわかってきた。そこでこの社会的段階でのさまざまな遊具でのあそびと空間との関係を整理したのが、遊環構造という理論を生み出した仮説なのである。

こどものあそび環境の4つの要素

第一次オイルショックや、田中角栄内閣の総需要抑制策により、1973年から徐々に、仕事が減っていった。今思い返しても、本当に大変な時代であった。手掛けていた仕事が次々にキャンセルや延期になった。環境デザイン研究所も15人前後のスタッフを抱えていたので、大変だった。まだ若く、事務所としての蓄えもなく、存続の危機だった。環境デザイン研究所には創立後四十数年のうち大きく3回ほどの危機が訪れたが、このときが最初で最大の危機だったといえる。自分の給料はなくてもいいが、どうやってみんなに給料を払っていくか、懸命だった。

20代後半、日本児童学会で講演したときに、宮城県中央児童館モデル遊園等を紹介したが、ある先生から「あなたの遊具はこどもをあそばせているが、同時にあそびを規制しているのではないか」と問われ、それに全く反論ができなかった。そのことを契機にこどものあそびの研究をしようと思い立ち、こどものあそび環境について自主研究を始めた。

菊竹事務所勤務時代、「こどもの国」に関わったことで、あそび環境がすごく変わってきたと感じていたので、まずその変化を明らかにしたいと思っていた。また、あそび環境とはどういうものなのか。あそび場だけで良いのか。今まであそび場の調査は造園学者等によって行われてきたが、あそび環境というものを考えると、あそび場、すなわち空間だけでは十分でなく、あそび時間、あそび仲間も大切だとわかってきた。研究をすすめていくと、もう一つ、あそびの方法がとても重要なことに気がついた。すなわちあそび環境とは、空間、時間、コミュニティ、方法という4つの要素を考える必要があると思い始めた。そして、こどもの成育環境について提案する設計事務所として、研究を独自のノウハウとして構築しておきたいという狙いもあった。

当初は、横浜の小学校4〜5年生が実際にどういうところでどういうあそびをしているかという調査研究を行った。こどもたちのあそびの生活空間を、自然スペース、オープンスペース、道スペース、アナーキースペース、アジトスペース、遊具スペースという6つの原空間に分類し、その空間量や、家からその空間までの距離などを直接インタビューし、地図上で確認した。

あわせて、その地域に住んでいる父親世代にもヒアリング調査をし、親の世代とこどもの世代を比較調査。そして、どれほどこどものあそび環境が変化してきたのかを論文としてまとめた。

そしてこれを、日本建築学会大会の論文「児童のあそび環境の研究」として発表した。

しかし、調査研究をするにも先立つものが必要だ。そして私は、朝日新聞に掲載されていたトヨタ財団の研究助成プログラムの広告を偶然見つけた。すぐに、これに応募することを決めた。

全国調査でわかった「あそべないこども」

結果、このときの研究が、事務所の危機を救ってくれた。建築学会に出した一編の論文と、研究計画をセットにして応募。そうしたら運よく通って、3年間で780万円の助成を受けることができた。今だと、10倍くらいの金額になると思う。スタッフ全員で研究をしながら、事務所の危機を乗り切ることができたというわけだ。

この時、トヨタ財団の研究助成を受けたのは20団体。うち、環境デザイン研究所は唯一の民間研究団体である。他はすべて大学の研究室だった。林雄二郎さんという著名な理系のエコノミストが、「この研究は面白い」と引っ張ってくれたことが大きな助けとなったと聞いている。もし〝環境デザイン研究所〟ではなく、〝仙田満設計事務所〟のような名前だったら、助成をうけることはできなかったであろう。〝環境デザイン研究所〟というあいまいな名前によって助けられた。

トヨタ財団の助成を受け、同じ方法で、南は沖縄から北は北海道まで全国39ヵ所の小学校区を調査した。1973年から1977年頃まで4年ほどかかった。その後も、横浜では1981年、1985年、藤沢で1986年、名古屋で1988年と継続的に調査をしている。調査の方法を少しずつ改善し、その方法も多様化させていった。大人に対して、こどもの頃どういうところで、どのようなあそびをしたかという、あそびの原風景の調査もこの頃始めた。そして日芸の学生と一緒につくった遊具におけるあそびの行動研究も同時並行的に行った。そして、1988年からは、アメリカ、台湾、韓国、中国、ドイツ、カナダと国際的な比較調査を始めた。

1980年代はじめころから、国内の調査では町でこどもたちに直接インタビューすることがなかなか困難になってきた。調査員は私の研究所のスタッフやこどものあそびに関心を持つ学生などであるが、きわめて調査の効率が悪くなってきた。こどもたちの姿が見えないのである。小学校高学年を探すのだが、見つけることが困難になり、また、こどもたちに直接インタビューすると、不審者と思われるのだ。そこで、1981年ころから小学校に協力をもとめ、学校でインタビュー調査をする方法に変えざるを得なくなった。

塾や習い事で、あそぶ時間が減り、少子化で仲間が減り、ファミコンやネットの普及でこどもたちは外よりも内にこもるようになった。加えて都市化により、外あそびができる空間自体も激減してきた。

こどものあそびの時間と空間の再構築の方法を、私たち大人が真剣に考え、すぐに実行しなければならない。そのことを社会に知らせることの重要性を認識し始めた。

研究に基づくデザイン

母校・東京工業大学の石原舜介教授から「こどものあそび環境の研究を学位論文にしなさい」とすすめられた。それから、事務所の仕事を抱えながら、学位論文に臨み、1982年、東京工業大学から工学博士を授与された。タイトルは「こどものあそび環境の構造に関する研究」である。最初の学会大会論文集への投稿から7年かかった。

この頃は、毎日デザイン賞を受賞したのをきっかけに、西武グループをはじめとする商業施設の環境デザインを手がけるようになり、仕事、領域も広がってけっこう忙しかった。それに、私は大学院には行っていないので、論文の書き方などよくわからない。大学院を修了している事務所のスタッフに「これでいいかな?」と聞いたりしながらまとめていった。論文博士を目指して、審査論文は日本建築学会、日本造園学会、日本都市計画学会、日本小児保健協会等、合計7本ぐらい書いた。

自己流で何とか学位論文を仕上げたのは42歳の時。研究を始めてから10年近くの年月を費やすこととなったが、この間の試行錯誤や様々な仮説が私に予想以上のものを与えてくれた。

それまで日芸で10年、早稲田大学で3年、非常勤講師として働いてきたが、常勤として声がかかった。「沖縄の大学に行かないか」という誘いである。沖縄は30代初めに県立少年自然の家を設計させていただいた恩がある地だ。「2年間ならばがんばります」といって、琉球大学の教授を引き受けた。結局3年間、東京と沖縄を往復する生活をした。教授になるとそれなりに時間は取られるし、琉球大学の頃は、3年間毎週通って、給料のほとんどは飛行機代に消えていった。私は頼まれれば原則として何でも引き受けてしまうのだ。

その後、「沖縄まで行っていたんだから、名古屋なんてもっと近い」と名古屋工業大学の教授で東京工業大学の助手時代、私をかってくれていた歴史家の内藤昌《あきら》教授から言われ、名古屋工業大学教授を5年務め、「これで最後」と思っていたら、内藤教授が東京工業大学の教授になり、「お前も来い」と言われ、東京工業大学に行くことになってしまった。この時、建築家だけの生活はあきらめようと決めた。１９９２年、東京工業大学の建築学科教授に着任したとき、私は52歳になっていた。

しかし、新しいことを引き受けると「考える」きっかけになるし、研究テーマを決めて学生たちと一緒に取り組むことはとても楽しかった。私自身、大学で教えることを通じて、こどもの領域だけでなく、環境デザインという研究分野をさまざま広げることができたのは、とてもよかったと思っている。

私は、研究と設計は同じだと考えていて、それは仮説を立ててそれを証明していくという両輪の関係だ。学生や若い建築家にいつも「研究に基づくデザイン」を大切にしてほしい、その両方の分野に挑戦してほしいと言っている。私の研究室では「ドクターアーキテクトを目指せ」と貼り紙を出していた。

3　沖縄県立石川少年自然の家（1975年／沖縄県うるま市）

沖縄本島石川岳の麓につくられた、200人収容の、こどものための自然体験宿泊施設。大屋根を中心に4つに分割された宿泊棟により構成されたポーラスな建築である。空中にブリッジが走り、中央の円形広場とともにこどもたちの交流の装置の役割を果たしている。宿泊棟のコンクリートの外壁の厚さは50㎝あり、沖縄らしい影を生むハナブロックの建築が追求された。

食堂の環境が重要だ

私が最初に手がけた少年自然の家は山梨県甲府市にある。1973年、「愛宕山《あたごやま》こどもの国」という40ha余りの園地の中にオープンした「愛宕山少年自然の家」だ。これも伴典次郎さんの推薦で、山梨県児童家庭課の楡井俊一さんが私のことを推してくれ基本設計を担当した。設計を始めたのは29歳のとき。しかし、その当時の山梨県知事が、「仙田君はまだ若すぎる」と。それで実施設計は、パートナーシップにより運営される日本の組織系建築設計事務所の草分け、松田平田設計という大きな事務所が担当することになった。

愛宕山少年自然の家

そうしたら、松田平田の担当者として、後に副社長になる松原忠策《ちゅうさく》さんというスタッフが、「仙田君、実施設計も一緒にやろう」と言ってくれた。

甲府市を見下ろす山の斜面に沿いながら、頂点が空中に飛び出すような建築構成。自然との一体感、演劇的な空間づくりは、満足するかたちとなった。

その後、「愛宕山少年自然の家」の建築を見た横浜市から声がかかり、群馬県の赤城山の麓にある、「横浜市少年自然の家赤城林間学園」の基本計画から実施設計まで、すべてを任せてもらうことになる。

最初に考えたのは、赤城山の麓に点在する古民家のような建築だった。

まずは、アトリウム型の大空間をメインスペースとし、構造的な表現を施した。そして、トップサイドライトでしっかり外光を取り込み、運動やあそび、集会、イベントができる室内広場を中心に据えた。

赤城林間学園室内広場

そのメインスペースを取り囲むように、宿泊室や食堂などがレイアウトされ、回遊型の廊下や階段も設置している。遊環構造の理論はまだ確立していなかったが、それなりの原型となったことが私としても思い出深い。

少年自然の家は、いわば交流の施設である。宿泊室一室の定員を8人にするか、12人にするか、すごく議論した記憶がある。結果的には、宿泊者が少ないときでも、さびし

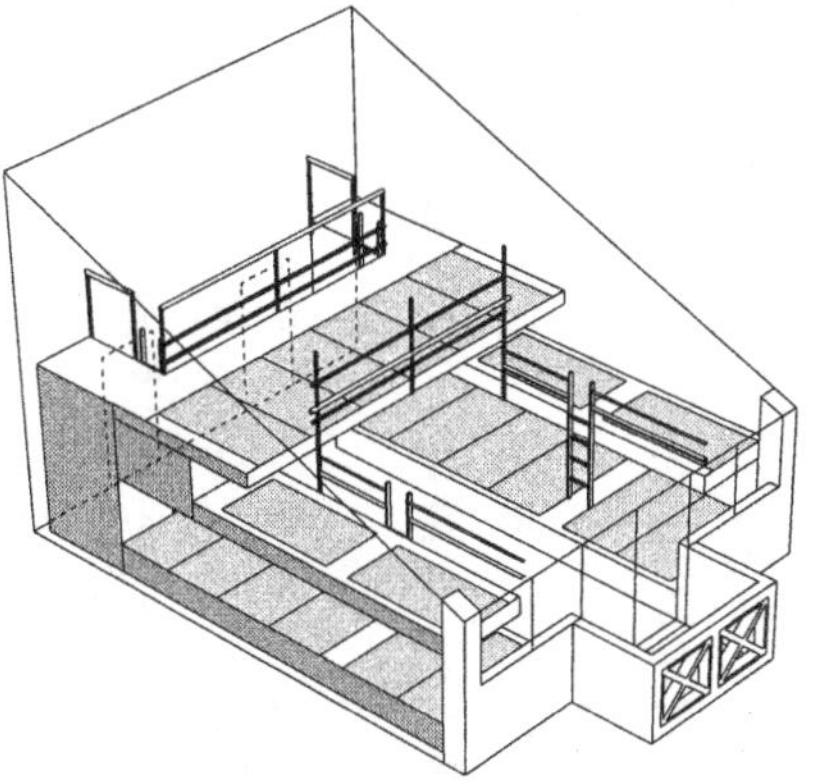

横浜市少年自然の家の宿泊室。こどもたち20人が楽しく過ごせるベッドの配置を考え抜いた

さを感じないで、多様な人数に対応できる居心地のよい居室デザインが目指された。そして一室の定員を20人とした。勾配屋根に沿って3つのベッドのレベルを考えた。一番低いところは10人、真ん中の通路をはさんで5人ずつのベッドが並ぶ。その上にそれぞれ2人用のベッドが横に、さらに2階レベルに6人がベッドを並べられる。そしてそれが全体に回遊できるよう、一室が遊環構造になっている。室の宿泊者が多くても少なくても会話がはずむ空間をつくろうとした。

共同体験を促進する施設にとって大切なのは、やはり集まりやすいということ。宿泊室も遊環構造として楽しく集まりやすくした。しかし集まる空間の中で最も重要なのは、やはり食堂だ。大勢で食べる食事はおいしいし、楽しい。少年自然の家でなくても、保育園、幼稚園でも、あるいは住宅でもそうだが、私はダイニングの充実を常に考えている。だから、食堂の位置は建物の中で一番眺望がよい場所に設置するようにしている。食は命の基本。食べる、寝る、出す。もちろん、トイレの充実も重要な要素である。

１９７８年にオープンした「横浜市少年自然の家赤城林間学園」は、交流の装置としても、遊環構造の仮説を形にした作業であったと思う。

横浜市民は、非常に高い利用率で、ここを訪れてくれているという。その証拠に、受け入れ人数を増やすための、増築を行っている。この増築は残念ながら私の設計ではなく、菊竹事務所の先輩である内井昭蔵さんの仕事であった。

35年ぶりに環境デザイン研究所の研修旅行で訪れた。20人の宿泊室も、中央のホールも有効に使われていて、感激した。

自然と地域をしっかり読み込んだ建築

愛宕山と赤城山の少年自然の家の間の時期に携わった仕事が、「沖縄県立石川少年自然の家」である。オイルショックで仕事が減り始める頃だった思う。一つでも仕事を獲得するために、東京工業大学の卒業生名簿を調べていたとき、その名簿の中に、沖縄県庁の教育施設課長を務めている先輩を見つけた。

その先輩、城間勇吉さんに、自分の仕事をまとめたポートフォリオをお送りしたら、

「県内に初めてつくる少年自然の家の設計をやってみないか?」というお話をいただくことになった。

私はそれまで一度も沖縄県に足を運んだことがなく、まったく縁はなかった。そのため、何度も現地を視察し、沖縄らしい建築をつくるにはどうすればいいか、一生懸命考えた。

行くたびにとにかく歩き回った。沖縄は魅力的な場所である。自然も町も、とりわけ沖縄の太陽はすごい。ガジュマルという木は、1本で密林を形成する。赤瓦の民家は美しい。東京のこどもたちが失ってしまったオープンスペース、アナーキースペースが、ここにはまだまだあった。

この少年自然の家は、沖縄本島の中央、石川岳の中腹に立つ。暑い沖縄だからして、風通しのよい建物をつくりたい。結果、行き着いたのが大きな屋根をつくり、大きな日陰をつくるというアイディアだった。大屋根が呼び込む風と、大屋根がつくる日陰。まさにオアシスである。特に大きな日陰がこの建物のロビーであり、中央広場である。水があり、階段があり、縁台があり、橋がある。すべての生活がこの大きな日陰を中心に動いていく。これを建築の中心テーマに据え、設計を進めていった。

ただし、予算がかなり限られていた。だから、全体的にシンプルなデザインに徹してい

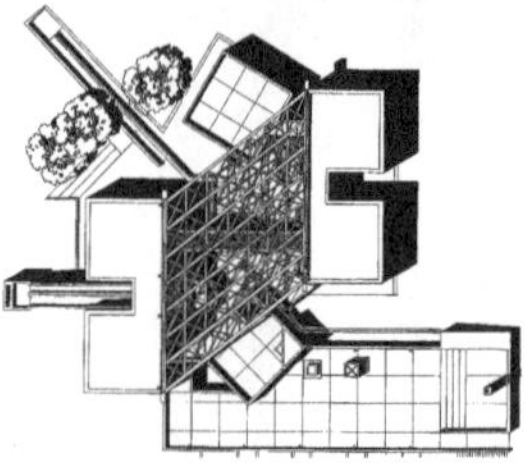

上：沖縄らしい風景に溶け込んだ大屋根がこどもたちが集まる日陰を作る
中：宿泊棟に囲まれた風通しのいい中央広場。空中ブリッジも印象的
下：4つの宿泊棟で構成されたポーラスな建築

る。細かな仕上げがほとんどない。天井も張っていない。建物部分はすべてコンクリート打ち放しである。断熱をしっかりするために、外壁のコンクリート壁の厚さは50㎝としている。

米軍の技術を長く習得してきたからだと思うのだが、沖縄の職人はコンクリート打ち放しの建築がとても上手で、かつ仕事も早かった。予算とスケジュールも守ることができたのは、彼らの力によるところも大きい。

大屋根の下には、メインホールとなるコロシアム型の広場を設置。4つに分割したポーラス構造の宿泊棟には、沖縄特有の、ほどよく日光を遮る目隠しとなりながら、涼やかな風を通してくれる才色兼備の建材「ハナブロック」を多用した。

左右に分かれた宿泊棟を格子状の赤い大きなブリッジでつなげ、行き来が楽しめるようにしている。格子状のブリッジは下の広場が透けて見えるため、スリリングな気分を与えている。遊環構造のめまいの体験が味わえる。

ほかにも、宿泊棟の外階段はスロープ状とし、ここの欄干にも赤のアクセントをつけた。ちなみに、これらの赤は、民家に使われる赤瓦、沖縄の県花であるデイゴの花をモチーフとしている。

1975年、沖縄国際海洋博覧会開催と同じ年に、「沖縄県立石川少年自然の家」は産声を上げた。しかし残念ながら、今、この建築物はなくなろうとしている。老朽化が進行しているのだ。沖縄は潮風も強く、建物の劣化が速いのかもしれない。

自然と地域をどう読み解くか――そこをしっかり考えた、最初の建築だったと思っている。石川少年自然の家の恩返しのつもりで、琉球大学で教授をすることになった。嬉しいことに、今沖縄県内で建築家として活躍しているその時代の教え子たちが多い。

こどもの自然体験の場のデザインは私の重要なテーマとなり、その後、茨城県、兵庫県、秋田市等で自然学校を設計することとなった。

4 西武春日井ショッピングセンター（1977年／愛知県春日井市）

1977年6月に、西友ストアー「春日井西武」店を核店舗とした、郊外型・大規模ショッピングセンター「西武春日井ショッピングセンター」が誕生。当時、国内では珍しい、アメリカ型のショッピングセンターの開業だった。大きな倉庫のような核店舗のまわりに、遊具のある小さな公園、ファストフードショップなど小さな店やあそび場を配置し、駐車場との間にまち並み的なにぎわいをつくり出した。日陰をもたらすキャノピーなどを大きな店舗に張り付けたことで、暑い夏でも快適さを演出。また、倉庫的な建築壁面の圧迫感を消し、来店客を入店しやすくしている。1992年6月5日の増床を機に「ザ・モール春日井」と名称を刷新し、現在も営業を続けている（ザ・モールブランドとして最初の店舗）。

堤清二さんからの指名

西武流通グループ代表、セゾングループ代表などを歴任した堤清二さん。数々の佳作を残した詩人、小説家としてのもう一つのお名前は辻井喬《たかし》である。そんなビジネスと文化芸術の道を極めた尊敬する人物から私に声がかかったのは、1975年頃のことである。

その当時、独立して7～8年が経過していた。前に紹介した「野中保育園」や、「沖縄県立石川少年自然の家」など、こどもの施設、遊具の設計を手がけ、それらが幸いにも施主からも利用者からも好評となり、様々な建築・デザイン関連メディアに何度も取り上げられ始めたタイミングであった。

1975年、私の作品が、『JAPAN INTERIOR DESIGN』という当時人気を博していた雑誌で、安藤忠雄さんの住宅作品と一緒に特集された。野中保育園や石川少年自然の家などに加え、これまた当時大人気だった「ひらけ！　ポンキッキ」という幼児向けテレビ番組の舞台セットも設計依頼され、掲載されていた。私は今以上に、幅広い範囲のデザインを手がけていた。

この雑誌の編集長はデザイン業界では誰もが知る森山和彦さんで、インテリアデザインの分野で世界的に傑出した数々の仕事を残したデザイナー・倉俣史朗さんが「ぜひ、仙田満の仕事をみてほしい」と彼に推挙してくれた。そんなプロセスを経て掲載された『JAPAN INTERIOR DESIGN』の記事を、堤さんが目に留めてくれたのだと思う。もうかなり昔の話であるから、なぜ、堤さんと、また、なぜ西武の仕事をすることになったのか、実は前後の詳細は定かではない。

ただ、文化芸術を愛する堤さんは、流通革命を主張していた。流通革命とは立地の革命であり、規模の拡大はマネジメントの質の革命であり、販売方式の革命であり、何よりも経営者の意識の革命であるという考えから、新しい情報発信や文化の創造という文化戦略の中、当時、第一線で活躍していたデザイナーを自分で選んで仕事を依頼していた。たとえば、商業施設は圓堂政嘉《えんどうまさよし》さんやスーパーポテトの杉本貴志さん、インテリアは倉俣史朗さん、照明デザインは石井幹子《もとこ》さん、グラフィックは田中一光《いっこう》さんなどなど、超一流のデザイナーに、自分がつくりたいもののコンセプトを伝え、制作させていたのだ。

そんな堤さんから、「君にお願いしたい仕事がある」という話を直接持ちかけられたことは、正直とても光栄に思えたし、嬉しかった。ちなみに私は、このときにほとんど初めて商業施設の仕事を手がけることとなる。

顧客も経営者も満足させた元祖「日本型ショッピングセンター」

私がショッピングセンターの計画に参加した最初のプロジェクトであり、また、当時、過去最大規模のプロジェクトでもあった。面積は6ha、2000台の駐車場をもつ、西武が初めて手がけるアメリカ型ショッピングセンターである。核となる施設は、村野藤吾さん門下の圓堂政嘉さんの設計で、私は駐車場計画を含めた周辺のテイクアウトショップ、こどものあそび場など、環境計画を担当した。

圓堂さんは、「商業施設のストアーはもともとストレージ、倉庫という意味なのだ」と言い、「核となる施設は倉庫のようなものでよいのだ」という信念で、シンプルな平面と立面をもった大変機能的な建築を設計されていた。しかし、周囲にはまだ多くの自然や住宅が残っていたエリアだったこともあり、私は巨大な倉庫的なものでは、周辺環境と連続しないのではないか、必ずしもお客が入りやすくないのではないかと考えた。そこで、核店舗の周辺に小さなスピンアウトされたペットショップやドーナツショップをばらまくことで、周辺エリアと連続し、お客が近づきやすく、入りやすい環境計画を提案した。

それを堤さんが「面白い」と受け入れてくれたこともあり、私の提案が実現することになる。今でも日本の多くのショッピングセンターは、このときと同じような環境計画を採用しているようだ。その先駆けとなる、日本的ショッピングセンターの型を提案できたのではないかと思っている。

当時私は、アメリカ型のショッピングセンターを西武がつくるというのに、アメリカのショッピングセンターを一度も視察していない。閉所恐怖症なので、アメリカまで飛行機で行くなんてとんでもないと思っていた。日本でのアメリカ型ショッピングセンターのはしりといわれるところを見学するだけにしてしまった。アメリカ型のショッピングセンターは圓堂さんが言っていたように、内部空間重視の箱のような建物が巨大な駐車場に囲まれているものが多いと感じた。私はそれに違和感をもった。本場アメリカのショッピングセンターを見学しなかったことで、ある意味で春日井西武が成功する提案をできたのかもしれない。

核店舗を取り囲む小さな店々がこのショッピングセンターのにぎわいと楽しさの演出を担うことが期待され、核店舗周囲25ｍのゾーンがそれらを設置する敷地として計画された。来店客があちこちに寄り道して、楽しみながら希望の買い物ができ、さらに歩き疲れたら憩うことができる環境を形成しなくてはならない。そのため、駐車場から核店舗まで続く小さな店（スピンアウトショップ）の距離、店と店との距離、位置、ベンチやテーブルの設置数など、数多くの課題を一つずつ検証しながら解決していった。

2000台の駐車場計画も大変だった。しかしこれも、私にとっては大きなチャレンジであった。駐車場が広すぎて、来店客は自分の車がどこにあるかわからなくなる恐れがある。商業施設の駐車場は早く入れて、早く出せることがカギだ。もたもた時間がかかっては、お客の購買意欲を減じてしまう。どうしたら視認しやすくできるか。そこで、まずはわかりやすいサインをつくり、200台くらいの島で区切って、ブロック化した。今ならそれは当然と思われるかもしれないが、前例がなかった当時としては、とても画期的な駐車場計画だったのだ。

開業時の西武春日井SCのスピンアウトショップゾーン

オープン当日、当時の西友の常務から「駐車場計画の失敗だ！　来店客が3・5回転しかしていない」というクレームが届いた。駐車場の警備員の誘導がうまくいかず、スムーズに出入りの誘導ができていなかったのだ。

そこで、私は「自分が警備員さんを指揮してみます」

と店舗の屋上からレシーバーを持ち、警備員にサインを送ることにした。
そうしたら5・5回転になった。その効果に驚いた常務から「仙田さん、もう一日やってみてほしい」とお願いされ、同じようにやってみたら、3日目はなんと7回転にまで、回転率がアップした。

車で敷地に入るのも短時間で、車を見つけて出ていくのも短時間。私は、その実現を目指し、さまざまなケースを調べ、この場所に最適な独自のアイディアを加味してこの駐車場計画をつくった。計画だけではなく、ブロック化とサインの実効果を自ら実証して見せたというわけだ。なんといっても成功させたかった。結果はついてきてくれた。この春日井西武でのさまざまな環境計画の考え方は1985年つかしん西武「生活遊園地」として生かされた。2006年にリニューアルし、現在は「グンゼタウンセンターつかしん」として引き継がれている。

プログラムづくりも建築家の責任

西武春日井ショッピングセンターでは、増築、改築が次々に行われ、サーカス等の屋内イベントができるテント小屋等もつくられた。

あれからすでに40年近くの歳月が流れ、その間に多くの増築改築がなされているが、今もこの場所は、竣工当時のマスタープラン、環境計画に基づいて運営されている。今もって、西武グループで最も集客効率、利益率の高い店になっていると聞く。

建築家は、クライアントあっての存在であるが、ただ単にいわれた通りのものをつくるのではいけない。そこはどんな場所で、どんな人が使い、感動を覚え、また来たくなるか、そのためにプログラムを考え、建築をデザインすることが大事なのだ。すべてではないが、プログラムづくりも建築家が担うべき責任なのではないだろうか。

商業計画は、文化施設の計画に比べると、時間もコストもかなりシビアである。それは当然、商業的な投資をかけているからだ。特に流通関連の仕事は工程も複雑で短く大変だ。クライアントとのお付き合いも重要で、昼は打ち合わせ、夜は酒を飲みながらのミーティングも多い。私はあまり飲めないクチなのでそれも大変だった。そういった意味で、商業施設のデザイン設計は建築家を、設計者としても、人間としてもたくましくさせるように思う。この仕事を終えた年に毎日デザイン賞を受賞した。推薦してくれたのは西武春日井ショッピングセンターを一緒にやった石井幹子さんだ。磯崎新さん、田中一光さんが審査員だった。前年はファッションデザイナーの三宅一生さんが受賞していた。デザイナーであれば誰もが目標とする賞である。「こどものあそび環境のデザイン」をデザイン領域として認めていただいたことがうれしかった。

43歳の時、琉球大学の教授として誘われたのを機に、徐々に商業施設の計画の仕事から遠のいていった。しかし、年齢的に30代後半から40代前半まで、西武の仕事に参加できたことは、私の建築家人生にとってもとても大きなことだった。建築や環境デザインによって多くの人を集めるためにはどうしたら良いか、その意識に強く目覚めさせてくれたのは、1970年代後半から、1980年代にかけて、数多くの西武関係の店舗環境やレジャー施設・ショッピングセンターに関わったからである。堤さんとの仕事が、そのことを私に教えてくれた。

5　浜松科学館（1986年／静岡県浜松市）

浜松市児童会館に替わる施設として、1986年5月1日にオープン。主にこどもが科学に親しむことに主眼をおいている施設で、銀色のシリンダーと色とりどりの原色で塗られた設備配管が突き出した建物外観が特徴的な建築物である。また、建物正面上部の円筒部には、太陽光線の加減によりアインシュタインなどの顔が浮き上がる。スズキ、本田技研工業、河合楽器製作所、ヤマハ、浜松ホトニクスなどの地元企業からの寄付により、さまざまな実物や教育用に制作された機器類が展示されている。自然・宇宙・光・力・音・電気などのテーマ別に展示されるほか、テーマごとにコンピュータ端末が置かれ、クイズやゲームが楽しめる、体験型の科学館である。

非常識と攻撃性

１９８０年、秋田県秋田市に、私が設計した秋田県児童会館がオープンした。「こどもの町」をコンセプトに、創造・あそび・運動・演劇・音楽・実験などさまざまな体験が立体的にできる施設となっている。その一角に、アメリカのハンズオン「チルドレンズ・ミュージアム」のコンセプトを参考にした我が国で初めての体験型「こども博物館」ができ、当時、とても話題となった。

この児童会館の評判を聞いた横浜市から声がかかった。そして、横浜こども科学館の設計をお手伝いすることとなる。この時の私の役割は基本構想の立案者で、それに続く基本設計者であった。

新しいアイディアをさまざま提案したが、まず、傾斜型のプラネタリウムを日本で最初に導入した。普通に星だけを見るのではなくて、こどもたちがスペースシップに乗って、広がる宇宙を旅しているような、また、宇宙劇場のような空間をつくりたいと考えたの

秋田県児童会館こども博物館は初の体験型博物館

だ。カナダで開発されたオムニマックスというシステムの導入と、それを宇宙劇場として仕立てる提案であった。

それともう一つの提案は、いろいろな機械室などをすべて、見えるようにしたこと。実は建築も、船や飛行機と同じように、多くのエネルギーによって成立している。通常の建築では天井裏や地下室等にほとんど隠されている。それを建築も多くのエネルギーを使っている機械、マシーンなのだと理解させることも、私の新たな提案の一つであった。

また、こだわったのは展示物の設計だ。建築だけではなく、宇宙なり科学なりをこどもたちにどう伝えるかということを実現したかったのだ。そして全体の建築から展示まで、全部やらせてほしいと横浜市にお願いした結果、展示物の設計も任せてもらえることになった。しかし、私があるサイエンスディレクターを招聘したことが裏目に出てしまう。

その人は、科学に強く、映像アーティストでもあり、映像を中心としたディレクションを任せたのだが、ほかの展示物に関しても自分のこだわりを主張してくる。とにかく私以外のメンバーの悪口ばかりいう。全体のチームワークが乱されるのだ。

そのため、「映像部分だけに専念してほしい」と強く伝えたが、それが気に入らなかったのだろう。市の臨時の科学担当職員募集に応募し、彼は途中から、施主側の立場に立つことになる。そして、今度は私が受注者から外されることになってしまった。多くの展示テーマの委員会を立ち上げ、設計はほぼ完成に近かったが、3分の1の成果しか認められなかった。設計料もそれなりに大きかったから、3分の1の支払いしか受けられないことになってしまい、外注費などを交渉もしたが、大きな赤字を抱えてしまった。これが第2の事務所の危機だった。結果的に、私は提案した展示物を最後までデザイン監修することができず、悔いが残る仕事となった。

環境デザインとは多くのデザイナーの協働によってつくられると信じて、多くのプロジェクトを多くのデザイナーと一緒にやってきた。チームワークが大事だ。もちろん、同質の人だけよりも、時に異質な人がいると面白い。常識的な人のチームワークはたかが知れている。非常識な考えをする人がいることは重要だと、今までの経験でもわかっていた。しかし、攻撃的な人が入ったチームは機能しないことを、このとき、思い知らされた。創造的な仕事をするためには、少なくともチームの構成員がお互いにリスペクトし、敬意をもっていなければだめだ。そのことを招聘する者として十分に確認しておくべきだった。そのサイエンスディレクターは大阪万博の時に一緒に仕事をした。その時も、他のデザイナーの悪口を言い続け、干されてしまった。その後、アメリカに行き、苦労したと聞いていたが、帰国してからサイエンスライターとして有名雑誌に記事を書いていた。それを見て、一度会ったら、前に比べ人間的にも成長したと感じたのが、見込み違いであった。人はなかなか変われないものだということを学んだ経験となった。

「やらまいか精神」を継承する

しかし、今度は浜松市役所の担当者が、横浜こども科学館の面白さを高く評価してくれた。そして、私は浜松科学館の計画を任されることになり、横浜でできなかったことを、すべてここで実現しようと決意した。

浜松市はご存じのとおり、ヤマハ、本田技研工業、河合楽器製作所、スズキなど、オートバイメーカー、自動車メーカー、楽器メーカーのホームタウンだ。あの場所から、戦後の日本を代表する大企業が生まれていったわけなのだが、それには理由があるはずだ。

静岡県西遠地区には、「やってみようじゃないか」という意味を持つ「やらまいか」という言葉があるのだが、そんなチャレンジ精神、実験精神がある風土なのだ。それが、浜松という地域で、多くの産業が起き、育った原因ではないかと考えた。

地理的な条件をいろいろ調べていくと、浜松には、天竜川という大きな川が流れ、その上流には木曽の山林資源がある。明治以降、諏訪で織機産業が起こった。天竜川と木材資源と木工技術。その織機の木工技術が天竜川の流れによって浜松に届けられ、二つに分かれて、一つはオートバイ・自動車へ、もう一つが楽器へと進化していく。そうやって自動車と楽器という産業が、この地で始まっていったのだろう。

ものづくりには、自然環境、そしてその地で触発された職人や技術者たちの努力が継承されている。地域の自然から、都市から、宇宙までといったフィジカルな領域と、浜松の場合には、やはり車という力学。機械工学的な部分と、音。また、浜松ホトニクスが研究している光。そういった、地元の人たちにもなじみが深く身近な科学をテーマとしていく、地場産業とその地域のポテンシャルとをクロスしたかたちの、こども科学館をつくるという構想が固まった。

遊環構造をふんだんに

私はこどものあそびやすい空間の構造の結論として、遊環構造理論を意識し、初めてここに応用しようと決めた。この約7000㎡の延べ面積をもつ科学館に、遊環構造をできるだけ完全なかたちで適応させることを試みた。

中央のプラネタリウムの下の円形基壇を中心として、トップライトのある吹き抜け、そしてそれを取り巻く展示室、中央の基壇と周囲の展示室は、いくつかの遊具的な動線でつながれる。

この科学館は同心円状の構造になっている。1階部分に機械室、工作室、講座室、実験室、事務室、ホール、トイレ、売店、休憩室などがあり、すべて無料である。展示室は1階のフロアから1・2mほど下がり、中央の基壇の下部に入る。天井は低く閉鎖的な空間である。ここからが有料の展示スペースとなる。

階段下は自然の展示コーナーであり、浜松の自然を様々な角度から見せる。天竜川の石を集めてつくった階段を上がり、中央基壇の上に出る。宇宙のコーナーである。さらに階段からのブリッジで周囲の展示室に入る。展示室は光、力、音、エレクトロニクスという4つのコーナーに分節しているが、循環できる。

展示物はなるべく壁から引き離し、後ろ側を通れるようにしている。すなわちポーラスな空間を展示物でつくったのである。トイレも展示物と同じような考えから、壁から引き離し、循環動線の中に島状に配置している。

したがって、展示物を見る一定の順路はなく、こどもたちは自由に何回も動き回り体験することができる。そのたびに新しい空間や装置を見つけだす。私はこの内部空間を、巨大な遊具の構造と同じように考え、設計したのである。

プラネタリウムに行くには中央の円形階段かエレベーターを利用し、もう1階上がる。プラネタリウムは建物の最上部にあるが、新幹線が近くを通過する。その振動を劇場としてのプラネタリウムに影響させないために、ドーム型のプラネタリウムでなく、コンクリートで周りを固めた円筒型のデザインとした。

毎年20万人近くが来館する体験型科学館

横浜こども科学館の設計を担当して以降、私は建築そのものを一つの大きな科学展示物としてとらえることを考えていた。建築も現代の科学技術によって、組み立てられ、支えられていることを、こどもたちにわかりやすく見せる空間をつくり出そうとしてきた。だから、コンクリートの柱も、鉄筋とセメントと骨材によるコンクリートによって構成されているが、その構成をこどもたちに理解してもらうよう、ダミーの柱をつくり透明にすることを提案した。また、機械室やエレベーターや自動ドアの機構部をガラス張りにするなど、構造や機能がわかるよう中身をあらわにしている。建築の「見える化」である。

私がこのときに一番大切にしたテーマは、とにかく「やらまいか精神」をどうやってこ

上：円形の上部はプラネタリウム。新幹線の振動と音から守るように工夫
下：建物自体も内部もすべて科学展示物として融合、遊環構造でつなぐ

どもたちに伝えていくかということだ。その思いが、設計を通じて、しっかりとこの建築物に宿ったのだろう。市の教育委員会、科学館構想委員長となった浜松ホトニクス会長をはじめ、地元の知識人が「やらまいか精神」の継承というコンセプトとデザインを何よりも支持してくれたことも大きい。基本計画、基本設計と実施設計段階でも一緒に苦労した、当時係長をしていた大塚哲雄先生が、中学の校長に転出した後、また、科学館の館長として戻ってきた。そのような幸運もあって、運営者の皆さんがこの科学館をうまく運営されている。シンボルマークはこどもたちから公募し、友人のグラフィックデザイナーの松永真《しん》さんにそのリデザインをお願いした。全体の色彩計画も松永真さんのディレクションのおかげで、今までの我が国の児童施設にはないものができ、多くの市民、こどもたちの協力が得られた。この手の施設としては予想を超える年間20万人近いの利用者が、開館から30年続いているようだ。

つくば科学博こども広場の思い出

浜松科学館を手がけることになった少し前、建築評論家の川添登先生から突然電話が入り、「1985年に科学万博が開かれる。こども広場という会場の中心となる広場の設計を担当しろ」と言われた。面積は3haほどで、それほど大きくはないが、歴史館、テーマ館に挟まれ、前後の調整がきわめて重要な場所だとわかってきた。遊園地ではない、科学をテーマとしたこどものためのあそび場、あそびながら科学を知り、学べる場というコンセプトが気に入った。私はその依頼をお引き受けすることを決めた。

1985年に現在のつくば市で開催された科学万博のこども広場は、その博覧会の一つの目玉であった。

科学プロデューサーは東大名誉教授で地球物理学者の竹内均先生である。先生は科学雑誌『ニュートン』の編集長としても有名で、さまざまなアイディアを先行して提出されている。その制作を広告代理店の博報堂が担当していた。しかも、そのデザイナーとして、かつて大阪万博の三井グループ館で東孝光さんの下にいた設計工場というアトリエを主宰している早田保博さんと東京大学出身のエンジニア・渋谷美樹さんがサポートについた。全体の造園的なデザインは東京ランドスケープ研究所の小林治人さん。建設省からは免震技術をアートワークとして展開できないかと千葉工業大学の奥津敏教授を紹介された。私は、本当に多くの一流サイエンティスト、デザイナー等をとりまとめる必要に迫られた。

さらに私は、グラフィックデザイナーである東京芸術大学助教授の福田繁雄さんに立体的なあそびのデザインに参加してもらうこととした。また、風力発電は著名な風力アーティストの新宮晋さんにお願いし、キネティックアートの伊藤隆道さん、友人の彫刻家・脇田愛二郎さんには風で動く科学彫刻を依頼した。科学とあそびを美しく展開したいと考えたからだ。結果、多くの参加者が、それぞれ得意な造形や景観をつくりだすことに成功した。何よりもこどもたちにとって、楽しく、おもしろい科学的な体験が連続的にでき、3ha全体を遊環構造として形成することができたと思っている。

この時の私のデザインで思い出深いのは、直径2・7m、長さ360mのサイエンスチューブという科学導線と、10万分の1の地球儀である。サイエンスチューブは宮城県中央児童館モデル遊園のチューブの巨大版だ。さまざまな科学的仕掛けを内蔵し、テフロン膜屋根が巨大なキャンバスすべり台となる構成は、景観的にも博覧会の大きなシンボルとなった。また地球儀は高さ2・5m、直径36mの小丘状で、地球の一部を切り取った形である。日本列島を中心において、地図を陶板に焼き付けるという技術をこの時に開発してもらった。これは大変好評をよび、科学万博こども広場の人気アイテムとなった。その後、この手法は多くの科学館で使われることとなる。

科学万博のサイエンスチューブ

ここで展開したサイエンスチューブは、その後、「国営ひたち海浜公園」に同じアイディアで再建された。また、「宋慶齢基金会が北京にこどものための科学公園をつくりたいので協力して欲しい」と、国際基督教大学の武田清子教授が代表を務める日本のサポーター団体から要請を受け、5年後、北京に「科普楽園」という日本の援助による科学公園を実現できた。日中友好のシンボルプロジェクトになったことが懐かしい。また、その後、数多くの万国博覧会が開催されたが、こどもにとって楽しくデザインされた博覧会として、つくば科学万博を超えるものはないと確信している。

6 東京辰巳国際水泳場 （1993年／東京都江東区）

東京都の臨海部、辰巳の森海浜公園の一角に位置する。国内では丹下健三氏が手がけた代々木オリンピックプール（国立屋内総合競技場）に次ぐ大きさとなった。国際的な水泳競技大会ができるとともに、一般都民のスポーツレクリエーションの場として計画された。北側に運河の大きな水面が広がっている。そのため、観客席を南側だけに設け、メインプールと飛び込みプールの水面と運河の水面が連続するような空間構成とした。海面に羽ばたく水鳥をイメージした5枚ヴォールト状（アーチ型）の屋根は、立体トラスによってかたちづくられている。２０２０年の東京五輪では水球会場に。

東京都から「大型プールをつくれ」

１９７９年、東京都知事選挙で初当選し、4期16年の長きにわたり東京都知事を務めた鈴木俊一さん。その任期中、鈴木知事の肝いりで、東京都設計候補者選定委員会が発足した。東京都のシンボル的な建築の設計者の選定には、専門家による委員会がかかわるというシステムがつくられたのだ。この委員会設置のアイディアは、鈴木知事のまちづくりのアドバイザーを務め、東京都庁舎の設計も手がけた丹下健三先生であった。

このシステムに則って当時建てられた建築としては、槇文彦さんの東京体育館、谷口吉生さんの葛西臨海水族園、六角鬼丈《きじょう》さんの東京武道館などが挙げられる。

１９９０年、名古屋工業大学の教授をやっていた私に、委員会から連絡が届いた。「プールをつくれ」という指名である。私が過去にプールを設計したのは、藤沢にあった自宅屋上の小さなプールだけ。だから、プール設計に関する実績もポートフォリオもまったくない中での指名だった。

実際に声をかけてくれた委員会メンバーは、東京大学建築学科教授を務められていた香《こう》山壽夫《やまひさお》さんと、菊竹事務所の先輩である内井昭蔵さん。私は「せっかくのご指名ですのでがんばります」と、すぐに水泳場の設計に関する勉強をスタートさせた。

ちなみに、基本計画は、東京都が大手組織設計事務所に進めさせていた。その計画は、簡単にいうと、真ん中にプールがあって、両側に観客席を設置する構成。要するに、この場所ならではというものではない、普通の室内プールという感じの計画であった。

プールと外の運河の水面が連続する大きな窓

敷地の北側には水面がきらめく大きな運河が広がっている。私は、せっかく美しい水面が近くにあるのに、閉鎖されたかたちのプールをつくるのが大変もったいないと感じた。そして、真北にあるこの水面を美しく見せるプールにできないだろうかと考えた。大きな水面は人を精神的に落ち着かせる。人は大きな水面を観るのが好きだ。水は人を集める。恋人たちがデートの場所にできるような水泳場をイメージした。敷地の環境を生かし、海に向けて開放したオープンなプールとなったのは、私が閉所恐怖症であることも多少関係していたかもしれない。

観客は競技の合間に内海の景観が楽しめるし、大きな窓から連続する水面を観ることでスイマーはレース前の緊張をゆるめることができる。それで南の片側だけに観客席を置き、北側は水面を見渡せる大きな窓をつくるという提案をした。

ただ、東京都は、観客席が5000席は欲しいという。ここは水泳専用の競技場である。冬場にスケートリンクとして使用するなど、ほかの大規模なイベントの開催は考えていない。またいろいろ調べてみると、国内には3000席以上客席のあるプールはほとんど存在していないし、5000席はあまりにも多すぎる。使われない客席をつくると当然経費がかさむし、完成後のメンテナンスにもコストがかかってくる。

そこで私は、南側に3600席の客席を確保し、北側の窓の前に大きなデッキを設置することとした。もしも、3600席で足りなくなった場合は、このデッキに1500席の仮設席をつくればよいのではないかと提案した。

もちろん、全体を回遊動線のある遊環構造をもって設計しており、メインの観客席とデッキ上の仮設席はブリッジでつながるので、両方をスムーズに行き来することができる。そうやって、観客席の問題をクリアしていった。

本施設は完成から、20年以上経ったが、いまだに仮設席を使ったことがない。2020年の東京オリンピックで、ここが水球の会場になることが決まっているが、そのときになって初めて仮設席が活躍することになりそうだ。

設計の工夫で記録が生まれやすい「スイマーの聖地」に

外観に関しては、水鳥が水面を飛び立つ瞬間というか、スイマーがバタフライでストロークしているような、動きのあるダイナミズムを表現したかった。そのため、5枚ヴォールト状の白い屋根を、立体トラスによってかたちづくっている。

一般的に、スタジアムやアリーナは、運動方向に対して平行につくられている。しかし、本施設は平面的に北に開かれた半円形の建築であり、運動方向には平行でない。天井を支える梁はカーブさせながら放射状に走っている。特に背泳競技の場合、天井を向いて選手は泳ぐ。そうすると、真っ直ぐに進むことができず、曲がってしまうのではないかという心配があった。それを防ぐため、選手などにいろいろヒアリングした。オリンピックに出場したある選手は、「天井なんて見ないで泳げますよ」と言ってくれたが、個人差があるかもしれない。心配はつきなかった。しかし、天井の照明器具を吊るキャットウォークと呼ぶトラスをプールのコースと平行にかけることで解決できるのではないかと思いついた。それがガイド代わりになるのではないか。これによって、私の心配は解消された。もう一つ、せっかく競技用のプールをつくるなら、素晴らしい記録がたくさん出るプールにしたいと考えた。

スイマーが手や足で水を搔くと、それがプールの壁に当たって返ってくる際に小さな波になる。そうすると、抵抗が生まれ、スイマーの推進力を邪魔してしまう。

そのため、プールのへりの部分のディテールを慎重に設計し、できるだけ波が返ってこないような工夫を凝らしている。また、天井部分には選手がタイムの目安となるような、ペースメーカーを走らせる器具も設置した。今、プールをつくる際には普通になっていることではあるが、当時はかなり画期的なアイディアであった。

長水路、短水路合わせて90くらいの日本記録のうち、3割ぐらいはここ東京辰巳国際水泳場でつくられている。北島康介選手もここで、世界記録を叩きだしている。その後、私はいくつかの国際競技用プールの設計を手がけているが、記録が出る確率は、ここ辰巳がダントツに高い。

そのおかげか、本施設は「スイマーの聖地」と呼ばれるようになり、さまざまな大会がここで開催され、年間8割くらいの稼働率がある。ある水泳の関係者にいわせると「記録が出やすいプールは、プールが小さく見える」らしい。その点では東京辰巳国際水泳場は天井が高く、選手にとってプールが小さく見えるのかもしれない。

2012年に改修工事があり、北側の2つの大きな窓に可動ブラインドがつけられた。普段は内海が見えても良いのだが、大きな大会時にはテレビが入り、逆光になるため、仮設の遮幕がつけられていたのだ。それが電動になったのがうれしい。20年前、設計時につ

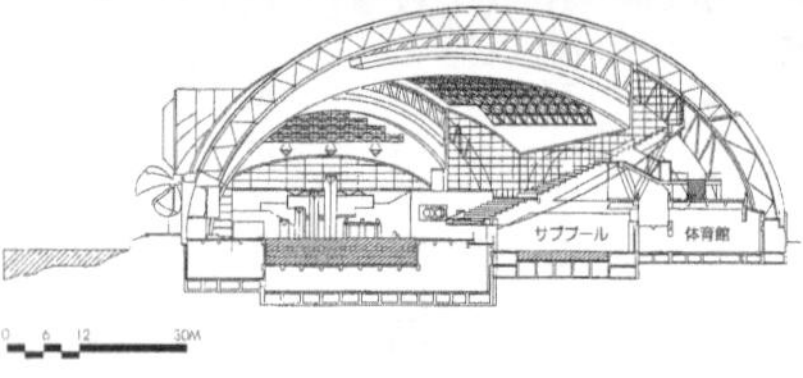

上：運河の景色を生かすためスタンドを片側に
中：運河から水鳥が羽ばたくよう。左の京葉線車窓からの見え方も配慮した
下：サブプールはスタンド下に配置し景観も確保

けられれば良かったのだが、予算が足りなくてできなかった。

ＪＲ京葉線の電車の窓から、東京辰巳国際水泳場を眺めることができる。電車で行き来する人たちにプールで泳いでいる人たちを見せたいという思いもあって、北側を大きな窓にしたという側面もある。そうすれば、「あ、自分もここで泳いでみたい」という気持ちになり、たくさんの都民が水泳というスポーツを好きになり、使ってくれるのではないかと考えたのだ。

しかし、先ほどの話のとおり、大会などのイベントが多く、なかなか一般都民の利用ができなくなっているそうだ。まさに、痛し痒しの結果である。

7　ミュージアムパーク茨城県自然博物館　（１９９４年／茨城県坂東市）

東京から車で１時間、南茨城に位置する利根川流域の菅生沼のほとりに、本博物館が建設された。敷地は15・８haあるが、約２３２haの菅生沼との一体的な景観が意図された。展示空間は大きく６つの展示テーマに対応して分けられており、それぞれの展示空間は曲線を描く回遊路によって結ばれ、その中心は、目次空間と呼ぶ約70ｍの廊空間として形成されている。建物はもちろん、敷地全体が遊環構造としてデザインされている。茨城県の博物館ではあるが、千葉県との県境付近に立地し、埼玉県や東京都からも10〜20㎞圏内に位置することもあり、毎年40万人以上が来館する「日本を代表する自然史系博物館」となった。

大きな沼、森と一体化させたミュージアムパーク

茨城県は１９８８年、現在の坂東市に位置する、15・８haの敷地に自然博物館を建設することを決定した。この敷地の東側に、菅生沼という沼がある。約２３２haの沼である。私どもにお声かけいただき、基本計画からお手伝いすることとなった。１９８５年に開催されたつくば科学万博の「こども広場」を担当している。このときの仕事を、茨城県の方々が評価してくれていたのだと思う。

最初にこの場所を訪れたのは秋の菅生沼だった。渡り鳥が来て、とても美しい景色だ。東京の近くにこんなに美しい場所があるのかと深く感動した。やはり、菅生沼という美しい環境があるのだから、菅生沼を中心とした自然博物館にしようと決めた。

菅生沼を展示したかのような、大きな窓を設置。また、対岸からは博物館の建物ができるだけ見えないように、できれば自然の中に隠れたかたちで、なんとなく、森の中から恐

竜がちょっと顔を出すような感じのエントランスを設計し、本体は森の中に隠す。環境と調和するように建物はできるだけ緑の中に隠してしまうという計画をつくり上げた。

菅生沼の豊かな自然を見せること、それがこの博物館の使命だといってもよい。博物館のメインエントランスは2階である。駐車場からはスロープを登る。入り口を入るとエントランスロビーがあるが、そこからまず菅生沼を見ることができる。

菅生沼を望む茨城県自然博物館

2階のバードウォッチングカフェは、メインロビーから1・5m下っており、ゆったりとコーヒーを飲みながら、目の前に広がる沼を観賞できる。そして、団体のこどもたちは3階の映像ホールに導かれる。四季の茨城県南の自然、菅生沼の自然が紹介されると、映写幕が両脇に引かれ、そこにまた菅生沼が姿を見せる。圧倒的な美しさを体験する。

さらに映像ホールの屋上からもまた、菅生沼の全貌を見渡すことができる。さまざまなレベルから菅生沼を美しく見られるように館全体を設計したのだ。

建築は、ここでは自然のための舞台装置でしかない。地域住民の方が博物館を訪れ「菅生沼がこんなに美しいところだったとは知らなかった」という感想をもらしたそうだ。身近な自然の美しさを発見する場として、この博物館が機能している証であろう。

疲れたころに生きものに出会うルートをデザイン

博物館の中心的空間は、長さ70mのシンボル的な大きな列柱廊のような空間で、そこを目次空間と名付けた。6つの展示室（それぞれのテーマは宇宙、地球、自然、生命、環境、ディスカバリースペース）を相互に関連するよう配置しており、各展示室をつなぐ動線は、公園の園路のようにうねり、曲り、上がり、下がりながら、つながっている。博物館というのは見る側にとって、雑誌と同じように目次があり、グラビアのような空間があって、ビジターにわかりやすく、興味を持っているところにすぐに導かれるようにすべきではないかと考えた。それが目次空間である。

通常の自然博物館は、標本だとか、骨格だとか〝命のないもの〟を選び、展示する。しかし、〝命のないもの〟の集客力は乏しいと、私は考えていた。もちろん、歴史的に古いという貴重性はあるのだが、やっぱり生きているものには敵わない。

ちなみに水族館の集客力は圧倒的だ。水族館は、民間経営でも成立する数少ないミュージアムのビルディングタイプといえる。私は常々、いつか水族館を手がけてみたいと思っていて、国内外を旅行すると必ず現地の水族館を訪れ、研究していた。そして水族館に行くたびに、その集客力の高さを実感していたのだ。

目の前に広がる菅生沼には、たくさんの生物が棲んでいる。だったら、その沼と共生するように計画された自然博物館に、生きた魚を展示するスペースがあるのは当然だろう。いろいろな反対意見もあったが、そこは何とか突破して、念願であった淡水生物を展示するスペースがつくれることとなった。茨城県自然博物館の数年前に神奈川県相模原市でふれあい科学館という淡水水族館を設計していたのも、説得力となった。

来館者が飽きることなく展示物を閲覧し、満足感を得るには、ある程度の距離を歩いてもらい、多少の疲れを感じさせることが必要だとも考えていた。自分なりにいろいろな博物館を研究した結果、500mから1000mの展示ルートが必要だと結論付けた。結果、この博物館の展示ルートの長さは、約700mと決めた。

遊環構造を施したルートには、明るい空間、暗い空間、チューブのような空間、森のような空間が連続していく。ぐるぐると展示ルートを歩き出して、だいたい半分から少し行ったくらい進んだ場所に水族館スペースを置いた。若干疲れてきたというところで、生き物に出会ってリフレッシュする。そんな効果を狙ったのである。

そして、ルートの最後は、菅生沼の見える絶景の場所へ。ここが1階にある、レストランスペースである。たくさんの展示を楽しみ、喉も乾き、おなかを空かせた来館者が、体を休める。そんな全体のストーリーも提案させてもらった。

「遊具」がダメなら「自然発見器」で

基本計画、基本設計、実施設計、展示の提案、建築監理も、屋外の園地の設計も、連続してやらせていただいた。環境デザイン研究所のスタッフを総動員して、建築、外構、展示、遊具、造園のデザインをした。全体の設計がほぼかたちになった頃、県が中川志郎さんという、上野動物園の元園長を館長として招聘した。パンダを呼んだ園長としても有名な方である。もちろん、動物学者としても素晴らしく、茨城県出身という縁もあって、初代館長に就任されたのだと思う。

私は、こどものあそびの専門家として、本体の建物から少し離れた場所に、「自然発見遊具」という、こどものあそび場づくりを計画していた。タワーに登って、動物や鳥の目から見ると森はどういうふうに見えるかとか、ネットあそびができる傘のような巨大遊具で動物の活動を疑似体験できるとか、そんなあそびのスペースを提案した。

それについて中川さんから注文がついた。「仙田さん、ここはね、教育施設だ。博物館であって、あそび場じゃない」と。「だから、遊具というのはいかがなものか」と。

しかし、もう設計は終わっている。私は、あそびは学びであると考え、またここにはあそび場が絶対に必要だと思っていたが、中川さんは私よりずっと先輩だ。私は知恵をしぼって、自然発見遊具という名称を、「自然発見器」に変更し、遊具という名称を消し、「自然を発見する空間装置という説明でどうでしょうか」とお話しした。中川さんも了解してくれた。さすが上野動物園という役所の長をされていた中川さんは、建前で「ＮＯ」と言いながらも、その本質を理解していたのだろう。

ただ、このあそびスペースは、開館してからすごく人気となった。やはりこどもたちは、展示物よりも、自然の中であそぶことのほうに興味があるし、面白いわけだ。

そんなプラスアルファのコンテンツが、園外保育の場として非常に有名になり、茨城県だけではなく、千葉県の幼稚園、保育園もどんどん活用するようになった。そこには保護者も必ずついてくる。お母さん方が、「とてもあそこは面白い」「今度は家族で行こう」となって、家族みんなでリピートする。そうやって、来館者がどんどん増えていった。その後、学校の遠足などのイベントで訪れる団体客も増加したため、グループ専用のセミナールームを増築している。

浜松科学館（１９８６年）を手がけて以降、施設の規模、コンテンツ、交通アクセスなどを鑑みながら、博物館の集客力の研究を行っていた。電車で行くか、あるいは車で行く

上：博物館の「目次空間」。遊環構造の動線が人を引き込んでいく
中：菅生沼を最大の展示物として生かすバードウォッチングカフェ
下：動物ごっこのできる遊具「自然発見器」

か、バスで行くかなど、いろんな交通手段があるわけだが、全体計画を考えると、駐車場の大きさが極めて大事なのである。

自然史博物館といった系統のものは、展示面積当たりの集客力が1㎡あたり年間50人くらい。例えばここの3000㎡の展示面積に50人をかけると、年間の来館者は、15万人ぐらいという予測が立つ。目標としてはその倍ぐらいを目指そうと、私は年間の来館者30万人を目標にしていた。

私が行ってきた研究結果から考えると、博物館の年間来館者数の100分の1くらいが、一番混雑するであろう日曜日の平均の集客力になる。

日曜日の集客力が3000人として、車で来る来館者をその3分の1とする。それが約1000人。一日のピークがだいたいその30％の集客として、300人から350人、そうやって駐車場の台数を350台に決定した。

しかし、初年度はなんと80万人もが訪れた。結果、すぐに350台の駐車場では足りなくなり、周辺にどんどん駐車エリアを広げるという、私にとっては嬉しい誤算となってしまった。

初年度以降、右肩下がりで来館者を減らしている自然博物館は多いが、この博物館は、常にリピート率70％ほどを維持し、交通の便が悪いながらもオープンから20年間、年間来館者数が40万人を下ったことがない。

リピーターが多いということはとても重要なことである。それを可能にしている環境的要因はここには3つあると思われる。第1に遊環構造による館内外の多様な体験の場があり、いつも新しい出会いがあるということ。第2に企画展示室が100㎡と広く、いつも話題の展示が開催されているということ。第3に豊かな自然が四季折々に異なる思い出をつくるということではないかと考えている。

特に、多様な体験が連続する遊環構造を、館内、館外に張り巡らせるように適用したのがよかったのではないかと思っている。また菅生沼という自然環境を最大の展示物にしたという点も私にとって新しい挑戦だった。この博物館を見た多くの人から「博物館が楽しかった」「菅生沼が良かった」という言葉をいただいている。

鈴廣かまぼこ博物館の工夫

茨城県自然博物館を見た小田原のかまぼこの会社「鈴廣《すずひろ》」から「企業博物館をつくりたいので、相談に乗ってほしい」と電話が入ったのは1996年のこと。鈴木博晶社長に会ってみると、私の大学の後輩であった。工場を移転し、元の工場を博物館に変えたいという。今でいうコンバージョンである。

鈴廣かまぼこ博物館は体験型企業博物館

3階建ての工場は、天井の高い空間で、これをうまく利用して体験型の博物館にする計画だ。1年間で20個余りの模型をつくった。何度も社員の皆さんとも議論し、耐震補強をし、さまざまな法律的な難問もクリア。1996年、小田原市の風祭《かざ まつり》に「鈴廣かまぼこ博物館」が完成した。

「魚・水・技」という3つを展示テーマとし、「作る・見る・遊ぶ」の体験が大人からこどもまで楽しく体験できるライブミュージアムとなった。体験教室から、休憩室、お土産売り場まで、美しい水と美しい木を見せることに成功した。

この博物館も竣工からすでに20年が経った。床面積は約580㎡であるが、年間平均利用者数は、20万人である。かまぼこという日本の伝統的食材をもっとこどもたちに食べてもらいたいという社長の思いが結実した場所になったと思っている。

2015年、3階にあった本社機能を分離し、そこを展示空間に変え、1階もリニューアルし、2016年に新たなかまぼこミュージアムとしてオープンする予定だ。新しい本社棟は省エネ大賞を受賞。地球環境の保全を企業理念として掲げ、魚を大切にし、かまぼこという伝統的で高タンパク質の食材の普及に邁進している企業に出会うことができたのも、茨城県自然博物館のおかげである。

8 愛知県児童総合センター（1996年／愛知県長久手市）

1988年に名古屋工業大学の教授に就任したのを機に、私は愛知県や名古屋市のプロジェクトに関わるようになった。名古屋のデザイン博覧会では白鳥地区の会場計画等を担当したが、1992年頃より、愛知県が長久手町（当時）にある青少年公園の中に大型児童館をつくる基本計画の計画委員長を務めた。この建物はアメリカのこども博物館「チルドレンズ・ミュージアム」と日本の大型児童館との複合で多様な機能をもった新しいこども施設となった。

日本最初のチルドレンズ・ミュージアム＝富山県こどもみらい館

１９９２年にジャパンエキスポ富山が開催されるのを機に、富山県に大型児童館をつくる計画がたてられた。私が若いときに基本計画を担当した太閤山ランドという１１８haの総合公園がその博覧会会場となり、そこにつくる恒久的施設として、葉祥栄《ようしようえい》さんの展望台と私の児童館の計画案が富山県の中沖豊知事に選ばれた。中沖知事は建築家の友人が多くいて、磯崎新さんに若手の海外建築家による建築プロジェクトを依頼したり、内井昭蔵さんと地元建築家のコラボレーションを企画したりと、町づくりに積極的であった。新幹線の誘致にも大変尽力されていた。

大型児童館を太閤山ランドのどの位置に置くかという点では、知事とさまざま議論した。結局、博覧会会場を見下ろす山の丘につくることとなった。博覧会は大成功だったが、この大型児童館——こどもみらい館は博覧会のシンボル施設となった。

私は8の字型の遊環構造を形成する赤い建築を提案した。前年にモロッコに旅行し、メディナといわれる各地の都市の色が、その土地の土の色になっていることに感心した。メクネスは黄色、フェズは灰色、マラケシュは赤だった。環境の原点は土だとその時に気付いた。だからここの土の色を建物の色にしようとした。最初から赤い色の建物を計画し、

富山県こどもみらい館は8の字型遊環構造

内部に徹底的に遊環構造を適応させた。空間的な遊環構造だけでなく、遊具的な遊環構造も導入し、天井から2・5mのチューブ状の遊具をつりさげた。造形制作室は上げ下げ黒板からヒントを得たマルチユースな八角形の空間にした。駐車場から遠く、歩かねばならないというアプローチの問題はあるが、博覧会後、この24年間、年間20万人の利用者数が維持されている。日本初のチルドレンズ・ミュージアム型の新しい児童館として、その名前も併せて各地に影響を与えた。藤田美貴雄館長は建設当時からずっとこの館の運営に関わり、富山のこども文化を発信し続けている。

建築と遊具の遊環構造

愛知県児童総合センターは、富山こどもみらい館の後のプロジェクトだった。ここでも建築の動線と遊具の動線を二通り絡めることを提案した。面積8000㎡は当初、青山にあるこどもの城（国立総合児童センター）に続く国内二番目の大きさであった。2015年、こどもの城は閉館してしまったので、現在では国内最大の大型児童館である。2005年に愛知万博が長久手の青少年公園で開催され、新交通が開通したため、交通の便はさらに良くなった。中学生以下は無料で、その他は入場料300円がかかるが、利用者は年間50万人を下らない。愛知県で最もこども、ファミリーに人気の場所となっている。

ここでの特徴はなんといっても遊環構造による多様な空間の体験で、その中心はチャレンジタワーと呼ぶ二重らせんによる展望空間体験棟である。それを軸に大きな傘を形成し、大空間に遊具的動線が走り回っているという構成である。地元の建築家藤川壽男《ひさお》氏との共同である。遊環構造を徹底的に適応したこどもの空間として、念願の日本建築学会作品賞を受賞できた。

1970年代に多くの人にこども時代のあそびの原風景を聞き、まとめたところ、大きく4つの室内あそび場の類型化ができた。第1は体育館である。こどもたちの運動エネルギーを発散させる場だ。第2は劇場である。おままごとやお人形さんごっこあそびができる場だ。第3は工作場である。何かをつくってあそぶ、模型飛行機や凧をつくる場だ。第4はかくれ場である。かくれんぼができる、かくれ場がたくさんあることがとても重要だ。この大型児童館ではこの4つの空間を十分にとると共に、それらをめぐる、探索する空間を建築的動線、遊具的動線として二種類の遊環構造を形成させた。さらに富山県こど

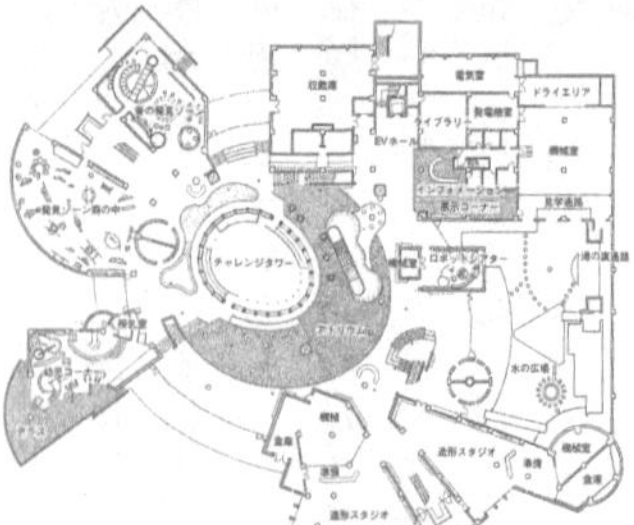

上：屋根を支える中央の斜塔には二重らせんのスロープがあり近道のブリッジがからむ
中：こどもたちがつい走りたくなる通路があちこちに
下：大きな遊環構造を持つ遊具的児童施設だ

もみらい館で足りなかった幼児のためのあそびコーナーを十分にとったことによって、多年齢のこどもの触れ合いもあり、多様性のある、変化に富む空間となっている。

この施設で最も魅力的なところはアートスタジオ、音楽スタジオである。アートや音楽とあそびの融合である。こどもと一緒につくるアートや音楽の世界はきわめてユニークで、しかも季節ごとにその内部空間が変わるほどである。いつ行っても新鮮な驚きがある。スタッフの方々のアイディアがとても光っている。ここでのこどもの体験はきっと彼らの創造力を確実に伸ばしているに違いない。このような児童施設がもっともっと各地に用意される必要がある。

こども施設の廃止に反対

2015年、青山にあるこどもの城が廃止されることになった。開館は1985年だから、建築的にもまだまだ十分使える。また、東京・青山という立地からもその存続要望は多くの団体から出されていた。

国や地方自治体の財政悪化と少子化により、こどもの施設はどんどん切り捨てられようとしている。その象徴が青山のこどもの城ともいえる。こどもの自然体験施設である少年自然の家や自然学校等も、多く廃止の傾向にある。

「こどもの生活の場所、体験の場所が少なくなるのは全く同意できない」と言い続けている。こどもの施設の切り捨てに対抗するためには、これらの空間の重要性をもっと大きく認識してもらわねばならない。一番早い方法はこどもにも参政権を与えることだと私は考えている。

アメリカの人口統計学者、ポール・ドメイン氏が考案した「ドメイン法」がおもしろい。こどもの数だけ保護者に投票権を与えるというシステムである。これならば未来の地域を築くために、こどもが元気に育つ空間を守ることができるのではないかと思われる。このシステムを採用している国も地域もまだないが、これが究極の少子化対策と私は考えている。

第3部　意欲を喚起する環境

1995年頃から現在までのプロジェクトを通して、遊環構造が利用者のあそび意欲だけでなく、学習、交流、運動、創造、挑戦等、多様な意欲を喚起するという仮説を、設計を通して実証した事例を報告する。

1　富山県富岩運河環水公園（カナルパーク）（1997年／富山県富山市）

富山駅北地区の新都市拠点整備事業「とやま都市MIRAI計画」による、富岩《ふがん》運河環水公園整備工事。1988年に工事がスタートし、1997年に部分開園。2007年には、富岩運河環水公園内に小運河と人工島「あいの島」が完成した。運河の両岸には遊歩道や休憩所が整備され、かつてゴミ捨て場のようだった一帯が市民の憩いの場所へと変貌を遂げた。シンボルの天門橋をはじめ、野外劇場なども備えている。「あいの島」には野鳥観察舎とバードサンクチュアリがあり、渡り鳥やさまざまな動植物を観察できる。

運河水面が持つ人を集める力

富山県は、私が1970年代に手がけた県民公園「太閤山ランド」の基本計画や、ランド内の児童施設「富山県こどもみらい館」の設計など、古くから付き合いのある県だ。豊臣秀吉が北陸攻めをしたときに拠点とした、富山県射水市の旧小杉町域の南に広がっている丘陵地帯が太閤山と名付けられ、そのまま今日に至っている。太閤山ランドは100ha

以上もある大規模都市公園だ。

当時、私は30代前半とまだ若く、事務所の規模も小さかった。財団法人国立公園協会の千家哲麿先生のもとで、太閤山ランドの基本計画をお手伝いした。公園のエントランス部分の実施設計も行った。その後に手がけた、こどもみらい館は、1982年にまとめた遊環構造の原則を最も忠実に実現した建築物であり、富山博覧会時に設計、建設された。

長く富山県の公園行政を担ってきた、林学出身の埴生《はにゅう》雅章さんという造園技術者がいる。埴生さんは、後に富山県土木部都市計画課長、土木部長になるのだが、1987年、彼から「仙田さん、富岩運河の公園造成計画のコンペがあるのですが、出ませんか？」という話をもらった。「オーダーの詳細を教えてください」と聞くと、「見た目はもちろん、水のにおいもひどい。役目を終えてほったらかされている運河を、どうやったら人が集まるような公園に再生できるのか、その絵を描いてほしい」ということであった。

私はそれ以前にも、東京都から委託され、東京湾に注ぐヘドロの水辺をどうやって浄化・再生するか、川の遊覧ツアーをどうやって産業化するかなど、運河再開発に関する研究をしていた。

兵庫県の芦屋川や、福岡県の柳川なども調査した。詩人北原白秋の生家のある町、柳川は運河が町全体にまわっていて、とても魅力的な町だった。1970年代当時、すでに運河をめぐる遊覧ツアーがあった。アメリカのテキサスにある運河都市として有名なサンアントニオは、オランダのユトレヒトを参考にした運河沿いの開発で観光コンベンション都市として成功している。

運河水面そのものが人を集める力をもっている。それをうまくデザインすることによって、賑わいをもつ都市デザインをつくることができると確信した。

東京湾に浮かぶ、バードサンクチュアリがある東京港野鳥公園、都立海上公園の計画や、モノレールが通る隣の運河沿いの公園や遊歩道などの基本計画は、私がお手伝いしたものである。これらは1970年代に手がけた仕事だ。ちなみに、このとき同時に「大井競馬場に対面する運河エリアにレジャープールをつくればいいのでは」と提案をしている。しかし、多くの野鳥が飛来してくる場所であるし、やはりバードサンクチュアリ的な要素を残そうという意見を聞き、方向転換し東京港野鳥公園になった。これまで私が「こうやったほうがいいんじゃないか」と最初に提案して、実現しなかったのは、ほぼこのときのレジャープールが唯一だと思う。ただ、今では野鳥のための自然を壊さなくてよかったと、ほっとしている。

この頃は、北九州の太刀浦緑地、横浜の根岸森林公園などもそうだが、本当に多くの公園の設計に取り組み、日本のあちこちを飛び回っていた。

未来のかたちを予測して、大胆なプランを提案

産業的には役割を終えていた富岩運河を中心として、富山駅北側のエリアを再開発する目的で、1987年、富山県カナルパーク指名設計競技（カナルパーク基本デザインコンペ）が開催された。富山市の市街地形成や水運の発達に貢献してきた富岩運河の舟溜まり周辺を、運河の歴史を後世に伝え、富山の自然と都市が共存する親水文化公園として整備することがテーマ。面積は9・7ha。審査委員長は、『街並みの美学』等のすぐれた都市景観に関する著書のある著名な建築家、芦原義信先生だった。

結果、コンペに参加した5社の中から、幸運にも私たちの提案が最優秀賞として選定された。私たちの案が他の提案と違う点は、単なるデザイン提案ではなく、数十年先の未来を予測したことだ。この場所は、富山湾まで5㎞くらいに位置している。将来的には、この運河は確実にレジャー運河になるにちがいないと考えたのだ。

図らずも、富山県富岩運河環水公園がオープンした18年後の2015年に北陸新幹線が開通し、東京から富山まで最短で2時間8分で行けることになった。また、富山市内の路面電車は現在、JR富山駅の南側が富山地鉄の富山軌道線、北側が富山ライトレールの富山港線に分かれているが、これをつなげる計画が進んでいる。そうなれば、富岩運河エリ

アへの近接性はますます高まるに違いない。

さて、コンペに際しては、東京都の海上公園の調査が役に立った。いくつかの世界の運河のリサーチも行った。最も参考にしたのは、オランダのユトレヒトの運河の再生計画であった。ここは、アムステルダムから30㎞ほど離れた場所にある、とても美しい運河のある都市だ。

そして私は、富岩運河跡地に公園をつくるだけではなく、運河の遊覧ツアーをビジネス化する計画も盛り込んでいる。船を運航するには、運河を船が優雅にグルッとターンできるようにしなければいけない。そのために、小運河をつくることを提案した。

富岩運河の幅は50mほどあって、少し大きすぎると感じていた。もう少し親密性のある空間にしたいと考え、北側の岸を削って小さな運河をとおし、中の島をつくっている。そうやって出現した島は、単調な運河空間に変化を与え、自然豊かな公園エリアとして、人も様々な生き物も憩えるようなエリアとなっている。中の島は「あいの島」と名付けられた。

また、関係のデザインという側面において、運河の広大な静水面という景観や、水鳥たちの生息環境といった既存のポテンシャルを生かすことを、最も心がけた。

世界一美しいスターバックス

20年以上継続的にデザインに関われたのは、富山県に埴生さんがいたからである。課長時代はもちろん土木部長を辞めてからも、富岩運河のことを気にかけていた。あいの島についてはコンペの時には温室を提案していたのだが、中の島が出来上がったころ、それをやめ、飛来する渡り鳥や水鳥を観察するバードサンクチュアリにした。20年間にわたり、天門橋、小運河、野外劇場、コーヒーショップなどが連続的に建設され、また、隣接して県立施設、市立体育館ができ、多くの市民に利用されている。今では、富山市の新たな副都心の核となるエリアとなっている。

天門橋は、両側にエレベーターを備えた展望タワーを設けたアーチ状のブリッジ型の遊歩道で、展望室から公園全体はもちろん、富山湾、立山連峰まで360度の展望が楽しめる。もちろん、この橋を使ってあいの島から両方の岸に行き来することができるなど、回遊動線がつくり出されている。

岸辺のエリアには、レストランやコーヒーショップを設置する提案も行った。数年後、スターバックスコーヒーが、国内初となる都市公園内での店舗を出店。2008年に、スターバックスのストアデザイン賞で最優秀賞を受賞し、「世界一美しいスターバックス」と呼ばれ、地元民、観光客の大人気スポットとなっている。

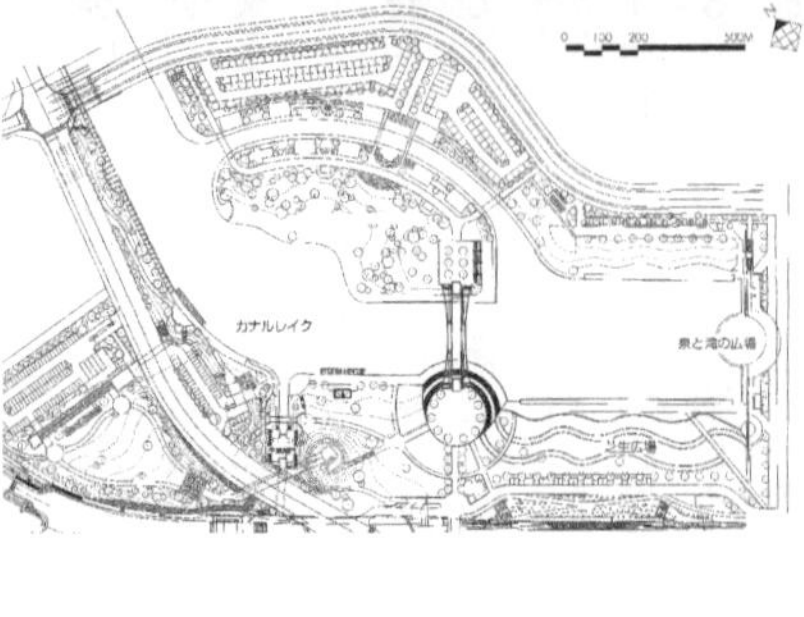

上: 天門橋上部のギャラリーより富山新都心を望む
中: スターバックスが出店して水際の賑わいが増した
下: 小運河をつくることで、親密性が増した富山の豊富な水を象徴する造形には特に工夫をこらしている。「泉と滝の広場」は直径約35ｍの運河にせり出した水盤と、上からカーテン状に落ちる半円形の滝で構成され、公園入り口の水のゲートとしてシンボル的な役割を果たしている。

また、運河に並行して、いたち川という河川が流れており、そこから導水するための水路を引き、循環させる流れをつくり、汚れていた運河の水を浄化する手法をとった。天門橋広場の噴水は「ふれあう水」と位置づけ、たくさんのこどもたちが元気に水あそびをする姿を見ることができる。

富山の富岩運河の基本設計は私が行ったが、すべての実施設計を私がやったわけではない。トイレやバードサンクチュアリも、野外劇場も、私の基本設計に基づいて地元の建築事務所が設計している。色彩や全体の考え方を指導させていただいたものだ。公共空間のデザイン方法としては、そのような形もある。パーフェクトとはいえないが、それでもしっかりとしたデザインコンセプトを守っていただければ、優れた環境をデザインすることはできる。現在の公共空間、特に公園は、なかなか商業施設の設置が難しい。しかしこの富岩運河に見られるように、商業施設、飲食施設があることによって、集客力は2倍、3倍にもなる。しかし、どこでもお客が増えるということではない。私は計画当初よりレストランとコーヒーショップの場所は県に指定していた。

これからはますます公共空間の中に飲食の空間が必要となろう。そうすることによって、より多くの人が利用する施設になるのだと思われる。運河周辺で行われる季節毎のイベントも年々盛んになっている。石井隆一知事が率先して運河の観光的・市民的活用を促している。

背後の都市ＭＩＲＡＩ地区にあるさまざまな建築物とともに、将来、運河沿いに低層の集合住宅が再開発されることを期待している。すでに結婚式場やデザインクリニックなどが建ちはじめ、運河に背を向けていたまち並みが、運河に面したまち並みに徐々に変わっている。２０１３年に県立近代美術館のプロポーザルコンペが行われ、私は今までの富岩運河環水公園の魅力を十二分に引き出す遊環構造型の公園と連携するオーバーブリッジを持つ提案をしたが、ヒアリングにさえ出られず、敗れてしまった。

富山市民の新しい憩い・散策スポットとして定着しつつある富岩運河環水公園。２００７年の来園者数は70万人だったが、２０１４年には2倍の１４０万人となった。すぐに２００万人を超えることは間違いないだろう。

我が国は島国だ。海に囲まれている。もっと水辺を快適なものに作り替える必要がある。

2 兵庫県立但馬ドーム（1998年／兵庫県豊岡市）

本プロジェクトは1995年のオープンコンペで最優秀案となり、採用された開閉ドームである。左右150m、最高高さ60mの巨大な空間で、観客席は可動式の3層構造になっている。スポーツミュージアムというコンセプトによってドーム自体が、展望、景観、休息、学習機能を楽しめる立体的な遊環構造を持っている。外観は開閉部分のテフロン膜の部分と北側の山小屋風の多重屋根の金属部分に大きく分けられ、南側は白、北側は渋茶というように色彩的にも様々な表情、様々な景観をもつドームである。

雄大な風景の中のドーム型スタジアム

1988年に日本初となる屋根付き全天候型の東京ドームが、1993年には福岡ドームが開場するなど、1990年前後に、ドーム型スタジアムがいっきにブームとなった。日本は、一年のうちの約3分の1が雨降りの国である。そういった意味では、スポーツでも音楽イベントでも、やはり屋根があったほうが効率はいい。そう考えるのは、企業が運営するスタジアムであっても、自治体が運営するものであっても同じだろう。

私が設計をお手伝いした兵庫県立但馬ドームは、兵庫県日高町（現・豊岡市）神鍋《かんなべ》高原エリアの中腹に建っている。ここ一帯は、歴史ある神鍋高原スキー場があり、パラグライダー、ゴルフ、テニスなどのアウトドアスポーツが楽しめるオールシーズン対応のレクリエーションエリアである。夏休みには部活動やサークル活動の合宿所として利用されることも多い。

そのような場所に、兵庫県は、こどもからお年寄りまで、あらゆるスポーツ愛好者に利用してもらえる全天候型のドームスタジアムをつくることを決定。その設計者、施工者を選ぶために、2段階のコンペを実施した。最初は設計コンペで、そのあとが設計者とゼネコンとのジョイントのコンペ。大変面白いコンペだった。

最初のコンペでは設計者だけ5者を選ぶ。そして、その5者の案にそれぞれ施工会社がジョイントしたかたちで工事の方法等と工事費を再び提案し、うち一つのプランが最終的に選ばれる。構想・意匠的な部分を最初に選び、その後に施工技術、予算、スケジュールを含めて選定されるというものであった。ドームスタジアムは巨大であり、その架構技術が重要で、施工会社の技術力が求められたため、この方式が編み出されたと思われる。第一段階では20社ほどの応募があったと聞く。このコンペはいわゆるデザインビルド（設計施工一括）型のコンペとしてとてもユニークで優れた方式と思われた。

この場所を初めて訪れた際、私は、神鍋山の雄大な風景がとても素晴らしいことに感動した。何度も神鍋山の山並みを見ながら、スタジアムのデザインは、山小屋のようなかたちがいいと閃いた。そもそもこの場所に、近未来的な円形のドームを置くと、全体の景観を損なってしまう。そして、巨大な建築物の存在感を和らげるために、小さな屋根を分節、連続させた屋根の形式で外観をつくることにした。

竣工後の見学会のとき、地元のおばあさんがドームの正面に立って、「ああ、とても美しい風景ね」と言ってくれたことをよく覚えている。そのことがとてもうれしかった。

開閉式ドームで土を元気に

ドーム型スタジアムにありがちな、全体をテフロンテントで覆うのではなく、半分を三角屋根に見える鋼板でデザインし、残りの半分をテフロンとして、傘が4分の1円くらい開くような構造の開閉式ドームとした。

その理由は三つある。一つは全体をテフロン膜で覆うと屋根の工事費が1・5倍にアップしてしまう。二つ目はテフロン膜では断熱ができないから、室内環境が夏暑く、冬寒くなってしまう。そして、もう一つは自然環境の中で白いテフロンは半分程度が景観的に調和すると考えた。

ちなみに、テフロン部分を全開する所要時間は15分ほど。費用は一回あたりの開閉で数百円と格安である。高さ60ｍ、幅１５０ｍのテントが徐々に開き、但馬の山々が、どーんと目に飛び込んできた瞬間、来場者の感動は最高潮となる。

観客席は、１２００席。観客席は小単位のユニットになっていて、フォークリフトで持ち上げて動かせば、野球用、サッカー用など、競技によって簡単にフィールドのかたちを変えられるようにした。

グラウンド自体は、土という条件だった。土は生き物である。呼吸しなくてはいけない。だから私は、強く開閉式を提案したのである。ドームを開くことができれば、外気も、雨も、風も入る。そうすることで、土が元気になる。

実をいうと、開閉式のドームを提案したのは私たちだけである。他者の提案は、すべて大型で丸いデザインかつ開かないドーム型スタジアムであった。私はかつて土の閉鎖ドームを調査していて、土は外気に触れないと劣化して、微細粒状になってしまうことを知っていた。土のドームは開閉でき、光と風、時に雨を入れる必要を感じていた。

安全面で一番気を使ったのは、積雪である。大きなドームの三角斜面に堆積した大量の雪が落ちて、人を襲ったら大変なことになる。

上：高さ60m、幅150mのドームが開くと美しい但馬の山が。15分で開閉可能
中：閉じたドームは巨大な和傘の中にいるようだ
下：緑の中に意外に溶け込む白い鳥のような山小屋

まず、落雪する可能性がある外周エリアには人が入れないようにした。また、少しでも心配な場所には、雪が滑っても減速するたまりを設けたり、ひさしを設置したりするなどして、事故が起きないような配慮をしている。

当時、ドーム型スタジアムをつくる場合、その予算は1㎡あたり30万円くらいかかるといわれていたが、ここは1㎡あたり20万円くらいに収めることができている。

理由の一つとして、施工会社がゼネコンではなく、三菱重工業だったことが挙げられる。大型の動力機械をつくる大手企業だが、1990年代に橋梁など、いわゆる土木分野にも進出してきた。また、同社は、宮崎県のリゾート施設「シーガイア」で、開閉式の屋根を持つ全天候型プールの施工を担当した実績をもっていた。

そもそも私は、単なるドーム型の建築ではなく、動く建築をつくりたかった。だから、三菱重工に声をかけ、タッグを組むことにしたのである。施工の責任者となってくれた三菱重工の吹原正晃さんは、機械、土木、建築と、幅広い知識を有した人であった。日本の障子のように、壁面が一体となって開く但馬ドームのスライディングドア・システムを、最低限のエネルギーで動かすための提案をしてくれた。彼は、地球環境に配慮する姿勢をもったとても優秀なエンジニアであった。

三菱重工は、資材の調達についても、土木的な評価の視点をもって、丁寧な交渉をしてくれた。また、ドームを開閉する機械の部分はもともとの得意分野である。三菱重工とタッグを組んだことで、技術的にも、予算的にも、最適な開閉式ドームスタジアムがかたちになったと思っている。

キシャコゾウとドームの発想の一貫性

国内にはほかにもドーム型スタジアムがいくつかあるが、ほとんどが野球、サッカーなどスポーツ・オリエンテッドの発想でつくられている。しかし私はそうではなく、老若男女があそびに行く感覚で訪れるドームをつくりたかった。

施設全体のコンセプトは「スポーツミュージアム」とした。情報案内機能をもつセンター棟からつながっている連絡ブリッジでドームへアクセスできる。ドーム内には、スポーツをテーマとした展示や体験遊具のあるスペースを、また、屋外にもこどものあそびに対応した環境発見遊具、ジョギング散策園路などを設置することで、屋内外のさまざまな場所で、スポーツやあそびを楽しめる遊環構造を形成している。

結果、高校、大学など運動部のスポーツ合宿や試合、各種イベントなど、完成から15年以上を経過した現在も、年間5000件以上、26万人以上の利用があり、100%近い利用率を保持している。ピクニック感覚で訪れるこども連れ家族、グラウンド・ゴルフやゲートボールを楽しむご老人など、予約者以外の利用者数を含めると、年間の総利用者数は40万人ほどになるといわれる。近年では元大リーガー野茂英雄氏が代表理事をつとめるNOMOベースボールクラブの野球教室が開催され、さらに有名になっている。

アクセスとしては決してよい場所にあるとはいえないが、全国的にも希少な開閉式全天候型ドームとして、県内はもとより全国各地からの利用があり、地域活性化や交流・滞在型ツーリズムの拠点施設としても機能しているようだ。

1975年頃、私が自分のこどもたちのためにつくった「キシャコゾウ」という、45㎝ほどの高い床をもった机がある。その机は西武百貨店で発売したのだったが売れず、友人の建築家の伊東豊雄さんや建築ジャーナリストの植田實《まこと》さんのお子さんたちにプレゼントした。その植田さんが、但馬ドームを視察した後、こんな感想を話してくれた。

「仙田さんの仕事は、一人のこどもが使う遊具から、大勢の大人が参加する大ドームまで、発想が一貫している。但馬ドームを拝見して、そのことに気づいた。こどもにとっての隠れ家もあり、外に開かれてもいる。キシャコゾウの発想を広げて、大人の領域で建築を考えていくと但馬ドームのようになるのだなと思った」

なるほど、私のアイディアは意外にも単純で、あの頃からそれほど変わっていないのかもしれない。

ＩＯＣ傘下の国際スポーツレジャー施設協会（ＩＡＫＳ）というドイツ・ケルンに本部を置く団体が2年に一度世界のすぐれたスポーツ施設に賞（アワード）を与えているのだが、この但馬ドームは２００１年にゴールドメダルを受賞した。

3 一戸町御所野縄文博物館（2000年／岩手県一戸町）

縄文遺跡にはわからないことが多くあり、それだけ現代人にとって創造力が刺激されておもしろい。縄文時代というアナザーワールドを見せる施設としてどうつくるかというプロジェクトに挑戦した。歴史資料館は我が国に多くつくられているが、従来、その集客力は決して高くない。ここでは町の観光資源となる博物館を目指した。

挑戦する町長の依頼

１９９５年頃、岩手県が県立大型児童館を含めたこども施設を計画した。私はその計画委員として招聘され、計画に参画した。場所は盛岡市の北にある一戸町《いちのへまち》にまたがる30haの丘陵だった。基本計画はお手伝いしたが、設計は地元に担当させたいという意向を県がもっており、私は外されてしまったのだが、委員会で私の隣に座っていた一戸町町長の稲葉暉《あきら》さんととても話が合い、稲葉さんから「町で農工団地造成計画を立てたが、そこから縄文遺跡が出てきて、遺跡公園整備をしなくてはならなくなった。ぜひそれを手伝ってくれないか」と声をかけていただいた。

稲葉町長は工学部出身の技術者だったが、40歳頃ＮＥＣを退職し、故郷の町長に立候補して１９８５年に当選。その後現在まで8期にわたり、町長を続けている。民間出身者としてのやわらかさと、技術者としてのさまざまな挑戦的政策を成功させ、一戸町は岩手県内できわめて所得の高い町になっている。

移行装置としての「きききのつりはし」

縄文遺跡の場所は丘陵全域に広がっていて、駐車場がない。谷を越えたもう一つ北側の丘に駐車場をつくり、歩道橋で公園に入ったらどうか、その歩道橋は木製で、現代から縄文への移行空間として、楽しい形にしましょうと提案してできたのが、「きききのつりはし」である。この命名は町長の稲葉さんである。町長は樹木希林さんが好きだと言っていたから、その語感を引用したのかもしれない。町長からも「林野庁の補助金を使うから、木の橋にして欲しい」と設計依頼された。私はここでもチューブをテーマに、わずかに平

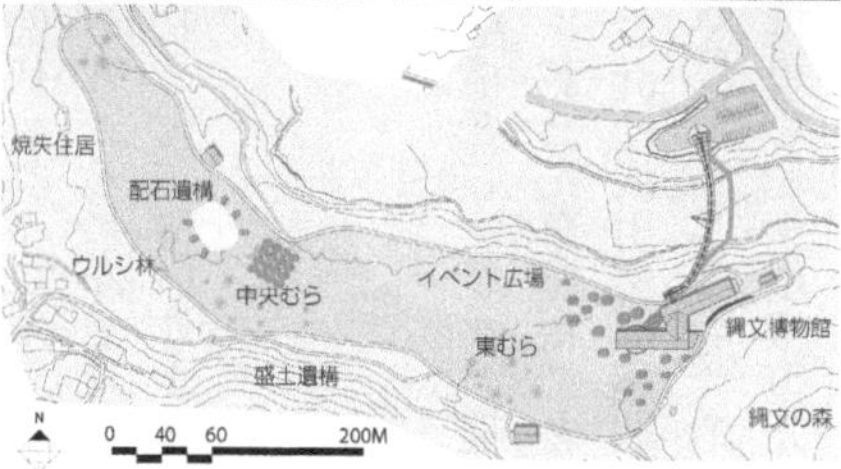

上：駐車場からの通路「きききのつりはし」は不安と期待を喚起するタイムトンネル
中：谷を越える吊り橋は弧のような形状。博物館の屋根は芝生を被せ目立たないように
下：敷地全体も遊環構造

面的にカーブして先が見えない木のトンネルを形成し、現代から縄文時代へワープする70mの空間装置とした。ここでも細かいところに工夫をしている。手摺のところに小さなアクリルのふたを設け、夏は開放して谷間の涼風が通るように、冬は閉じて雪が舞いこまないようにした。木の床は雪が入ると滑りやすくなるためだ。

草屋根の博物館

本館の博物館は2階建てにし、なるべく周辺の木で隠し、屋根は草屋根とした。この縄文遺跡は発見された焼跡住居跡から、縄文時代の竪穴住居の屋根は土を載せた草屋根であったことが証明された遺跡として有名である。土屋根竪穴住居の復元設計は浅川滋男鳥取環境大学教授が行っている。したがって、博物館もそれを引用し、草屋根としたのである。建築設計だけでなく展示設計も行い、草屋根を発見するドラマを再現し、土屋根復元の過程を紹介する展示と、縄文時代の御所野村の暮らしをテーマとしたドラマを再現したスペクタクルな展示とした。その中で野外の復元住居跡をじっくり眺めるコラム的な空間を挿入し、スロープで全体をつなぎ、最後は体験工房というストーリー展開である。また、小さな博物館でも満足感を与えるため、収蔵庫も見せるという動線を設け、全長400mの動線計画としている。国道から少し奥に入った場所であるが、年間5万人という、この規模の歴史資料館としては破格の来館者数を集めている。青森県三内丸山遺跡等と共に北海道・北東北の縄文遺跡群としてユネスコ世界遺産登録を目指している。世界遺産として認定されれば町にとってさらなる大きな資産となることは間違いない。

4 アクアワールド茨城県大洗水族館 （2002年／茨城県大洗町）

旧大洗水族館の老朽化に伴う建て替えプロジェクト。大洗の海＝出会いの海を中心テーマに、動線のストーリーに沿った水槽を建築空間の中に立体的に組み込んだ。眼前に広がる大洗の海から鹿島灘、世界の海、那珂川の水源をたどり、再び大洗の海へ戻る空間構成を実現させ、空間の明暗の変化の演出とも整合させた。また、「海の生き物科学館」「お魚発見教室」といった、参加性の高い演出やワークショップを取り込むことで、海の生き物や環境の理解につなげ、博物館を内包するような水族館とした。

川の流れを生かした淡水水族館

１９６８年ごろ、菊竹事務所勤務時代に、「こどもの国」の仕事を手がけた際に知り合い、その後茨城県の児童家庭課長を務めていた川又友三郎さんから「海版のこどもの国をつくりたいので、絵を描いてくれないか」と声をかけられた。

かなり大胆かつダイナミックなプランの提案をさせていただいた。実際にこのときは計画案だけで、水族館の設計実績がなかった私はそのプロジェクトの設計を手がけることはできず、水族館を得意とする大手の設計会社が設計し、実現した。

この経験をきっかけに、私は、いつか必ず水族館をつくりたいと強く思うようになり、世界中の水族館を研究していた。

相模川ふれあい科学館の40m連続水槽

そして、それから20年後の１９８７年、私は最初の水族館の設計を手がけることができ、「相模川ふれあい科学館」がオープンされた。

相模川は、富士山のふもとから始まって神奈川県の中心を走り、最後に相模湾に注ぎ込む１１５㎞ほどの一級河川である。そして神奈川県からの依頼で、相模原市の「水郷田名」という川の近くに船着き場や旅館があった水郷のまちに、観光再開発の基本計画を立案することになった。私は淡水魚水族館と水郷田名の海運の歴史も学べる川の科学館を提案した。結局、建設は県ではなく、相模原市が行うことになり、設計者として指名された。私は今までにない全く新しい川の水族館をつくりたいと考えた。

それまでの淡水水族館は、各水槽の魚を円窓からのぞき見るというスタイルが一般的であった。しかし、川には流れがあり、水域によって生息している魚の種類も変わってくる。そこで私は、１１５㎞の流域を縮小した、円弧状の40ｍの連続水槽をつくることを提案した。

上流・中流・下流で水温が違う。そのため、連続水槽を三つに区切って、水流を循環させながら、水温を管理するシステムを導入。ただ全体としては、アクリルの仕切りによって川が上流から流れてきているようなプランで設計し、それぞれの流域の生物を自然に近い状態で観られるようにした。

もう一つ、川は森と深く関係している。川の生物たちも森があるから豊かな生態系を保つことができる。相模川も、相模原を形成する階段状の段丘の勾配によって、流れている。水と魚だけではなく、相模原を取り巻く緑も重要な要素であるということだ。

そのため、水槽の外側に小さな林をつくることにした。来館者は、単に川の流れの中の魚を観るだけではなく、その生物の環境全体を見て理解することができる。そして、近傍の林の、さらにその背景としての相模川の段丘の斜面緑地の景観的かつ生態環境的な連続化を試みた。

より自然に近付けるという意味でも、私自身納得できる淡水水族館のあるべき環境デザインとなった。この後、「相模川ふれあい科学館」のスタイルは日本の淡水魚水族館のモデルとなったと自負している。

２０１４年、相模川ふれあい科学館は設備などが老朽したため、機械室を移動し、展示室を拡大し、全体のコンセプトは変えず、リフレッシュオープンした。20万人近い利用者が訪れた。日本建築家協会の25年賞を受賞した。

40年温めた「海に開かれた」水族館

そして、40年くらいずっと、私が温めてきたアイディアをすべて注ぎ込むことができた水族館が「アクアワールド茨城県大洗水族館」だ。私が20歳代の時に、声をかけていただいてから3代目の水族館である。

本プロジェクトはプロポーザル方式のコンペで、５社が参加したのだが、最終的に私のプランを選んでいただくことになった。

計画地は、茨城県大洗の県立自然公園に指定された松林が美しい海岸沿いで、那珂川が太平洋に注ぐ河口部である。沖合では、黒潮と親潮がぶつかり合う地点でもあり、まさに海と陸の生物活動が一点に凝縮された場所といえる。

この立地性をふまえ、「海と人と森のミュージアムパーク」をコンセプトに、大洗の海を中心に地球上の水圏の生物活動と人の出会い、文化をダイナミックに紹介する「地球環境の窓」としての新しい水族館像を提案した。

特にこだわったのが、海と親しみ、海に開かれた水族館である。

それまで、海外を含めて多くの水族館は海の近くにありながら、海から閉ざされた空間だった。しかし私はどうしても、海に開かれた空間にしたかった。そのため、太平洋が眼前に広がる明るいオープンデッキを設置することを提案した。

展示としては、「相模川ふれあい科学館」と同じように、水族館脇に流れる那珂川の自然を再現した「上流・中流・下流の自然」を組み合わせた淡水魚コーナー。そして、中核となる施設は、海中生物たちの水槽展示ゾーンだ。

日本一の大きさである「マンボウ専用水槽」、約50種類のサメが回遊する「サメの水槽」などの大型水槽の展示など、建築と展示を一体化した空間演出を行っている。

こども向けの「海の生き物科学館」と「お魚発見教室」は、体験型の展示ゾーンで、こ

上：イルカのショーは海を背景としているので雄大な印象に
中：魚の遊具ゾーンはファミリーに大人気
下：大洗の海に開けているのも魅力

どもたちに実際にイソギンチャクや貝がどのような環境に生息しているか観たり、触ったりすることができる環境体験を提供する。もちろん、体を動かしてあそぶことができる、さまざまな遊具も用意した。単に魚を見る水族館でなく、海に向かい、海を望む環境である、白砂青松《はくしゃせいしょう》を見て、魚の気持ちになってあそび、そして水族館の職員の気持ちにもなれる水族館を目指した。

一番人気のイルカのオープンシアターは、太平洋を背景としてライブが眺められる。改築前のショープールは、暗い空間だったため人工照明で演出していた。おそらくそれは、アメリカのシーワールドの影響だったのだと思う。私は、ここでも海との関係を重視した。

そこで私は、できるだけ海との連続性をもたせたいと考え、背景をガラス張りにすることとしたのだ。明るい自然光の中で泳げるためか、イルカたちも以前より元気になったようだ。また、気候のよい季節には、このガラス窓を開け放つこともできる。

そんなたくさんのコンテンツを盛り込んだ施設全体に、遊環構造の考え方を取り入れ、建物の最上階に展望台を設けた。地上23・6mの塔上の空間に、来館者にはスムーズに登っていただいている。全体のルートの中で、たくさんの海中生物との出会いを楽しむわけであるが、大洗というエリアのいわゆる白砂青松の素晴らしい環境を俯瞰して見てほしかったのだ。

年間来館者120万人の理由

エントランスから入場したあとは、まず深海の生物と出会い、世界の海獣と出会い、大型の海水魚と出会い、展望台から大洗の白砂青松の風景を楽しみ、淡水魚のコーナーへ。明るいオープンデッキに出迎えられたあとは、元気なイルカが待っているオープンシアターへ。そして、太平洋を望む飲食物販提供ゾーンへと進んでいく。

そんな来館者目線に立った施設回遊ストーリーを空間計画として一生懸命提案したこと、また、リーズナブルな工事費を目標としたことも、コンペに勝つことができた要因だと思っている。

ちなみに、私は隣県の福島県いわき市の県立水族館の基本計画を担当した。基本設計はコンペになったが、基本計画を担当したため、そのコンペに参加できなかった。その水族館は大洗水族館よりも3割ほど全体規模が小さいが、大洗水族館よりも総工費は高かった。建物全体をガラス張りにしたためだと聞いている。

しかし私は、外観よりも、建築と環境との融合、コンテンツの充実、そしてその使われ方にこだわった。なによりも観客の体験が重要なのだと考えていた。

２００２年のオープン以降、大洗水族館の来館者は年間１２０万人前後と、国内の水族館の中でもトップクラスの集客力を誇っている。また、物販と飲食の売り上げがけっこう高く、年商で10億円ほどあると聞いている。出店している物販、飲食店はすべて地元企業である。大洗町はもともと観光地だ。橋本昌知事は地元に還元する文化施設を希望していた。水族館は公共的な施設であるが、地場産業の活性化に貢献しているという点も、私にとって、とてもうれしい効果である。

５ 上海旗忠森林体育城テニスセンター（２００５年／中国・上海市）

上海市に建設されたテニスセンターである。敷地面積39ha、メインスタジアムは１万５０００席の規模を有し、８枚の花びらを模した屋根がカメラのシャッターのように開く、世界初の新しいタイプの開閉屋根機構をもつ。開閉の過程において、各屋根間のクリアランス形状は刻一刻と変化し、天空からの光の表情も変化に富んだものとなり、全開したときには従来のスライド式開閉屋根にはない、高い開口率を持つ。竣工後は、多機能なイベントセンターとしての役割も果たしている。

中国だからできた世界初のシャッター型開閉式ドーム

東京工業大学の教授をしていた2000年頃、私の研究室に優秀な中国人留学生が二人在籍していた。そのうちの一人、郭屹民君が2003年に本施設のコンペが行われるという情報を教えてくれた。

「仙田先生、上海市が、ウィンブルドンのような、アジア最大のテニスセンターをつくるそうです。ぜひ、コンペに参加してくれませんか」

郭君は、地元の上海でさまざまな人的ネットワークを持っている。東工大の私の研究室で修士を修めた後、上海の同済大学で工学博士を取得している。そんな教え子からの提案を受けて、中国広東省が発生源といわれるSARS問題が深刻化していた頃だったが、私はこのコンペへの参加を決めた。

私は、テニス場を手がけるのは初めてだったが、プールや体育館などスポーツ施設の実績はある。実績などをまとめた書類をつくり、申し込みをすると、最初の書類審査で5社に残ることができた。SARS問題があったので、申し込み数が少なくてラッキーだったのかもしれない。そして、フランス、アメリカ、中国、そして私たち日本のチームがプランを提案する、国際コンペが行われた。中国のコンペは通常2段階で行われる。公募して

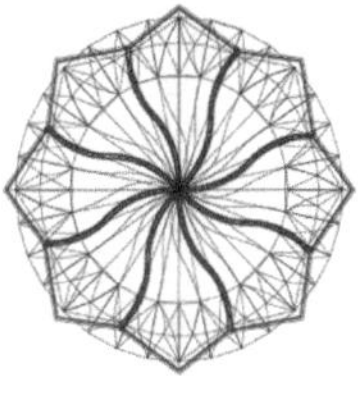

屋根閉図

屋根開図

上: 8枚の屋根パネルがシャッターのように動く世界初の開閉式ドーム
中: アジア最高のテニスセンターでは上海ATPマスターズを開催
下: 新国立競技場のコンペにはこの屋根の技術を応用して応募

書類により5社程度を選考し、その後、有償（200万〜1000万円）でコンペが行われる。

私が参加したコンペは開閉式ドームであることと、1万5000人の収容人数が条件だった。

さまざまな種類の開閉システムを考えたが、私は上海にも事務所を持っている構造設計集団ＳＤＧの渡辺邦夫さんと、菊竹事務所の後輩である佐藤尚巳さんと共同して、8枚の花びらのような屋根が、カメラのシャッターのように開閉するシステムを提案した。シャッター型の開閉システムは、当然数学的には明らかにされていたが、建築的に実現した前例はなかった。世界初への挑戦である。

一般的な開閉システムは屋根が両側にスライドしていくタイプである。横にスライドしていくタイプが一般的であるが、ウィンブルドンはジャバラ型の折り畳み方式を採用している。シャッター型の利点はまず開閉の形がコンパクトだということ。また、その開閉の途中の姿も美しく、魅力的であるということだ。

それぞれ8つの屋根が軸回転して動くことで開閉するわけだが、その動きをどう実現するかが最大の問題だった。どうスムーズに動かすかなど、ＳＤＧと、機械メーカーの三菱重工にも協力してもらい、検討を重ねていった。最終的に逆円錐状の観客席の上にリングトラスという大きな鉄骨のリングをつくり、そこに8枚の屋根片を載せ、レール上をすべらせて動かすというアイディアを提出した。開閉する8枚の屋根の花びらは、上海市の市花である「白玉蘭」をデザインモチーフとしている。

日本でこのシャッター型のドームを提案しても、おそらく採用されなかったであろう。日本は実績主義であって、世界初を本当に嫌う。「前例がないことはリスクが高いのでやめておこう」という判断である。かつて中部地方の郊外のアイススケートリンクのコンペに参加した時も、日射を遮りながら、また降雪にも耐えるシステムを提案したが、「前例がない」といって落とされてしまった。「前例がない」システムやデザイン、工法が採用されないということは新しい発明的建築ができないことを示している。特にプロポーザルコンペという設計者選定システムでは、前例や実績が優先されるからである。そういうことで我が国は大丈夫なのか。「カイゼン」ばかりで、独創的なアイディアが実現しにくい国の将来は大丈夫かと、時に心配になる。しかし、中国は、「世界初ならぜひ我々がやろう」となる。そんな国民性も、私たちの提案を選んでくれた一つの要因であったと思う。

また、プレゼンテーションの際に、動く巨大な模型をつくって実際に開閉するシーンを見せたのだが、中国の審査員たちはみな驚き、大喜びしていたことを覚えている。

機械部分の施工は人民解放軍

一番の懸念点は、防水であった。この計画では屋根と屋根の接続線が長くなる。接続部分が多ければ多いほど、漏水のリスクは高い。各片の屋根が重なった部分に大きめの排水溝を設け、屋根が閉じたときにロックし、排水溝に勾配を設け、外側に水を誘導する。このディテール設計にかなりの神経と時間を使った。

仮に雨漏りしてしまったとしたら、当然だが建築としては全否定される。しかし、オープンした半年後、上海を過去最大級の台風が襲ったが、その心配は杞憂に終わっている。

機械部分の施工は日本の三菱重工と一緒に進める予定であった。ところが、上海市は、三菱重工の施工費が高いという理由で、これを拒否。なんと、人民解放軍の総装備部に任せると言い始めた。その提案を私たちはのまざるを得ず、基本設計はそのままで、人民解放軍の総装備部が機械部分の施工を担当することとなった。

結果的に、比較的うまく機械施工をこなしてくれたことはよかった。工事完了後、上海市の担当者から「仙田先生、やっぱり中国の技術者は優秀でしょう」と自信満々で言われ、ほろにがい思いをした。三菱重工がもう少し価格の面でがんばってくれたらアイディアも技術も日本の力として示せたのにと残念でならない。

2005年に完成した、上海旗忠森林体育城テニスセンターは、毎年開催される上海ATPマスターズ1000のメインスタジアムとなり、アジア最大のテニススタジアムとなった。また、バスケットボールNBAのプレシーズンマッチ「クリーブランド・キャバリアーズ対オーランド・マジック」の試合も行われた。さらには、ここに仮設のプールを設置して、水泳の国際競技会も開催された。使えるものは本当に何でも使う国なのである。中国のスポーツ施設はほとんどその周辺に商業施設がはりつく。その賃料でスポーツ施設の運営を賄っているのだ。共産国家中国は日本よりももっと資本主義的な施設運営をしている。

2015年の上海のマスターズ1000の大会を見学した。上海が最も美しい季節の秋に開かれる大会はロレックスがメインスポンサーとなり、ベンツ等多くのスポンサーを集め、にぎわっていた。10年経ち、緑も成長している。中国の建築は建設後、すぐに汚れてしまうものが多いが、比較的美しく管理されていた。39haに及ぶテニス場はウィンブルドンの倍の面積をもっている。メインスタジアムでは観客をすべてスロープで上げ、1階部分に会場管理、選手、報道、VIP等のための各部屋が円環状に並ぶ遊環構造で配置した。「動線はうまくいっている」と、設計時のクライアント側の責任者で、今は館長の周さんと副館長で技術者の王さんから聞かされた。

日本の有明テニスの森も33年の歴史（1983年オープン）をもつが、東レパンパシフィックもジャパンオープンも、上海のマスターズ1000のにぎわいには遠く及ばない。錦織圭選手が世界ランキング上位にはいっている今こそ、日本のテニス環境を変えねばならないと強く思った。

最大規模の回廊型遊環構造建築

上海旗忠森林体育城テニスセンターのコンペが行われた半年後、再び郭君から情報をもらい、中国の国体の会場となる、広東省佛山市の総合体育館の国際コンペに参加した。チーム体制も同じく、SDGの渡辺さんに協力してもらった。

結果、2003年9月に行われたコンペで、私たちのプランが1等賞を獲得。敷地は26haもあり、主体育館9000席、訓練館1500席、市民が常用する大衆館の三つの体育館が施設の中核となる総合体育館である。

それら三つの体育館をつなぐ大庁（中心ホワイエ）も含め、総面積8万㎡もある構造は空間構成に合致させ、これまた世界初の大空間トラス方式を採用した。

ポール・アンドリューというフランスの建築家が、中国広州市の体育館の設計を担当している。デザイン的にはなかなかきれいな体育館ではあるのだが、屋根を膜状のシートで覆っている。実際に私も見学に行ったが、内部に入るとものすごく暑い。これでは、空調費用も莫大になる。私は、亜熱帯地域の地球環境建築としては失格であると感じた。

岭南明珠体育館。風が抜け光が入る屋根

そして私は、広州市の体育館を反面教師とし、明るさを確保しながらしっかり通風し、温熱環境に配慮した地球環境建築の実現を目指すことにした。

だから、まず風が抜ける、そして光もしっかり入ってくることが絶対条件である。建築自体の構造は、鉄骨でレンガを積むようなかたちのトラス構造で構成されている。そして、全体の剛性を高めるために、網状のブレースを張りめぐらせている。

層の間が開口部となっており、開け閉めができるため風が入る。開閉することで、明るくもできるし、暗くもできる。屋根は複層になっているので、窓のスペースを多く取れ、断熱効果も高い。エネルギーのコントロールに関しては相当頭を使った。

体育館の西側には、一周約500mの健康回廊

（ランニングコース）をつくった。雨も多く、暑さの厳しい亜熱帯気候だから、屋根をコース全体につけている。

私が手がけた建築の中では最大規模となる、回廊型の遊環構造建築が完成した。

ちなみに、地下の駐車場の設計も手がけているが、駐車場の一角は設計にあるスペースを要求され、内部は絶対に私たちに設計させなかった。あれは地下シェルター機能かもしれないが、いまだに謎だ。

中国の公共建築はすべてコンペである。大きなものは国際コンペである。中国のオリンピック施設はほとんど外国の建築家が設計している。初歩設計というが、基本設計は海外の建築家にさせるが、施工図設計、実施設計は地元の中国の事務所が行う。国際コンペは単独でもできるが、実施設計はアドバイザー的な役割を担う。こうして世界のデザイン、技術力を国内化し、技術移転をするという方式である。

そうした国家戦略により、この20年間で中国の設計レベルも施工レベルもきわめて上がったと思われる。オープンコンペではあるが、応募者の中から実績を考慮して5社程度を選定し、有償で第2次のコンペを行う。提出内容はきわめて厳しく、模型も大きさにして畳1畳分くらい、1分ぐらいのCGアニメーション、そして中国語と英語の30～50ページのA3のプレゼンテーションが多かった。コンペ参加費の2万ドルをもらってもだいたいは赤字である。しかし世界的な競合者と戦うわけだから、やりがいはある。

設計料は日本の基本設計の2倍から3倍である。実施設計の段階ではあくまでアドバイザーだが、佛山市嶺南明珠体育館のように難しいものは、日本側がアドバイザーというよりも、代わりに描いてしまうという形になる。

上海旗忠森林体育城テニスセンターの場合には実施設計で2階部分を大きく変更されてしまった。我々はプレキャスト・コンクリートと、ポストテンションという構法により、スタジアムの下に柱を立てず屋根を支える構造で計画を仕上げたが、中国側は「技術的に自信がない」といって、柱を立ててしまい、座席下を円環状に室内ロビー化してしまった。私にも室内空間化の要請はあったが、上海の気候を考えると外部の方が良いのではないかと説得したはずなのだが……。中国のクライアントは実施設計の段階で中国の上海設計院に室内化を指示したようである。

もう少し基本設計段階でクライアントと話し合っておけばよかったと思われるが、コミュニケーションのむずかしさを実感した。中国では設計料がもらえなかったという話をよく聞くが、私の場合は基本的にいただいている。中国人の教え子がサポートしてくれたことが大きいのかもしれない。

6　国立成育医療研究センター（2002年／東京都世田谷区）

我が国の小児医療センターが国立大蔵病院の改築としてスケジュールにのぼったのは、2000年頃である。私はこどものための医療施設の設計実績はあるが、大規模なものはない。すでに1990年代に世界のこども病院の調査を行っていて、「こどもの健康回復の場の設計に関わりたい」と強く思っていた。

私は大学の同級生を通して、日本最大の設計事務所、日建設計に「国立成育医療研究センターのプロポーザルを一緒にやろう」と誘った。そして我が国を代表する高級住宅街に近く、多摩川の段丘を形成する、豊かな緑の環境の中の病院の実現に携わる機会を得た。

医療施設で実践した「不安を取り除く」設計

川崎市にある産婦人科神保医院が、私が設計した最初の医療施設である。私が独立してすぐのころ、大学の同級生から「親戚が医院を改築したいので相談にのって欲しい」と連絡があった。産科はこどもを産むという場所であって、病院の中では比較的ハッピーな施設ではあるが、さまざまな事情で必ずしもそうではない医療を受ける場合もある。みられたくない場面もある。不安を抱えて病院に行く。その不安を少しでも取り除く、近づきやすく、開放的なのだが、プライバシーが保たれる中庭をもった医院を提案した。中庭を先生の自宅と医院が挟んだ2棟構成で配置し、かつそれをスロープで回遊できる形式を提案した。入院患者のベッドからも外の景色が楽しめるよう設けた縦型の大きな窓が特徴的であった。周辺はまだ田園地帯だった。

私が29歳の時、長男はこの神保医院で産まれた。川崎市から推薦を受け、神奈川県建築コンクールの最優秀賞を受賞した。私の最初の受賞作品だ。その後、いくつかの産婦人科と小児科の医院を設計したが、いつも医療施設のむずかしさとおもしろさを実感した。

1992年、「郷里で小児科を開業するのだが、設計してくれませんか」と私の著書『子どもとあそび』を読んだ方が研究所に飛び込んできた。日大病院小児科医の藤枝俊之さんである。藤枝さんは「自分はこどもがとても好きで、プレイリーダーになりたいのだが、父親が医者だから小児科医になった」という。「ぜひこどもがあそびに来られるような医院をつくりたい」という。医療施設とあそび場の融合なんて、めったにできるものではない。すぐにOKして松山に飛んだ。遊具付きで砂場もある3階建ての医院は長い設計期間の末できあがり、すでに10年以上が経ち、地域ですっかり評判の小児科医院となっている。藤枝さんのお兄さんは心臓外科医で、カテーテルによる治療を中心とする医院をつくりたいと依頼された。今や四国、日本を代表する心臓外科の医院となっている。さらにその医院をご覧になった老人専門病院の改築の依頼をいただき、松山市でお手伝いした。数多くの医療施設の設計でも、患者の皆さんができるだけ回復期には歩き回れる、楽しい医療空間を提案している。それはまさに遊環構造の適応である。

多摩川沿いの緑の台地に居心地のよい遊環構造の病院を

大蔵病院の産科小児科を中心として、新しい病院が構想された。敷地は大きい。7・5haもある。既存樹林をできるだけ生かしながら、病院棟、研究棟などの総合的な建物が、計画された。工事的には全体をスクラップアンドビルド、すなわち既存の機能を使いながら、病院機能を縮小、継続しながら、新しい建物を次から次へと立てていく形の建設で、そういう意味では更地とは異なる難しい課題を抱えていた。日建設計の医療建築部門の担当者はとても優秀で、また何よりもクライアントの厚生省の病院建設担当として、辻吉隆さんというすぐれた建築家が指揮をとっておられ、日建設計、環境デザイン研究所と三者が一緒になって、世界に誇れる小児病院をつくろうと意気込んでいた。

上:公園のような中庭を広くつくり癒される空間を演出
中:病院というよりはこどものためのミュージアムのよう
下:実現できなかったメディカルリングのモデル

私たちの提案は国道に面して緑の公園的空間が敷地の中心部まで挿入され、それを中心に病院、研究所、その他諸々の施設が配置され、患者とそのファミリーにとって、少しでも心が癒される空間を提供することであった。その建築空間はチルドレンズ・ミュージアムのように楽しく、そして居心地の良い空間である必要があった。大きな緑豊かな中庭に面して、受付、ラウンジ、そして物販飲食などの空間が並び、季節ごとに中庭の風景が変わってゆくような演出を提案した。この空間的構成は、立体的な遊環構造が形成され、世界のこども病院のロビーの空間に比しても負けない空間に仕上がったと思う。

実現できなかったメディカル・リング

緑豊かな中庭を挟んで、病院棟と研究棟が立ち、それをつなぐ空中ブリッジがある。私はそのブリッジを東西2本架け渡し、病院棟と研究棟の廊下をつなげ、全体として250mのループ状のメディカル・リングと呼ぶ患者の回復期運動回遊路を提案した。こどもの回復期、下の公園的な広場に下りることができなくても、このリングを車椅子で周ることによって、緑を楽しむことができ、「早く良くなりたい」という意欲がわき起こるに違いないと考えたのだ。単に研究者や医療関係者の渡り廊下ではもったいない。患者のための空間としても活用すべきだ。そのためにはブリッジは2本必要という主張をした。厚生省の辻さんもこの考えに大いに賛同してくださったが、問題は予算を司る大蔵省で、結局、2本ブリッジをつくることは認められなかった。1本で良いものを2本にする理由が見当たらないというものであった。

私は2本のブリッジの幅を少し狭くして、1・5本程度のコストに抑えられると主張したが、だめだった。私は1本ではない2本のブリッジによる回遊性をはかることによって、患者の回復にきわめて高い効果があると実証できると思ったのだが、その機会を失ってしまった。今は医師、看護師、研究者等医療関係者の単なる通路でしかない。その通路の景色は本当に素晴らしく、入院していることもたちにこそ体験してもらいたかったと残念でならない。いつか必ずどこかで実践し、科学的エビデンスをとりたいと考えている。この成育医療研究センターは世界的に見ても、我が国の誇れることものための医療施設環境となった。それだけに、もう一歩ができなかったことが悔やまれる。

7　尼崎スポーツの森　（2006年／兵庫県尼崎市）

兵庫県初のＰＦＩ（Private Finance Initiative）事業による複合健康増進施設として計画され

た。夏期以外はアイススケート場として使われるメインアリーナのほか、50mプール、25mプール、トレーニングルーム、フィットネススタジオ等の他、屋外にフットサルコート、グラウンド・ゴルフ場、レジャープールなどの多様なプログラムを有したスポーツ集客施設である。「のじぎく兵庫国体」の水泳会場となった。

PFI事業に初参戦

尼崎の森中央緑地スポーツ健康増進施設〝尼崎スポーツの森〟は、「尼崎21世紀の森」内に、兵庫県初のPFI事業方式により、2006年度「のじぎく兵庫国体」の競泳・シンクロナイズドスイミング会場として整備された施設である。

PFI事業方式とは、公共施設などの設計、建設、維持管理及び運営に、民間の資金とノウハウを活用し、公共サービスの提供を民間主導で行うことで、効率的かつ効果的な公共サービスの提供を図るという施設運営方法だ。

民間企業が最初に投資をし、施設の運営も行う。一般的には、20年前後の事業期間を設定する。その間の事業収益は、官と民の間で協議をし、お互いの収入を取り決める。事業期間終了後、施設は官が運営を継続していく。

簡単に、尼崎スポーツの森の事業スキームを紹介しておこう。

上：国体用に新設された水泳施設だが大会後を考え子育て支援機能を持つレジャー公園に
下左：巨大ネット遊具は幼児から小学校高学年まで楽しめる
下右：プールは床も可動式で、様々な目的に使える機能を提案近畿菱重興産・三菱重工業・ヤマハ発動機によって設立された特別目的会社（ＳＰＣ）、あまがさき健康の森株式会社が、尼崎スポーツの森の経営主体である。施設全体の運営に関しては、スポーツ施設運営のノウハウをもつ、ヤマハ発動機が担当している。

本プロジェクトは、〝森の景観と環境をつくる〟というコンセプトに基づき、空間ボリュームを抑え、エネルギー消費を節減する環境配慮型の施設を目指していた。

そして私は、ＳＰＣの中心会社である三菱重工から声をかけていただいた。

当時、国内で、ＰＦＩ事業方式の成功例はほとんど生まれておらず、本プロジェクトを是が非でも成功させたいのだという。但馬ドームで三菱重工と協働した実績と、過去にさまざまな施設での〝集客力向上〟の実績をもっていたからだと思っている。私にとっても、ＰＦＩ事業案件への参加は初めてのことだった。

本施設のメインとなるコンテンツは要求水準書に基づく。国体会場となる施設メニューに、ヤマハ発動機等のマーケティングによる施設提案、そして私たちの集客提案等から決定された。屋内には、国際公認50ｍ、国内公認25ｍのプール、フィットネスコーナー。ちなみに、50ｍプールは、冬季にアイススケートリンクとなる。屋外には、フットサルコート、グラウンド・ゴルフ場、夏季限定のレジャープールが計画されていた。

ちなみに、空間可変技術として、50ｍ、25ｍプール双方に、利用目的に適した可動床機構を導入している。水深3mのシンクロナイズドスイミングから、競泳、水中エアロビクスの同時利用プールなど、利用目的に応じて多彩なプール形状に姿を変えることができる優れものであった。25mプールは14コース、ジャグジー施設も付帯している。

年間利益1億円の工夫

そんな魅力的なコンテンツが盛りだくさんの施設ではあるが、私は、こどもの集客に注力すべきであるということを強く提案した。「こどもがあそびながら、スポーツに関心をもち、運動能力を向上させる場をつくりましょう」という提案である。

結果、敷地のセンターに「こども広場」という建物を設け、こども向けのネット遊具を設置できることになった。半径約7mの円形の建物に大きなネット空間をつくった。全体的にロート状で、周囲にステップを設け、回遊しながらあそべる遊具である。上は小学校高学年などの高年齢、下は幼児などの低年齢のこどものゾーンとして計画した。

来館したほとんどのこどもが、このネット遊具であそんでくれているようだ。200円と有料ではあるが、年間5万人前後の利用者がある。100回も来たこどももいるらしい。「確実にこのスポーツ施設の集客に寄与している」と運営のヤマハ発動機の責任者が話してくれた。

また、レジャープールも夏季限定ではあるが、こどもたちに大人気のあそび場だ。こちらは年間25万人ほどの利用者がある。

このレジャープールと、隣にあるグラウンド・ゴルフ場の周りを、回遊性のあるテラス廊下で大きくぐるりと囲むこととした。プールを見下ろせる高さのテラスとなっており、保護者にとって、こどもがとても見つけやすいと好評だ。これも遊環構造の一環である。

この回遊テラスは、こどもたちが移動する際に、ごちゃごちゃ混雑しているプールサイドを行き来するのではなく、簡単に目的の場所にたどり着ける、ショートカットの機能ももっている。案外、こどもたちは勝手に、こうしたものを私たちが想定していなかったあそび道具にしてしまう。

安全面と効率面で、ヤマハ発動機から感謝されたことがある。それは管理スタッフが常駐するスペースの位置である。私は、できるだけ広い範囲で施設内を見渡せる場所を計算して、そのスタッフルームを設置した。結果、人を効率的に配置でき、マネジメントのしやすさはもちろん、収益面でも貢献しているそうだ。

このプロジェクトに参加して一つ勉強になったのは、フットサルコートの事業性の高さである。20代、30代の男女にフットサルはとても人気が高い。そして、グラウンド・ゴルフはお年寄り、こどもはネット遊具、お母さん方はフィットネスクラブなど、老若男女がスポーツを楽しめる環境を総合的につくれたことが、集客力を高める大きな原動力となったのだと思っている。

同施設は、開館翌年の２００７年に年間約36万人であった利用者数を、２０１０年には46万人に伸ばすなど、当初の想定利用者数を遥かに上回っている。

収益的にも好調で、年間の利益が1億円ほど。そのうちの約3分の1を兵庫県に還元しているそうだ。

ＰＦＩ事業は公共施設の生涯建設運営コストを下げる

その後、私が手がけたＰＦＩ事業としては、愛知県岡崎市の「岡崎げんき館」（２００８年）がある。

こちらも岡崎市初のＰＦＩ事業で、敷地西側に残された旧市民病院の建物をコンバージョンし、新設建物と3層吹き抜けのアトリウムによって一体化したものだ。

「元気と活力を創造する拠点づくり」をコンセプトに、「市民交流」「健康づくり」「こども育成」「保健衛生」の4つのゾーンから構成されている。

屋外には、健康増進広場や健康回廊を設け、運営と一体となった遊環構造による賑わいづくりに成功している。

事業的にかなりうまくいっていて、人口30万人都市であるが、年間30万人ほどの来館者があって、しっかり利益を生み出している公共施設である。

ここでもやはり、広い範囲のユーザーに使ってもらうことを心がけた。図書館、プール、フットサルコート、その周りを囲む屋根つきのランニングロード。もちろん、こどもたちのための、ネット遊具も設置している。

敷地自体にゆとりがなく、駐車場の台数が100台しかとれなかったためか、市民の方から「もっと駐車台数を増やしてほしい」との要望が増え、現在、市は立体駐車場にすることを検討しているようだ。

岡崎げんき館の開放感あふれるプール

PFIのプロジェクトでは、東京都のコンバージョンの仕事も思い出深い。「高尾の森わくわくビレッジ」というプロジェクトである。東京都高尾につくられた高校はわずか16年で廃校になってしまった。それを野外体験施設として、民間事業として再生したのだ。京王電鉄株式会社が中心となり、施工は京王建設、運営は東京YMCAが行ったが、これも事業として極めてうまく成功したプロジェクトである。図書室を浴室に改造し、屋外の内庭を吹き抜けのホールに改造した。教室を宿泊室に改修したが、一部はそのまま残し、会議室として使いながら、卒業生たちの思い出の場としている。ファミリーで野外体験ができる場として人気で、宿泊利用実績は3万5000人、活動施設利用実績は10万人を超えている。事業運営会社の経営も健全と報告されている。時代とともに機能を変えながら、建物を長寿命化させ、多くの人々が利用する施設としてPFIは適切な方法と思われる。何よりも運営という視点で再構成される点が良い。

私は、公共事業としてPFI事業をもっと増やすべきだと思う。公共事業を公設公営で行うには無理があるのだ。PFI事業の期間が終了した施設譲渡後も、運営は民間に任せたほうがいい場合が多い。

PFI事業のスタートは、土地は公が賃貸等で提供する民設民営である。最適なコンテンツ、空間、装置などを用意して、しっかり集客して、公的外サービスを行いながら全体の運営費を縮減するシステムを構築する。

我が国の過去を振り返っても、つくっても利用されない公共施設、利用率が低い公共施設がものすごく多い。そもそも、プログラムがしっかりできていないのだ。それからもう一つ、役所は運営費、管理費をできるだけ縮小するという経営の部分をほとんど考えていない。それを考えても自分の給料に反映されないのだから、そういう努力をする動機がないのは仕方ない。しかし、結果が最優先される民間はそこが違う。

国は、公共施設にかかる生涯建設運営コスト（ＬＣＣ）を下げろと言い、事業仕分けを行った時期もあったが、そうではなく、その施設を使ってくれる利用者数を増やし、利用者一人当たりの生涯建設運営コストの最小化に頭を使うほうが大切だと私は思っている。

我が国の公共施設は、その建設費、運営費をもっと効率的に使わねばならない。そのためにはＰＦＩ、ＰＰＰ（Public Private Partnerships：官民連携）等、民間と協力、融合して行わなければならない。官民の境をできるだけなくすだけでなく、官の中で縦割りの障壁を低くしていく必要がある。この方向はなかなか進まないが、成功のためにはそもそも要求水準なるものからして、もっと民間的な発想で組み上げていかねばならない。今後も新たな公共の分野の確立のため、積極的に取り組むつもりだ。

8　柏崎市文化会館（２０１２年／新潟県柏崎市）

中越沖地震で市民会館が崩落し、柏崎市は新たな市民会館建設を震災復興事業として立ち上げた。我が国を代表する劇場建築家・斎藤義と2000年からチームを組み、そのプロポーザルに応募し、音楽的にも演劇的にも、きわめて質のよい劇場空間を実現することができた。

こども劇場としての秋田県児童会館ホール

私自身の劇場設計は菊竹事務所時代、久留米市民会館の設計を担当したのが初めてである。奏者、演者と観覧者との関係がとても緊張感と解放感のある空間として、劇場は魅力ある課題であった。ヨーン・ウツソンのシドニーのオペラハウスや、ベルンハルト・ハンス・ヘンリー・シャロウンのベルリンのコンサートホールはホール空間もロビー空間もそれだけで楽しい。私の学生時代はちょうど我が国の近代建築の巨匠と言われる前川國男さんが上野の東京文化会館を完成させた時期でもある。建築家として劇場というのは、きわめて魅力的であこがれのビルディングタイプである。

私が独立して最初に設計した劇場空間は鳥取砂丘こどもの国のこども劇場だが、本格的なものは秋田県児童会館のこども劇場である。観客数800人という大きさだった。彫刻家の脇田愛二郎さんと協働した劇場だ。脇田さんは共通の友人を通して知り合い、最初に協働した作品となった。彼はアメリカのイサム・ノグチのアトリエから帰り、西武のパルコ劇場のインテリアで注目を集めていた。秋田の子ども劇場の内部はほぼ赤い空間である。もちろん舞台は赤くないが、こどもも大人も赤い色にきわめて気持ちを高ぶらせる。人は母親の産道を通ってくるときに、きっと赤い空間を通りぬけてきたのに違いないから、赤い空間には懐かしさを感じるに違いない、という仮説を立てた。40年近くたっているが、今も秋田の中劇場として利用率はきわめて高いと評価いただいている。

劇場建築家・斎藤義との共同

劇場建築家・斎藤義は菊竹設計事務所時代の先輩であった。私よりも早く独立し、住宅作家としても活躍していたが、自由劇場等、若い演劇集団の小屋の設計を数多く行い、民間の大型劇場の改修計画にも関わっていた。斎藤は耳が良く、アコースティックの音響的な感覚にも抜群の能力を発揮していた。公共劇場空間でも世田谷パブリックシアターや河口湖の野外劇場等すぐれた劇場空間をつくり、運営と一体となった劇場空間、音と響きの良い劇場空間の実績をもっている。

2000年頃、私は大学や学会の仕事にもきわめて忙しくなり、それまでもいくつかのコンペ等を一緒にやってきた斎藤に環境デザイン研究所の所長になってくれないかとお願いした。若いころからの友人である。おたがいの性格も知っている。彼は承諾し、彼の事

福井市のオフィス街に作った「響のホール」は居心地のよい小ささ

務所「アトリエR」を閉じて、環境デザイン研究所の所長になってくれた。とにかく私にはない、すぐれた音に対する感性、そして劇場をはじめ、運営に対してきわめて高いデザイン的配慮をする姿勢を、私は共同することによってさらに認識し、このコラボレーションは成功すると確信した。

斎藤と共同設計した初期のホールとしては福井県の福井まちなか文化施設〝響のホール〟がある。客席数230というきわめて小さなもので、山一證券のビルの跡地に中心市街地の再生という目的で、国と県と市が共同でつくったまちなかの市民活動拠点である。1階は前後の商店街をつなぐ通り道と、商業空間としてコーヒーショップを配し、地階に練習室、上部にホール、練習室というきわめて立体的な構成で、多くの若い人に利用されている。

また、河口湖の野外劇場は彼の作品であるが、環境デザイン研究所に移ってきてから、雨が多い日本の野外のイベントを興業的に安定させるためには屋根が必要ということで、

慶應日吉の協生館のホール。舞台背面に運動場を展望

屋根をかけることとなり、可動屋根をきわめてリーズナブルな価格で実現することができた。利用率も格段に上がったと聞いている。

慶應義塾の日吉キャンパス協生館のホールも思い出深い。500席の音楽ホールだが、講演会等にも使われ、多用性が高い。舞台背面が開き、運動場の土と森と空を展望できる点が特徴的である。

また秋田の国際教養大学多目的ホールも7・4億円という予算で700席の劇場をつくった。ロールバックチエアーを引くと、バスケットボールコート1面の体育館に変身する。回遊ランニングコース、フィットネスジム等をコンパクトに詰めたホールで、平面的に図書館、講義棟と同様、半径22ｍの円弧の形状を採用した。渡辺玲子さんというニューヨーク在住のバイオリニストの特任教授が、「音響がとても良い」と評価してくれた。スポーツ利用と音の響きの良い音楽ホールは、普通は相反する機能なのだが、斎藤は反射板、内部の仕上げを細かく工夫し、すぐれた多目的な音響空間を実現してくれた。

掌（たなごころ）型劇場空間

柏崎市文化会館はプロポーザル・コンペだった。審査委員長が香山壽夫東京大学名誉教授だったので応募することにした。多くの場合、審査員が誰かというのも私たちがコンペ・プロポーザルに応募するかどうかを決める一つの要素だ。多分、私が審査員の時は私のつくり方に賛同しない人は応募しないだろう。内井昭蔵さんと香山壽夫さんは我が国で最も多く審査員をした建築家である。お二人は社会貢献建築家の称号を与えられるにふさわしい方々である。

敷地は柏崎駅前にあるかつての日本石油の工場跡地で、URが開発した土地である。西側の駅から、北側の市街地からのアプローチ、南側に柏崎を形成する山並み、刈羽三山の米山、刈羽黒姫山等を望む形でホールホワイエを設け、遊環構造をもった立体的な市民ラウンジ空間を提案した。劇場は斎藤が長年研究した1100席の掌（たなごころ）型客席空間を実現した。3階建てだが一体感のある温かみのある空間である。永田音響設計の福地智子さんと多くの議論を重ね、初期反射音が中央のホールにかえるような壁の材料形態を提案した。レンガタイルと木をうまく重ねながら、とても魅力的な劇場インテリアを完成することができたと思える。

上：掌型ホールの音響は世界で3本の指に入るとの評価も
中：明るい回遊性のある市民ラウンジは高校生の勉強の場に
下左：中越沖地震後、柏崎市民の憩いの場が復活
下右：雪も雨も多い土地柄だが、屋根つき廊で近づきやすさを向上

市民が自由に使えるラウンジロビーは当初、可動屋根を提案したものの、雪国ということもあり、結局は固定屋根となったが、半野外的な明るい回遊性のあるラウンジとなっている。もちろんこどもの音あそび遊具も仕込まれている。全体に展示空間として成立する形でラウンジをつくり、しかも学べる段状のラウンジは、高校生の自習活動の場としてきわめて活発に利用されている。

作曲家の池辺晋一郎氏やNHK交響楽団など、プロの方々からとにかく音の良いホールとして高く評価されている。世界的なピアニストで日本でも数多くの演奏をしているクリスチャン・ツィマーマン氏から「このホールの音の響きは素晴らしい。ここで演奏することとは大変な喜びである」と言われたと柏崎市の会田洋市長は喜んでいる。ツィマーマン氏はプログラム、自分のレパートリーに合わせ、自己の所有するピアノを入念に調整し、調律師を連れ、世界中のホールにそのピアノを持ち込んで演奏するスタイルで知られる、音響学にも強いピアニストである。

雁木のある伝統を引き継ぐ

この20年ほど、屋根付きの回廊の研究を日本、中国、ヨーロッパとしてきた。特に中国の園林は1haほどの庭に屋根付き廊が回遊式に張り巡らされ、雨の日でも庭をゆっくりと楽しむことができる。蘇州の園林の名園を見ると、年間100万人という高い集客力があるのは、この屋根付き廊が環境要素として寄与しているのではないか、雨や雪の多い国である我が国でも、屋根付き廊を内外部空間として導入すべきだと考えていた。もちろん廊はアジアだけでなく、ヨーロッパにもある。イタリアのボローニャなどは町なかに廊が張り巡らされていて楽しい。

雪国である新潟は昔から雁木と呼ばれる屋根付き廊が発達している。ここでは雁木の伝統を引き継ぎ、廊を内部の遊環構造と連動させながら展開することを試みた。今後の周囲の都市開発とあわせて連続化して行ければ良いと考えた。ここの廊は単に通行だけでなく、案内や休憩のための空間としても機能するように提案している。

私たちはいつも周辺との関係性を意識しながら環境をデザインしていくが、屋根付き廊はその関係性をつくる有効なアイテムと考えている。すなわち遊環構造の触手のような役割である。まるで化学における塩基のような結合するためのツールなのである。柏崎駅前の空間はこれから新しいタウンセンターとして形成されようとしている。柏崎市文化会館はその中心的な役割を果たすだろう。

9　椙山女学園大学附属幼稚園・附属保育園（2014年／愛知県名古屋市）

緩い北斜面の段差のある敷地を利用して、豊かな既存の自然と樹木を最大限に生かした遊環構造を取り入れた、大学附属の幼稚園・保育園。70年の歴史をもつ、椙山《すぎやま》女学園大学附属幼稚園園舎の耐震化と老朽化対策にあわせ、附属保育園を併設してリニューアル。中部地方で唯一の0歳から大学までの一貫した女子教育を可能とする施設となった。

高低差のある斜面緑地を生かした遊環構造の園舎

椙山女学園は名古屋の名門である。1942年、椙山女子専門学校附属幼稚園が、現在の椙山女学園山添キャンパスの位置に開園し、増築を重ねながら、木造、鉄骨造の平屋の園舎が3棟残されていた。2013年、耐震の問題もあり、総合的な幼稚園・保育園を目指して新園舎の改築を構想したプロポーザル・コンペが企画され、お声をかけていただき、私たちの提案が選ばれた。

椙山女学園から最初にこの計画の話をお聞きしたとき、大学の歴史・伝統、品のある雰囲気を大事にして、落ち着いた環境をつくりたいと考えた。また、この地域は住宅街であり、文教地区である。緑豊かな環境との調和を目指し、設計作業を進めていくことになる。

敷地の特徴は、南北両側のエントランスに２ｍほどの落差があること。椙山女学園山添キャンパス周辺が、全体に斜面緑地を利用した住宅街であり、その谷間に幼稚園・保育園の敷地は位置している。

私たちの提案は、もともとあった木々と園庭をできるだけ保全しながら、３つに分かれていた園舎を一体化し、周囲の環境と連続させるというものであった。この手法は、２００５年に私が手がけた、横浜市の幼保一体型施設第一号「ゆうゆうのもり幼保園」が原型となっている。

幼稚園ブロックを2階、保育園ブロックを1階に配置し、2階の外周を環状の外部廊下でつなぐというものだ。その後、関東学院六浦こども園の設計にも継承されるなど、徐々に進化させてきたオリジナルのデザイン手法である。

まず、豊かな緑を十分に生かし、園庭のポテンシャルと可能性を十分に引き出すことを考えた。敷地の北側には街区公園がある。以前の園舎は公園に背を向けて建てられていたが、この公園を、景観的にも、空間的にも一体化させることを狙った。

もちろん、回遊性を大事にした遊環構造を基本としている。園舎を一つに集約し、一体化することで、その周囲をぐるりと回遊することができる。そうやって敷地全体が園庭として使えるようになったことが、最大の変化といえるだろう。

そして、園舎を取り囲む園庭からすべての保育室にアクセスすることができるため、保護者にとって、朝夕の送迎時に直接担任の先生とこどもの受け渡しが行いやすく、お母さんと保育士さん、お母さん同士が密度の高いコミュニケーションをできるようになっていると園長先生から評価をいただいている。

こどもたちは、自然の景色を眺めながら園全体を周回

敷地の高低差を利用して、1階と2階の間に踊り場をつくり、大階段でつなげている。そこに、大階段と一体化した吹き抜けを設け、1階部分を中央ホールとした。私は、こどもたちの思い出に残る建築には、このような広場（私はグレートホールと呼んでいる）が必要だと考えている。

グレートホールは、豪華な空間という意味ではなく、心に残る、包み込まれるような空間であればいい。そんなシンボル的な空間があることが、こどもたちがたくさんの思い出をつくるためには重要なのである。

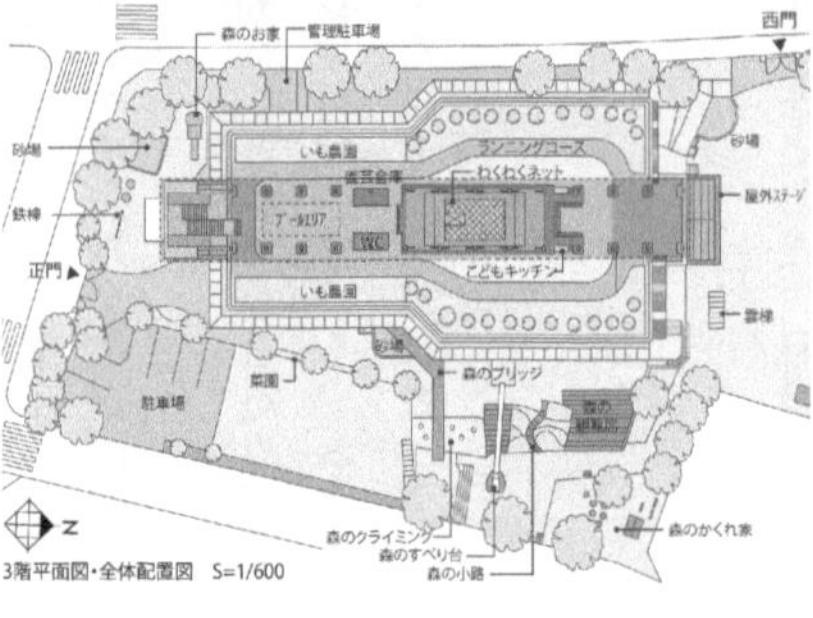

3階平面図・全体配置図　S=1/600

上：屋上は緑を見ながらこどもたちが走り回れる
中左：中央ホールは包み込まれるような空間。園児の思い出に残る建築を目指した
中右：3階まで使った立体複合ネット遊具は迎えのおとなも童心に
下：斜面緑地を生かし回遊性を重視した

多様な体験活動をつなぐ回遊路は、1階中央のホールの外縁はもちろん、2階保育室の周囲の廊下も、こどもたちにとって楽しい出会いの場となっている。

2階の保育室外周部は回遊できるテラスになっており、ブリッジなどによって、東側の森の広場から北側園庭や屋上庭園にもつながるなど、いくつもの回遊路が構成され、さまざまな自然の景色を眺めながら園全体を自由に周回することができる。

この園には、屋上にも園庭がある。施設中央にも3階まで使ったあそび空間があり、ネットによる立体複合遊具が形成されている。このネット遊具は、こどもたちはもちろん、こどもを迎えにきたお父さんたちも、時には見学にきた附属の中高生たちも、童心に返ってあそんでいくと園長先生が話されていた。

そして、ネットを屋上まで登っていくと、そこには柔らかなゴムチップ舗装を施した屋上園庭が待っている。敷地自体が谷間状なので、屋上に出ても、あまり高さを感じず、普通の庭に出たような怖さのない雰囲気となっている。

建物内には、みんなと活発にあそぶことが少し苦手なこどもたちのために、デン（鳥の巣）のような小さな空間をたくさん、また、年中、年長の各保育室にはロフトスペースを設置した。それらの小さな空間に入ることで、気持ちを落ち着かせたり、安心感が得られる場所を用意しておきたかったのだ。

乳幼児期に豊かな自然に触れられる幸せを

園児の年齢に応じた活動に対応できるよう、園庭環境の構成にも配慮している。

0～2歳の小さなこどもたちには、1階保育室前に木の柵で囲った園庭を設け、ゆったりとすごせるように計画した。3歳児には、集中した保育やあそびが展開できるよう、動きが大きな4、5歳児とは園庭を分け、保育室や職員室からほど近い位置に園庭を設けている。4、5歳のこどもたちは、運動場や遊具のある北側庭園、森の斜面クライミング、滑り台、屋上のランニングなど、園庭環境全体を使って、のびのびと活発にあそび回れるよう計画した。

現代の多くのこどもたちは、自然と触れ合う機会が極めて少なくなっている。これは本当に大きな問題だ。自然には季節の変化があり、多種類の生物が棲んでいる。椙山女学園大学附属幼稚園・附属保育園にも、たくさんの鳥がやってくるが、鳥や虫、そして植物などに触れ合うことはとても重要である。そんな意味でも、ここにある森は、こどもたちの発達にとって非常に貴重な役割を担ってくれていると思う。

園庭がフラットではなく、斜面や起伏があるところもいい。自然なかたちで滑り台が利用され、建物の中にあるネット遊具とあわせて、こどもたちの反射神経やバランス感覚を養ってくれるからだ。

また、自分の周りの微妙な変化を感じ取る気付きの力は、自然の中でのあそびを通じて育まれる。椙山女学園大学附属幼稚園・附属保育園のように、幼児期に豊かな自然空間が与えられることは、こどもの将来にとってとても重要なことであると思う。

新しい幼稚園・保育園で、こどもたちが毎日本当に楽しそうにあそび回っている。園長先生から聞くところによると、見学に訪れた人のほとんどが、「この園に自分のこどもを通わせたい」と言ってくれるのだという。

都心部における幼児期の環境として、決して大きな敷地ではないが、自然環境に触れながら、椙山女学園に学んだという思いと誇りをもてるようなコンパクトな園舎ができたと思っている。

10　京都府立清明高等学校　（2015年／京都府京都市）

2015年4月1日、府立高校として29年ぶりに新設された高等学校である。昼間2部制・単位制・普通科という、京都にはこれまでになかった新しいタイプの高校で、さまざまな志望動機や学習経験を持つ生徒が、自分のペースに合った高校生活を送ることができる。京都のまち並みとの調和を考慮し、シンプルかつボリュームを抑えた建物とし、住宅街と連続した高校を目指した。

フレックス高校に必要なのは親近感

私は過去に、幼稚園、小学校、中学校、高校、大学と、さまざまな年齢層の教育施設の設計を手がけてきたが、この公募型プロポーザルに応募したのには、大きく2つの理由がある。

京都フレックス学園構想に則って新設される高校で、授業は午前、午後の2つのコースを選べる昼間2部制。また、単位制の普通科で、4年間での卒業が基本など、不登校の経験があるこどもたちにも通いやすい、まったく新しいタイプの高校になりそうだということ。そこに、大きな挑戦を感じた。

もう一つは、それが京都にできるということ。私が日本建築学会の副会長・会長を務めていた2000年頃、現代的な建築であっても京都につくる場合は、景観について十分に留意していく必要があるのではないかなど、学会として京都らしい景観形成についての提案をしていた。そんな経緯もあって、自らがその見本を示したいと考えたのである。

プロポーザル・コンペの第二次審査で5社が残り、私たちのプランが最優秀賞に選ばれた。

まず、周辺の落ち着いた住宅地という環境への配慮も含めて、2階建ての建物にすることを決めた。当然だが、低い建物は、威圧感が少ない。学校というものに抵抗感をもつこどもたちも多いと思い、アクセシビリティが高く、親近感のある施設にしたかったのだ。

エントランスの近くに、カフェテリアを設けた。ちなみにここは、近隣の住民たちにも開放されている。また、その周辺に、誰もが座ってくつろげるベンチを配置したり、学校の外の世界と自由に行き来できる雰囲気を演出している。

内部空間も、従来の学校は、白くて清潔というスタイルが主流だが、私は、幼稚園などで長年、優しい色を使った柔らかい空間づくりを行ってきた。そのスタイルで、この高校をデザインしてみたかった。

名古屋での成功

この直前にひとつの成功体験があった。2012年に竣工した、名古屋文化学園保育専門学校。改築計画であったが、壁などの色をやさしい感じの薄い黄色とし、学生たちが気軽に座って話ができる、テーブルやいすを配置した。

名古屋の繁華街に近い場所にある専門学校だったため、改築前は、授業が終わると学生たちはすぐに街にあそびに出ていたという。しかし、改築後は、学校内に学生たちの居場所ができたのだろう。ラウンジやテーブルを使って、学生同士が互いに勉強を教え合ったり、学内のクラブ活動が盛んになったり、学校ですごす時間が大幅に増えたそうである。結果、退学率が5分の1に激減。理事長から大変感謝された。

そんな効果を証明できたこともあって、清明高校でも、内部の壁のメインカラーを薄い黄色とし、ベンチやテーブルをたくさん配置したというわけだ。

なぜ廊下のコーナーを丸くしたか

1階が目的別教室、2階が普通教室と職員室である。建物は2棟に分かれており、その建物の吹き抜け部分をまたぐようなかたちで職員室を配置した。2つの棟をつなぐ廊下の横が職員室で、仕切りはカウンターテーブルのみ。生徒と教師のコミュニケーションが取りやすい構成としたかった。

床や廊下の安全性も考慮している。たとえば同じコンクリートの壁でも、ピン角《かど》と呼ばれる、わりかしシャープなデザインを好む人は多い。しかし私は原則としてピン角にはしない。コーナーに少し丸みをもたせている。これによりやさしい空間になり、大きな面をとると衝突などの事故が大幅に削減できるのだ。

以前、私の研究室が愛知県内の小学校で調査したところ、63％の児童は曲がり角での衝突の経験を持っており、そのうち10％のこどもは打撲やねんざをしたことがある。

また調査の結果、駆け足のこどもたちは廊下の曲がり角を秒速1・8m以上の速さで走り、半径2・4mの円弧を描く。だから、反対側からこどもが走って来ると、その軌道は交わって、二人のこどもはぶつかってしまう。

廊下の曲がり角の隅を切って見やすくすれば、角の向こうからもう一人のこどもが走ってきても、十分に方向を変えたり、止まったりできる。万一ぶつかったとしても、大事にはいたらない。

具体的に実物大の廊下の曲がり角の模型を作成して、小学校で実験してみたところ、幅2mの廊下の曲がり角が半径2・6mの円弧で丸くなっていれば、こどもたちはまったく衝突することがなかった。2・6mの廊下の隅切りによって、内側の空間は少しへこむが、全体のデザインにそれほど影響はないのである。

実際の建築空間の設計では、角を削ることはなかなか難しい場合もある。場所、場所のポテンシャルを考えながら、曲がり角のデザインを行っている。そんなコーナーの工夫を含め、建物全体を見通しのよい回遊性のある構造としたことで、どこにいても自分の居場所が確認できる建物となった。

階段にもこだわった。学校の階段は、暗いものが多い。学校に限らず、ビルでも何でもそうなのだが、だいたいがコンクリートで囲まれていて、外の景色も見えない。できるだけオープンで、存在がわかる階段にしたかった。

そのため、1階と2階を結ぶ大きな階段ホールをつくった。ここでも座り、話し合う雰囲気がある、誰もがくつろげる、居心地のいいスペースとなった。

ちなみに、清明高校第一期生たちの入学式の写真撮影は、この階段ホールで行われた。大人数の記念撮影もしやすい。秋の文化祭ではダンスの発表会が行われ、大勢の観客が階段に座った。

まだオープンしたばかりの高校であるが、入学希望者の応募倍率も高く、校長先生は、今まで中学校では長期休学していたこどもたちが、みんな元気に通ってきているとおっしゃっていた。

第三者監理はやめにしたほうがよい

ほぼ、思いどおりのデザインがかたちになったと思っているが、残念だったのは、設計監理ができなかったこと。我々が通常計画設計するという行為は、まず設計図をつくり、

上:外観は京都の景観になじみ、威圧感、抵抗感のない2階建てに
中:清明高校の俯瞰図
下左:職員室は生徒に開かれた空間だ
下右:カフェは近隣住民も利用可能

工事のときに、設計図どおりものがつくられているかという設計監理も行うことによって完結する。これができなかったのだ。

国土交通省が決めた第三者監理の仕組みによって、清明高校の設計監理は京都の設計事務所が行うこととなった。この第三者監理が最近増えてきている。設計意図伝達業務という形でしかお手伝いできなかったのは、心残りである。地元の設計事務所にはよくやっていただいた。しかし少なくとも共同で設計監理ができていれば、もっと質の高い建築空間になったのにと残念に思っている。

設計監理とは工事の段階で設計図通りに設計が出来ているかをチェックすることをいう。法的な設計監理は工事に手抜きがないかどうか、建物の品質を担保するものであるかどうかだが、実際には工事段階の設計と位置づけても良いと考えている。

たとえば木造建築をつくろうとすると、木は自然の材料だから、均質なものではない。ゆがみもあるし、色調も異なる。その材料を使いながら、図面でイメージしたものを現場でさらにより安全なものにしていくわけである。優れた建築は、現場での変更がありうるのである。また、そうしなければ良い建築はできない。造園ならばなおさらのことである。設計図に書いた同じ石や木が世の中にあるわけではない。自然の石、木を山に探しに行って、現場で最終的に決定していくのである。

良い建築、優れた建築、安くて質の高い建築にするためには、現場での設計変更があることが本来的には重要なのである。それは職人や技術者、建築設計者の共同でつくられるのであるが、それが分断されがち、機械的に処理されがちな方向に向かっているように思える。今の建築関係法規は設計変更を許さない方向といえる。

我が国は、ものづくりの国とよくいわれる。ものづくりは心がなければならないと思う。みんなで協力して、つくる喜びをわかちあえなければ良いものはできない。

私の事務所では、設計監理をベテランと若い新人とのペアで多く行う。現場では、さまざまな職種の人たちと出会う。その中で、さまざまな設計上の決定を行う。そういう現場での体験は、新人を人間的にも大きく成長させる。だから現場で設計監理をやるたびに、新人が一回りも二回りも人間として大きくなる。

現場は建築設計の新人教育の場としてもきわめて重要である。この現場の教育はアメリカの建築家教育でも注目されている。しかし公共造園の設計、公園の設計はこうはいかない。基本的に我が国の公園、広場等の公共広場空間の設計は役所による第三者監理である。設計者は設計しっぱなしである。これではつくる喜びを設計者は感じられない。

私は1980年代に公共公園の設計をあきらめたのだが、その理由に公共公園の発注がすべて入札であることと、設計監理ができないことがあった。設計入札は談合という犯罪か低入札という自己否定に貶める社会システムと思っている。何よりも公園の設計をやりたいという若い人たちが、現場でつくる喜びと人間的に成長する機会を奪っている。

公共事業そのものが1995年頃と比べて約半分になった。役所の技術職員の有効活用や、あるいは地元の設計事務所等、地元企業にも配慮するという形で第三者監理が普及している。しかしもともと設計図には細かい材料やメーカーの指定ができない。工事の段階で多くの意匠的な納まり等が決定されるわけであり、それを設計者以外が担当するのは不合理である。設計変更も難しい。

やはり図面を描いた人、考えた人が監理するほうがずっと効率的だし、よいものができるのは当然だ。このことを、声を大にして訴えているのだが、なかなかその思いは届かない。何よりも人間教育の場として重要だ。

11　南小国町役場庁舎　（2015年／熊本県南小国町）

有名な黒川温泉のある南小国町の新庁舎設計業務公募型プロポーザルで最優秀賞を獲得。太陽光や地下水などの自然エネルギーを活用した環境価値向上システムを盛り込み、多くの住民にとって開かれた劇場型の庁舎づくりを目指した。平屋建ての役所であり、地元産の小国杉を多用している。役所に用のある人だけではなく、孫連れのお年寄り、学校帰りのこどもたち、また、道の駅と間違って入ってくる旅行者など、だれもが気軽に立ち寄れる、新しいかたちの地方創生のモデル拠点が目指された。

物語を大切にするのが環境デザイン

周辺環境とどう調和していくか。私は常に、環境デザインとは「すでにある物語を大切にしながらデザインする態度」だと定義している。重要なのは、かたちよりつくり方。自然環境豊かな地域ならば、その環境を破壊しないデザイン、歴史的な地域であれば、まち並みや文化に配慮したデザインが必要で、だから私が手がける建築のかたちには定型というものがない。

素材もそれぞれ。基本的には、地域のものをできるだけ多く使う。共通しているのは、私がこどものあそび環境の研究で結論づけた遊環構造という原則に則って、こどもたちに限らず、訪れる人たちの意欲を喚起するような建築、環境をつくりたいという思いだ。

南小国町役場の新庁舎がある熊本県南小国町の自然景観は実に美しい。黒川温泉を始めとする温泉地としても有名である。

黒川温泉は、放送大学の教授を務めることになって、「都市環境デザイン論」という授業科目作成のための取材で初めて訪れた。とても感心したのは、温泉をより楽しんでもらうためのシステムだ。温泉組合が入湯手形を発行していて、訪れた人たちは、どこの旅館でも野天風呂を楽しめるようになっていることであった。夕方の温泉街は他の旅館の野天風呂を楽しむために、多くのゆかた姿の人でにぎわっていて、風情がある。そして、それがさまざまな土産物屋の売り上げにも寄与している。

そして、温泉組合が入湯手形の販売で得た利益は年間3000万円くらいあって、それを原資として、植栽をしたり、統一したサインをつくったりするなど、まち全体の環境価値を上げるために使っている。

共同で得た資金を、さまざまな地域の回遊利便性、快適性に還元している。だから、旅行客は温泉だけではなく、まち全体の居心地のよさを感じ、口コミで黒川温泉のよさを発信したり、リピーターとなったりする。

まちと温泉組合のさまざまな努力による相乗効果で、この地を訪れる旅行者は年々増加している、というわけだ。

議場を多目的ホール兼用に

そんな美しい自然と、黒川温泉を有する南小国町ではあるが、古い鉄筋コンクリートの町庁舎が寿命を迎えており、耐震的にも対応しておらず、早急に建て直さなくてはいけないという事態が訪れた。そして2012年、新庁舎設計業務公募型プロポーザルが開催されることとなった。

このプロポーザルは、規模約2000㎡、条件として平屋の木造建築が求められた。また、目的としては、「南小国町新庁舎の建設にあたり、優れた設計者を選定するとともにその選定方法の公平性、透明性を図るため、公募型プロポーザル方式により広く提案を求め、この業務に最も適した設計業務委託候補者を選定することを目的とします」とあった。

私は、先に述べたような素晴らしいまち運営のシステムを構築している南小国町の方針に共鳴し、新庁舎建設の公募型プロポーザルに手を挙げることを決めた。

熊本県は、森林の県でもある。特に小国杉という杉材が非常に有名である。そして、南小国町の隣の小国町も含めて、林業と製材業がとても盛んな地域だ。そんな地域特性もあり、南小国町の新庁舎も、地元産の杉材を豊富に活用して役場をつくることが要請された。

コンペではまず、非公開の一次審査で34社の中から5社が選ばれ、5社による二次審査が公開方式で行われた。結果、幸いにも私たちのプランが最優秀賞を獲得し、新庁舎の設計を任せていただくこととなった。

プロポーザルに際して、私たちは、〝観光客も利用できる、開かれた町役場〟というコンセプトを打ち出している。

たとえば、町の人口約4400人に対して、町議会議員は10名。年に十数日しか使わない議場はもったいない。そこで、議場専用スペースではなく、地元の方々が音楽会、講演会、発表会等に使うことができる多目的ホール、大会議室にするなど、住民に開かれた、かつ興味・行動を喚起するような劇場型の庁舎づくりを目指した。

また、駐車場から庁舎への住民のアクセスルートとして、屋根つきの回廊（グレートストリート）を設置するほか、庁舎内をぐるりと回れる回遊動線をつくるなどして遊環構造を盛り込んだ。庁舎の周囲をなるべく開放的に構成し、随所で住民が待ち合わせをしたり、絵画や書の作品が展示され、それを見たり、休憩ができる環境をつくる、ということである。

要するに、役所に来なくてはならない用事があるからわざわざ来るのではなく、地元住民が「あの場所は面白いし、居心地がいいからあそびにいこう」とか、南小国町を旅行で訪れた方々が「あっ！　ここって道の駅だよね」と間違えて入ってきて、観光ガイド、ビ

上：使用頻度の高くない議場を多目的ホール兼用とした
中：地元の名産の木材を生かした開放的な役場に
下：住民にも観光客に開かれた道の駅のような印象を遊環構造で演出

ジターセンター機能を発揮するような庁舎にしたいと考えたのだ。2015年5月に完成したばかりであるが、本当に、私が想定したような地元住民、旅行者が何人も訪れてくれているという。狙いどおりであった。

今後、音楽ホールのイベントをしっかり企画すれば、温泉をゆったり楽しんだ旅行者たちが、温泉帰りの夜、ここで音楽コンサートを楽しむような光景が普通になるかもしれない。それはそれで、南小国町の新しい名物になるのではないか。もちろん、本来の目的は議場として使う場所なので、200名くらいの観客しか収容できないのだが。

地方創生のモデル拠点

昔から私は、役所というものが、もっと地域住民が気軽にあそびに来られるような、こどもがあそべるスペースがあるような、多面的なニーズを満たす場所であるべきだと考えてきた。

役所は、基本的に地域や地域住民のために働く人が仕事をしている場所だ。そういった意味で考えると、地域の人的エネルギーが一番集まっている場所だとも考えられる。それが地域に開かれているということが、重要なのだ。なぜなら、地域の主役は住民であり、彼らこそがその地域を支えるエネルギーの源なのだから。

新たな産業を興すにしても、さまざまな地域情報・知識を得るにしても、より多くの観光客を誘致するにしても、地域情報を最大限に集積させるべき空間として、役所というものの存在、概念を今一度考え直してみる必要があると思う。

今までの役所＝閉ざされた場所＝できれば行きたくない場所、になってしまってはいないだろうか。しかし、知っている役人の顔が見える、彼らがやっている仕事が少しはわかる、そんなふうに開かれた場所になれば、ちょっと役所を覗いてみようか、という気持ちが生まれるはずだ。もちろん、すぐに変わるのは無理だし、大胆に変える必要もないが、建築が、多少でも役所と地域を近付ける、そのお手伝いができればいいと、私は考えている。

特に、少子高齢化の激しい地方の役所は、住民の命だとか、生活そのものをしっかり見守らなくてはいけない大きな役割を担っている。訪問ということも重要であるが、住民が気軽にあそびに来てくれる役所はもっと効率的だし、コミュニケーションの輪を広げてくれるだろう。南小国町役場には、地域とのコミュニケーションをたくさん生み出す、新しい地方創生のモデル拠点になってくれることを願っている。

12 「幻の」新国立競技場

２０２０年の東京オリンピック開催が決定し、２０１２年10月、新国立競技場（東京都新宿区）の改築に伴う「新国立競技場 国際デザイン・コンクール」の審査が行われた。応募作品46点の中から二次審査対象作品11点が公表され、私たちが提案したプランはファイナリストに残ったが、ご存じのとおり、一等賞獲得とはならなかった。しかし私は、デザイン面、環境面、予算面、維持管理面において、どの作品にも負けていない内容だったと思っている。『日経デザイン』（日経ＢＰ社）の人気投票では2位になったが、私たちが自信を持ってコンクールに臨んだ新スタジアムのプランの概要を紹介しておきたい。

日本らしい「安全な木造建築」を提案

まず、構造計画であるが、基本は日本らしい木造建築を構想した。ファイナリスト11社の中で、木造を提案したのは私たちだけであった。

集成材木造、鉄骨、ＰＣ（プレキャスト・コンクリート工法）によるハイブリッド構造である。エンジニアード・ウッドという高性能木材を用いた構造解析技術と最新の耐火木造の技術による、安全なスタジアムを提案した。木の国日本の木材技術を徹底的に用いることで、我が国の森林資源の有効活用と建設におけるCO_2排出量の低減にも貢献できる。地球環境建築を世界にアピールしたかった。

開閉する屋根は、日本の先端技術の素材であるCFRP（炭素繊維強化プラスチック）を用いたカメラレンズのようなシャッター型とし、日本の日の丸を引用した象徴的な円形開口を実現。これは、上海テニスセンターで、世界で初めて私と構造設計を担当した渡辺邦夫さんが実証した技術の発展型である。

可動屋根は8枚の羽根が相互に支え合いながら回転し開閉するシステムで、飛行機の骨組みにも使われているCFRPを使用したサンドウィッチパネル構法とし、軽量、高強度、高耐久性を実現。羽根の下部に、連動リングを設けて8枚の羽根が同時に回転することで開閉する機構となっている。シャッター型の開閉機構は、世界に冠たるカメラ技術をもつ日本の象徴としたいと考えた。

巨大地震に対応するために二段免震構造とした。

第1段は、杭頭免震で、杭頭と基礎の間に水平すべり支承をはさみ、先ずスタジアム全体の地震応答レベルを大幅に低下させ、上部構造の損傷（塑性化）を回避できる。

第2段は、外郭構造の頭部、すなわち屋根構造の支点に免震装置を挿入し、屋根の地震慣性力をさらに低下させるというもの。地震国日本の安全技術をアピールするものである。

遊環構造＋座席ロボット

スタジアム内を回遊するメインコンコースで観客席を統合し、アリーナ全体を見渡すことができる空間を提案した。この遊環構造によるメインコンコースがあることによって、観客自身がどこにいても自らの場所を確認しやすく、またトイレ、休憩、飲食などの行動もとりやすくなる。これは新広島市民球場の進化型である。

座席ロボットによる可動シートシステムを取り入れ、陸上競技、サッカー、ラグビー、アメリカン・フットボールなど、そのほかさまざまな競技や音楽、ショーイベントに対応した臨場感あふれる座席構成とする。ロボット王国日本の象徴ともいえる多様な座席ロボットは、世界中の多くの人々が「そこに座ってみたい」という憧れを喚起するに違いない。

多様なアクセス、そしてスムーズな退出と、大会、催事が運営しやすい動線、日常的に楽しいスポーツ、文化公園の形成を図った。観客の多くはＪＲや地下鉄など公共交通機関を利用して来場する。旧競技場のメインゲートである北口、東口を用意し、西からは東京体育館とつながるオープンデッキを設け、1階のフリーアクセスレベル（スポーツストリート）にアプローチする。

海外の国立スタジアムは、イベントのないときは賑わいのとぼしい閉鎖的な空間となっている。新国立競技場は、青山、信濃町、千駄ヶ谷に囲まれた地理的、商業的にポテンシャルの高い立地である。スタジアムを一周する1階のスポーツストリートにはスポーツショップを、2階のメインコンコースには飲食店を並べる。そうやって賑わいのまちを生み出したかった。また、次世代育成につながる運動能力・体力の向上を図る空間、こどもたち向けのスポーツ教室、プレイランドなども用意する計画であった。

スタジアム1階のスポーツストリートと、2階メインコンコースの2つのレベルで、観客動線を構成。それらをつなぐ動線はスロープを主とし、さらに階段、エレベーターなどを適宜設け、徹底したユニバーサルデザインの入退場システムとする。

スタジアム外周に設けられたメインコンコースからはどこからでも競技場が一望できるため、空間が把握しやすく、わかりやすい動線となる。

すべての人が参加しやすいユニバーサルデザインを徹底しながら、VIP用の専用駐車場、専用動線、もてなしのラウンジやレストラン、スポンサー用の個室形式観覧ボックスなども設ける計画であった。遊環構造のショートカット型のスカイシートと呼ぶ空中の観客席も提案している。

可動芝生フィールドシップと緑の松ぼっくりのような外装の提案

国際級のフィールド競技のためには天然芝が不可欠だが、大屋根を架ける場合、芝の養生、育成に時間がかかり、スタジアムの稼働率、有効な利活用の妨げとなる。多くの屋根をもつスタジアムが、芝生の養生に悪戦苦闘している。十分な日照と風が必要だからだ。たとえば、札幌ドームでは芝フィールドを場外へ移動させることが設計要件だったが、本施設ではそれを進化させた。札幌ドームではホーバークラフト型だったが、ここではゴムタイヤ車輪型とし、低メンテナンスコスト化を図った。これをフィールドシップと称し、大きな大会の時にはお祭りの山車《だし》のように演出車として利用される。また、芝フィールドを場外へ移動して養生する間、残された床を人工芝やシート敷きによって、一般レベルのフィールド競技やコンサート、展示催事、大会の閉開式などに幅広く活用することを提案した。

スポーツ観覧時はもとより、質の高いコンサートなどの文化利活用に向けては、内部空間の残響抑制、高・中・低音に対応する拡散音場制御、外部への遮音制御を施すべきであ

上：シャッターのように開閉する屋根と遊環構造でファイナリストに
中：木を生かし通気性もよく芝生の生育がよい。フィールド上の座席は用途に応じ自在に動く
下：スタンドは材木と鉄骨のハイブリッド

ろう。数年で陳腐化する装置類をつくり込むよりは、時代の変化に伴い、多様な発想や技術を受け入れることができる構造やインフラを採用したい。

この国立競技場が建設される霞ヶ丘は歴史的にもきわめて重要な緑の拠点である。敷地は神宮の森とも接している。その歴史的な位置につくられる緑の拠点としての外皮は重要で、私たちは緑の庇《ひさし》を提案した。それは半円形の庇で、外周の構造体からキャンティレバー形式として付帯させている。松ぼっくりの房のような形状だ。緑の外皮でありながら、光や風を引き込む、やわらかな結界装置として考えた。こうすれば巨大な建築が分節化された斜面緑地として多くの人々に受け入れやすいものにできると考えた。

LCCの最小化と利用者数の最大化を目指す

建設コストの低減はもちろん、維持・運営コストの低減を図りながら、高利用率スタジアムの実現、すなわちLCC（生涯建設運営コスト）の最小化と利用者数の最大化を目指した。

二階レベルまでの軀体はPC構造を採用し、工期短縮と耐久性の向上、コスト削減を図った。三階以上の集成材木構造は鉄骨とのハイブリッド構造であり、すべての部材が品質管理の行き届いた精度の高い工場で生産される。可動式機械設備は5種類に及ぶが、いずれも単純で簡易な方式を採用した。

当時の私たちの概算では、総事業費1225・9億円で、予算内の提案となっている。設計時にはさらなるコスト縮減を検討し、1000億円を目標値とした。シェイプアップしながら官民の共同プロジェクトとすれば、公的な部分で1000億円を目標とすることは十分可能と考えた。民間が運営するのにふさわしい部分は民設民営で行えばよい。これは新広島市民球場でできたことだ。広島市は新広島市民球場に27億円しか出さないで済んだ。国立でやれないことはない。

すべての構造部材および仕上げ材料は、工業化した工場生産部材を使用し、高品質・高耐久性を保証する。将来の機能変化に柔軟に対応できるよう、設備配管や配線はゆとりのあるスペースに集約し、将来の改修・増設の際にほかの壁や天井の遣り替えを行う「道づれ工事」がない計画とした。

耐久性のある標準汎用用品を採用し、保守管理が容易に行えるものとする。エネルギー管理、設備の保全管理を「見える化」で行える管理機能を整備し、ランニングコストの低減が図れるシステムを採用。本スタジアムは、高い技術水準、新技術革新をリーズナブルな工事費で実現する必要がある。天井開閉システム、座席ロボット、フィールドシップ、舞台設備、二段免震構造、緑の庇など、機械・建築システムの技術開発が重要となる。

アイディアは建築家が提案するが、その技術開発も建築家が指導していく必要がある。そのためには従来の設計・建築手順ではなく、設計施工分離型をベースに、専門メーカーを実施設計前にプロポーザル方式などで決定しながら、分離発注していく。私たちが提案したこの手法は、すでに過去に様々な実績がある。創造性を喚起する新たな社会システムを本施設の建設とあわせて、同時に整備する必要があると考えた。

利用者数最大を可能にする、施設運営計画の一体化が求められている。商業施設立地としても高いポテンシャルをもつ場を最大に活用し、イベント時でなくとも人々でいつも賑わい、スポーツ・文化に親しむことができる新しい公共施設を目指した。

再コンペは国民の期待に応えたか

このコンペで、ザハ・ハディド氏が最優秀作品に決定し、その後、大手設計事務所による設計と施工を担当する建設会社が決まり、設計と施工の検討が2年間行われた。しかし、そのデザインが神宮の森にあわないのではないか、工事費があまりにもかかりすぎるのではないかという理由で白紙撤回になった。白紙撤回後、デザインビルドで再度コンペが行われることとなった。私はまずデザイン・設計のコンペを行うべきだと考えていた。東京都はオリンピック施設について多く基本設計者を設計事務所のプロポーザルで選定し、その後デザインビルド（実施設計と工事費を入札）で実施設計者、施工者を決めるという方式をとっていたが、国は白紙撤回後、時間がないという理由で国立スタジアムを最初から設計者と施工者のデザインビルドでやるという方式に決めた。私は設計プロポーザルによって5案程度を選定し、その後、設計者と施工者のデザインビルドという方式（これは但馬ドームでとられた方式）等の方法を提案した。担当が決まっていた設計事務所、施工会社が圧倒的に有利な状況でのデザインビルド競技になると危惧したからである。

結局、私は新しいコンペに応募することができなかった。新たな施工チームとの協働を模索したが、実らなかった。予想した通り、先行施工会社2グループによる戦いになった。そして、くしくも提案された2案は、いずれも木材を活用し「日本らしさ」を前面に出したデザインだった。多くの国民が注目するナショナルプロジェクトであるだけに、最初からもっと国民が納得できる選定過程がとられなかったことが残念でならない。いつかどこかで今回つくり上げたスタジアムのアイディアを実現したいと考えている。

第4部　継承する環境デザイン

私は環境デザインとは「すでにある物語を大切にしながらデザインする態度である」と定義しているが、それは正に歴史を大切にすることに他ならない。デザインの方法論においても一過性ではなく、継続し、次の世代に継承されることが望まれる。

1　菊竹学校の教え

建築や環境デザインという仕事は、自分の作品をつくる仕事、社会に奉仕する仕事であると同時に、人を育てる、次世代を育てる仕事でもある。そういう意味で、あらゆる機会は人から学び、人に教えることにつながる。ここでは環境デザインに関する学び、教育、そして習慣、経験としての社会システム等について考えてみたい。私の社会人としての第一歩は菊竹清訓先生との出会いだ。

1964年、菊竹清訓建築設計事務所に入所した。菊竹清訓先生は〝いかりの人〟だ。怒る、叱るという感情を露にする人だった。

私はいつも菊竹先生に怒られていた。私は菊竹先生にとって怒りやすい所員だったのではないかと思っていたが、ただ同じことで怒られないように、いつも怒られる内容をメモし、反省し、どう行動したらよいかを考えていた。26歳で独立した後、私が人を怒る立場になって、怒ることの意味を理解するようになった。

私にとって菊竹事務所は、まさに菊竹学校だった。ここでは、菊竹事務所勤務時代に怒られながら学んだポイントを紹介しておきたい。

アイディアの作り方

・議事録を取るときは考えるな

クライアントとの会議にもときどきお供した。「あなたの議事録は不完全です」と怒られた。私は会議のとき、先生と一緒に考えてしまう。そうすると正確な議事録はとれない。そのときの自分の役割を認識し、集中しなければならないことを学んだ。

・普通の案から考えろ

案を先生に示すときに、最初から特異な案を示すと怒られた。「クライアントの求める空間条件を整理して、できるだけ普通の案をまずつくりなさい」と言われた。それは先生が考えやすかったからであろう。特異な案はまた問題点が多い案にもなりやすい。まず平凡なところから出発して、非凡な案を目指すという道程なのだ。

・5時間で20案つくれ

石川島播磨重工業の横浜の社員寮のプランを見せたらすごく叱られ、「夕方までに20案つくりなさい」と言われた。昼飯も食わず、5案はつくれた。それを類型化してさらに15

案をつくった。そして常識をやぶって水回りを外に配置する案をつくったら「これはいいですね」と先生から言われた。そのようなことがたびたびあり、多くの案を短い時間の中でつくれるようになった。常識的な考えから脱出するにはたくさんの案を考えねばならないことを知った。

・菊竹先生だったらどう考える

入所した1年目の後半に、国際建築展という日本の建築を海外に紹介する展示会の仕事を一人で担当した。スケジュール管理、予算管理、人の手配など、マネジメントを小さな展覧会という仕事をとおして学んだ。極めて厳しいスケジュールで、菊竹先生に事前に了解をとれないときもあった。あらゆるときに「菊竹先生だったらどう決めるだろうか」と考えていたことは、独立してからもとても役に立った。所長になるための予行演習となっていた。

・常に先を用意しろ

クライアントと基本的なプランニングの打ち合わせだということで、平面図だけ持っていくことを許さなかった。いつも打ち合わせの主題の先のテーマも用意することを求められた。プランニングの打ち合わせのはずが、「工事費はいくらになるのだ」「材料は何を使うのだ」と先生に言われ、いつも先を用意していくことを学んだ。そしてまた、前の打ち合わせで決めたことを確認させられた。打ち合わせにはそのときのテーマと前後を併せて3倍の資料を必要とした。だから私のカバンはいつも重くなった。

・まとめろ

話でもプランでも、報告でも、一見してわかる資料にまとめることを要求された。クライアントは忙しい。先生も忙しい。一見で、短い時間で判断できる材料を用意させられた。

強いチームの作り方

・感謝、感激

建築は一人ではできない。さまざまな職人によってつくられる。その職人に対する感謝の気持ちを忘れるなと態度で示された。感謝感激の人だった。先生は現場で建設会社の人にいばった態度を見せたことがまったくない。ある先輩は私が担当したこどもの国の現場の縄張りで夜遅くまでかかってしまったとき、一人ひとりの職人に「ありがとうございました」と頭を深く下げ、お礼を言っていた。菊竹先生だったらそうするだろうということをやっていたに違いない。感謝することを学んだ。

・常に巻尺をもて、測れ

階段や出入り口の寸法にはうるさかった。いい加減な寸法を書くとものすごく怒られた。常に巻尺で測り、寸法を体得させられた。勾配についてもうるさかった。スロープもさまざまな角度を測り、体験し、「神楽坂は3度の勾配です」とか、町の実例を言えるようになった。空間を身体で学んだ。

・人の仕事を盗め

菊竹事務所はすべての所員がライバルだった。よいアイディアを出した人がその仕事を担当させてもらえる。ほかの人が担当しているものでも、横から案を出すことはOK。常に菊竹先生というクライアントに提案し続ける訓練を受けていたようなものだった。所員はライバルだったが、とても仲がよかった。先生がいても、いなくても和気藹々、お互いに協力しあい、刺激しあい、議論した。クライアントに設計変更を説明するとき、自分の力ではどうにもならない時には先生にも、先輩にも説明して動いてもらった。上の人にどう動いてもらうか、その戦略を考えた。

・提案し続ける

菊竹事務所では「仕事は向こうから来ない」ということを学んだ。面白そうな仕事をいち早く提案して、自分の仕事としていくことを学んだ。提案し続ける、自分はこんなアイディアをもっている、こんなコンセプト、こんなプランをもっているということを、菊竹先生に提案し続ける。これは建築家としてクライアントを獲得する最大の方法であった。

・テーマを考えろ

菊竹先生はいつもテーマを考えていた。手摺一つとっても、その建物のテーマに則った手摺をデザインしようとした。都城市民会館は扇形の構造が特徴的であった。私は実施設計のとき、手摺を担当し、先生にしかられながら、その扇形のテーマをスティールプレートでつくることを提案した。

・あらゆることを同時並行的に考えろ

平面図、立面図、断面図と別々の紙に描いて打ち合わせすると、たいがいしかられた。一つの図面で平・立・断がすべて検討できる図面を好んだ。図面の書き方も、仕事の仕方も、全体と部分は常に一緒だった。同時にたくさんのことを考えるために情報を集約することを学んだ。

デザインとは何か

・構造を考えろ

プロジェクトが構造を検討する以前の段階であっても、構造に関する質問が飛んでくる。新人という特別扱いはない。大学時代、構造設計のアルバイトをしていたことがあるぐらい構造には強いと自信をもっていたが、懸命に構造を勉強し直した。菊竹先生のパートナーである構造家の松井源吾先生の事務所にもよく通い、構造のアイディアもどんどんぶつけたものだ。新人だからといって特別扱いしない姿勢が、新人を成長させる最良の方法なのだ。

・常識を覆せ

菊竹先生は常識的な人であり、信頼を大事にする人であったが、建築を考えるときはいつも常識でないことを考えていた。建築に関して常識的なことを言うと、叱られた。「先生をびっくりさせることを言おう」といつも考えていた。だからいつも常識を覆す考え方をし、いつも別のかたちで見る、観察することを学んだ。

・変更し続けろ

設計で仕事は終わらない。設計監理こそが重要なのだ。どこまでもよくしていくために変更し続けることを求められた。駿河銀行伊勢原文書センターの設計は先輩が担当し、設計監理の段階で私が担当した。原設計図どおりだったのは杭の位置と本数だけで、基礎のかたちからすべて変えてしまった。設計図は完成図ではない。映画監督の溝口健二さんはシナリオを現場でどんどん書き直したという。そのことを本で読んで「菊竹先生は溝口監督と同じだ」と感動した。

・施工図はもう一度書き直せ

施工図に赤鉛筆で指示を入れることは許されなかった。私たちはもう一度施工図を製作図として書き直して模型をつくり、菊竹先生のチェックを受けた。それは若い、何も知らない新人には本当に勉強になった。原寸や施工図を短期間で習得するための方法としては抜群だった。また他人の書いた図面の寸法一つ一つを見直し、考え直すことができた。

・見えないものを見えるようにしろ

肺結核を患った物理学者の武谷三男さんが菊竹先生を訪ねてこられたとき、「どこに座るか、新鮮な空気を探して座られた」という話をされていた。先生はあらゆることに興味をもち、気づき、考えられていた。そこに新しい設計の課題を見つけられていた。「見えないものを見えるようにする」ということを50年も前に言っていた。先生の「見えないものを見えるようにする」という言葉の意味は現代の「見える化」よりもっと深いものだった。

・よい案はよい案

先生はスケッチをする。そしてそのスケッチの図面化を私たちがする。模型もつくる。そして「どうなった」と次の日の朝早く私の机の前にやってくる。先生の案はスケッチだから、さまざまな機能や空間がおさまっていない場合も多い。しかしそれをまったく無視して新しい案をつくると怒られる。問題は問題として先生が最初なぜこのスケッチをつくったかを考え、先生の考えをできるだけ忠実に図面化する。先生の原案、その改良案、そしてまったくの別案をつくって先生に見せる。順番が大事だ。頃合を見て、別案を提案する。これにも先生は反応する。すごく怒るときもある。くそみそにけなされるときが多い。しかしたまに先生がいい案と認めるものは、自分が書いたスケッチにあまりこだわらないで「いいですね」と採用してくれた。

・階段は大事だ。その建物の成否を決める

「階段の良し悪しでその建物の成否は決まる。階段をうまくつくれれば建築家として一人前」と言われた。その寸法はいつもうるさかった。まだまだ建築が早くつくられる時代であったが、階段は本当に精力を傾けてデザインさせられた。

学ぶとは何か

・体験は積み重ねろ

菊竹事務所の夏休みは1週間から10日ほどあったが、多くは菊竹作品の見学だったり、その当時のほかの建築家の話題作を見て回ったりした。菊竹先生に見てきた印象を話したり、レポートに書いて提出したりしたが、私の評価に時にムッとしたりすることもあったが、割合素直に聞いてくれた。若い者の体験を見守ってくれたのだろう。

・勉強しろ

学ぶことにとても貪欲だったし、また所員が学ぶことをとても後押ししてくれた。先生はＹＭＣＡのデザイン学校を、川添登さん、ＳＦ作家の小松左京さん、社会学者の加藤秀俊さんなどとともに立ち上げたが、その夜間学校に通わせていただいた。そこでの学びは本当に私にとって大学の講義では得られなかった重要な知識となった。菊竹先生は後年、「巨匠村野藤吾さんは放送大学で勉強していたんですよ」と、私が放送大学教授になったとき励ましてくれた。学ぶことの重要さ、考えることの大切さを菊竹学校で学んだ。

・学びの空間

菊竹事務所で働いた期間は3年9ヵ月だった。いつも、いつ先生に「今日で辞めます」と言おうかと思っていたものだ。私は、下宿から菊竹事務所まで電車の定期券を買わなかった。毎日キップを買って通勤した。今日の続きが明日来ると思いたくなかったからだ。当時はとにかく怒られ、叱られる毎日から逃げたかった。

菊竹学校だといっても無給だったわけではない。ル・コルビジェは所員にほとんど給料を出さず、フランク・ロイド・ライトは授業料さえとったといわれている。菊竹学校では少なくとも私は恵まれた給料をもらっていた。

私が独立した当時の菊竹先生はまだ40歳。事務所の先輩である内井昭蔵さんも辞め、斎藤義さんも独立した。1年間は仕事がなくてもなんとかやっていけると考え、ドイツのインター2000というコンペにロータスチェアーという空気圧で動く家具をデザインして佳作入選したのを契機に辞表を出した。研究することの大事さ、学ぶことの大切さ、挑戦することの重要さを学んだ菊竹学校の4年間は、私の大学院だった。

私が在籍した時代に担当したのは国際建築展、こどもの国林間学校と駿河銀行文書センター、海老名サービスエリアである。そして東急百貨店本店ファサードも担当した。駿河銀行横浜支店、東急田園都市、岩手県立図書館、島根県立図書館、都城市民会館、久留米市民会館は一部受け持たせてもらった。この時代は菊竹先生の最も輝かしい時代であったと思う。その時代に優れた先輩、ライバルに恵まれて先生の下で働かせてもらえたのは何よりも幸運だった。

人を叱るということはエネルギーがいることだと、自分が独立して所長の立場になってからよくわかった。そういう意味では先生は私にとても大きなエネルギーを注ぎ込んでくれた。建築家になることができたのも本当に菊竹先生のおかげだ。そのことを心より感謝している。今思えば、そんなに幸せな時代を過ごさせてもらったのに、「お前は菊竹先生に何かをお返ししたか」と考えると本当に忸怩たるものがある。

菊竹学校で、私ぐらい叱られた人はいないのではないかと思うのだが、その先生の教えを次の世代の人たちに伝えられれば、私としては先生からいただいたエネルギーのお返しのほんの一部になるのではないかと考えている。

「か、かた、かたち」の三段階方法論

菊竹先生は、建築の構想から設計が完成するまでの思考過程について、「か、かた、かたち」の三段階方法論を提案したことでも知られている。1958年から約10年にわたり、設計デザインについて考え、書き貯めてきた文章をまとめたものが、1969年に彰国社より出版された『代謝建築論　か・かた・かたち』である。

か　＝　構想的段階
かた　＝　技術的段階
かたち　＝　形態的段階

先生は、認識のプロセスとして「かたち」→「かた」→「か」、実践のプロセスとして「か」→「かた」→「かたち」という3つの段階を持ち、その3つが立体的ならせん状の

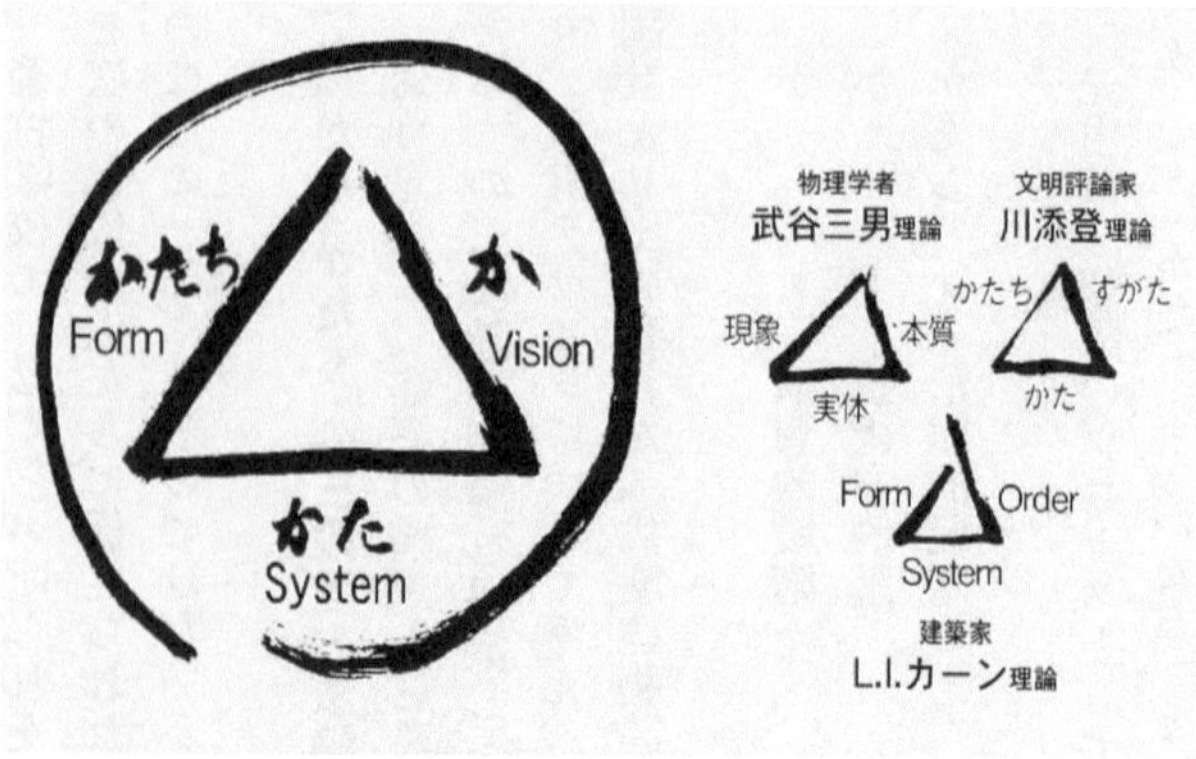

「か」「かた」「かたち」の思考のイメージ

三角構造をもつデザインの方法論を提示した。

また、それまで、建築の最小単位が住宅であるといわれていたのに対し、最小単位を空間と定義し、空間組織としての建築を考えた。

さらに、空間組織に対して時間の要素を加え、かけがえのない空間を「空間装置」、取り換えることのできる空間を「生活装置」、台所や浴室、収納などを「設備装置」とし、この3つから「装置の三角構造」を提唱し、「建築は代謝する環境の装置である」と主張した。

私は、放送大学で行った授業の中で、「たとえば、水を飲みたいという欲求が『か』、水を飲むための方法という発想が『かた』、それは手のひらや、ストロー、カップ、スプーンなどいくつかの原型がある。それが『かた』。それらに基づき、素材、大きさ、形態がさまざまな形で展開される。それが『かたち』の段階である」という講義をしたのだが、菊竹先生は「とてもわかりやすかった」とほめてくれた。

吸い上げるのか、汲みあげるのか、水を飲みたいという人々のニーズを満たす〝かた〟というものが、道具をつくるための出発点となるわけだから、ある種の発明と同じである。

建築に限らず、どんなビジネスにおいても、「かた」を真剣に考えることが大事だ。「かた」は、すべてのビジネスモデルの軸でありコンセプトとなるものである。

だから、こどもたちに教育を提供する施設としての学校という「かた」で、成績を上げることに重きを置くのか、元気に遊べる場所にするのか、学校が目指す構想的段階「か」の種類によって、最終的な学校の「かたち」はかなり変わってくる。

そういう意味で、すぐれた「か」の発見と、さまざまな「かた」を発明していくという努力が、建築と環境デザインに今後ますます求められるようになっていくと考えている。

2　新しい環境の「かた」を

私は次の時代に必要な新たな「かた」を考えることがイノベーションだと考える。一般的にはイノベーションとは技術革新と訳されている。もちろん、ある「かた」をより効率的な「かた」にしていくカイゼンに近いものをイノベーションととらえることはできるが、私は技術の創出こそがイノベーションだと考えている。建築的には新しいビルディングタイプの創出、「かた」の発見発明なのである。新しい時代にふさわしい新しい「かた」をつくることが重要なのである。

「かた」から生まれた世界の建築にまつわる潮流

１９６７年にオープンした米国ジョージア州アトランタのホテル「ハイアット リージェンシー アトランタ」。ジョン・ポートマンが設計したこのホテルは、最上階まで吹き抜けになった壮大なアトリウムロビーを持ち、その中をガラス張りのエレベーターが上下する画期的なものだった。このアトリウム型のホテルは以後、ハイアットを象徴するデザインとなっていく。

巨大なロビー空間があって、12月になると大きなクリスマスツリーを飾って、宿泊客も招待客もみんなでパーティを楽しむ。ホテルは単なる個室の集合体ではなくて、今日、せっかくこの場所に集ったみんなでつながって、かけがえのない時間を楽しむ場所にしたい。そんなホテルの「かた」を世界で最初につくったのが、ジョン・ポートマンという建築家であった。

ケンブリッジセブンアソシエーツがデザインし、1969年、米国ボストンに開館したニューイングランド水族館。ここの特徴は、館内中央にある1階から4階までを貫く円筒形の巨大水槽である。タンク型の非常に巨大な水槽を回りながら、来館者が魚を観賞する水族館だ。やはりこの水族館のスタイルも世界に波及していった。国内では、大阪の海遊館なども同じスタイルである。

ケンブリッジセブンアソシエーツが考えたのは、いろんな魚が共存しているのが海である。であればその世界をそのまま見せるべきだということ。また、彼らはフランク・ロイド・ライトのグッゲンハイム美術館のビッグタンクを上から下へ下りながら見るというアイディアにヒントを得たといわれている。彼らもまた、水族館の新しい「かた」を発明したのだ。

アトリウム型ホテルも、ビッグタンク型の水族館も、最終的な「かたち」は、基本的な建築手法を応用したかたちでつくることができる。しかし、その前にコンセプトとなる「かた」を発明しておかないと、ホテルにも水族館にも新たな歴史は生まれていなかった。

我が国の水族館の歴史の中で、谷口吉生設計の葛西臨海水族園の「かた」は新しい。海との関係を明確に意識している。人工的な水盤の下に巨大な水槽が展開されている。画期的な水族館には新しい「かた」が発明されている。

やはり、「かた」を発明するためには、「か」をしっかりと見極める必要がある。

要するに、学校とはいったい何なのか、ホテルとはいったい何なのか、水族館というのは何なのか。それらの施設を運営する人、使う人たちが本当に求めているものは何なのか。そこをとことん聞き、調べ、研究して、何のために、どのような施設が必要なのか、この場所に新しい空間をつくるための本質を考え抜かなくてはならない。

たとえば、浜松科学館。まず、何のために科学館というビルディングタイプが必要なのかということをとことん考える。ここを訪れる人にとって、あるいはこどもたちにとって、科学館はどんな役割を果たさなくてはいけないのかということも、とことん考える。場所は浜松である。そして最終的に、「やらまいか」、「やってみようじゃないか」というホンダやヤマハの創業者たちも継承した実験精神をこどもたちに伝える場所にすべきだという「か」の解にたどり着くことができた。

建築は、空中にものをつくるのではなく、大地に根差したものをつくる作業である。大地には歴史がある。私はやはり、その場所が持っている力、文化、歴史の力、あるときには風習であったり、習慣という力であったり、そういうさまざまな可能性を引き出していく、その潜在力をしっかりと確かめることが大切だと思っている。

こどものための環境を考える際の「かた」

私が長年携わってきたこどものための環境でいうと、「かた」として、常にこんなことを考えている。

人間が生きていくうえでは、さまざまな困難に出遭うし、あるいは疎外されることもある。こどもが、そんな困難を乗り越えながら成長して、素晴らしい人間として育つためには何が重要なのか。

そこで第一優先とすべきは、安全ではない。安全性はもちろん考えるが、安全が絶対ではないということだ。少々けがをしてでも、元気に思いきり走り回れるような空間をどうやってつくっていくか。そもそも１００％絶対的な安全を約束することは、不可能なのだ。

失敗を失敗としてではなく、成長の糧として積み重ねられる人として成長してくれるような環境をどうやってつくっていくか。それが一番大切だと思う。ただ安全で快適な空間や環境ではなく、困難を乗り越える力を育める空間を、環境をつくりたいというのが私の目標だ。それが私のこどものための環境の「かた」である。

そんな「かた」を実現するための「かたち」をつくるために、共同設計者ともいえるクライアントの存在は大きい。アイディアがたくさんあっても、クライアントが納得してくれないと前に進めない。そういった意味では、建築家を生かすのは常にクライアント、施主なのである。

国際教養大学の初代理事長・学長を務めた中嶋嶺雄先生は、図書館を「知の探索の場所」という、私が考えた「かた」の本質を理解してくれた。だから、フラット型よりも安全面では劣る階段型の図書館が「かたち」になったのだ。

新しい「かた」を実現しようとする場合、クライアントと何度もディスカッションを重ねながら、お互いに学び合い、影響し合いながら、設計を進めていく必要がある。

さまざまな社会システムも同じだ。たとえば法律も、規制するのではなくて、ある意味で前進を喚起する、奨励していくようなシステムにすべきだと思っている。特にビジネスに関する法律は、どんどん挑戦ができるような仕組みに変えていってほしい。失敗するリスクも増えるかもしれないが、リスクのない世界には発展もないのである。

今、学校教育の現場でも、「あれはしちゃいけない」「これはしちゃいけない」と、こどもたちの自由がどんどん規制されている。自由にすればけがをする危険性があるかもしれないけれど、さまざまないい方向のチャンスと出会う可能性もある。元気になる、失敗を乗り越える力がつく、たくさんの友だちができるなど、あらゆる意味でのチャンスをつくっていくという考え方がこどもたちの成育環境には必要ではないだろうか。

人間の家と動物の巣の決定的違い

人間にとっての家が、動物の巣と決定的に違うところは何かというと、それは他者を招き入れるということなのではないか。ある部族では、性事＝セックスすら、住まいを必要とするものではない。それは森の中でこっそりやるものだと。つまり、人間が家の中でやる基本は、食べる、寝る、それと他者を招き入れること。文化人類学者の石毛直道さんが長年の研究から導いた考え方である。

古代の人間の住居にも他者を招き入れる応接間のような対面所とか会所と呼ばれる場所があって、それが非常に重要な空間として考えられていた。茶室は考えれば究極の対面所である。

現代の住宅の多くも、家族が生活するためだけの場所ではなく、人に来てもらうことを想定してつくられている。どうすれば、心地よく他者を自宅に招き入れられるのかという思考は、人間という動物の生活の原型に組み込まれているのであろう。

家だけではなく、公共施設も、商業施設もすべての建築物は、人を集めるための装置だと捉えることができる。たとえるなら、広島市の応接間が、新広島市民球場、ということだ。

そして、やはり人が集まるときの一番大きな条件は、食べることだと思う。だから住宅では食卓、ダイニング、あらゆる公共施設も、私は食べる場所を重要視している。

本当は公園も、食べることができる専用スペースがあったほうがいい。お茶する場所があるだけでも、利用率は必ず高くなる。実際に私が手がけた富山の富岩運河環水公園は、スターバックスが出店して以降、訪れる人が格段に増えていった。

そもそも、日本の芝居小屋や相撲なども、観客はみんなお弁当を食べながらそれらの興行を楽しんでいる。そう考えると、人がたくさん集まる施設には、食べるという行為が密接に関係している。

だから、10万人以上の集客ができる博物館をつくるためには、絶対に飲食スペースが必要になる。これまでさまざまな博物館など公共施設を手がけてきたが、私はその多くの施設に飲食スペースの併設を提案し、しかも、施設内の一番良い場所にそれを置くようにしてきた。博物館というビルディングタイプでは、年間10万人の来館者があれば、飲食施設は事業的に成立すると考えている。

概ねうまく機能しているのだが、その場所で必ず飲食事業が成立するかどうかは、また別問題である。サービスも、提供する飲食の質も高くなくてはならない。それは、飲食事業を運営する経営者の手腕によって左右される。しかし、建築家としては、運営能力のある人でなくてもほどほど成立するような飲食スペースをデザインしようとしている。しかし場所や人の流れから、飲食スペースとして成立しやすいところと、そうでないところがある。例えば茨城県自然博物館のレストランは環境が決定的なものになっていると自負している。飲食スペースを重要視する私のような建築家にとっても、どのような場所に飲食スペースを配するかは悩ましい問題だ。しかし経験と直感で外れることは少ない。それでもすぐれた能力のある経営者に参加してもらうことを祈るばかりだ。

公園の「かた」を変えなければいけない

日本の公園から、どんどんこどもがいなくなっている。世のお母さんの中には、「公園はこどもが犯罪に巻き込まれる場所だ」と考えている人も多い。

私は、公園というのは、ただそこにある空間としてだけでは、もう成立しないのではないかと危惧している。実際に、30年前と比べると、その利用率は約10分の1に減少している。

では、どうすればいいか。プレイリーダー（遊戯指導員）を、公園の制度として復活させるべきだと考えている。

ヨーロッパの児童公園を見学すると、プレイリーダーがいることに気づく。文字どおり、こどものあそびを助けてくれるお兄さん、お姉さんというような存在である。ヨーロッパのプレイリーダーの歴史は古い。起源は19世紀半ばのドイツのキンダー・ガルトナーといわれている。

日本にも大正末期から戦争直後まで、東京だけだが児童公園にプレイリーダーがいた時期がある。１９２０年代、当時東京市公園課長であった井下清さんは、欧米の公園を視察し、プレイリーダーの存在に感銘を受け、１９２２年、公園課に公園児童係というプレイリーダーの集団をつくった。

末田ますさんは、東京女高師（現お茶の水女子大学）を卒業後、アメリカに留学し、１９２４年から約20年間、日比谷公園を中心として、児童遊戯指導を行い、戦前の激動期にこどもの健全育成とあそび指導に情熱を傾けた。

そのときの公園児童係には、末田さんのほか、金子九郎さん、内田二郎さんをはじめ、戦後日本のこどものあそび場づくりや、健全育成活動に指導的な役割を果たした人々がいた。

1940年には、職員数は32人にもなったという。しかし、戦後、議会の反対にあって、プレイリーダーは東京都の児童公園からいなくなってしまった。

実際に今、全般に街区公園の利用率は極めて低いが、一方、世田谷区にある羽根木公園のプレーパークのようなプレイリーダーのいる公園の利用率は高い。私は、日本の全ての公園にプレイリーダーという存在が必要だと思っている。

なぜ山下公園内にコンビニができたのか

もう一つ、幼稚園・保育園や児童館などを公園に隣接させる、公園の中につくれるようにするなどといった、法の柔軟な運用も必要だ。そうすることによって、保育士など大人の目が公園にいきわたるようになり、公園という空間の安全性が格段に高まるはずだ。そうなればきっと、民間の保育園の運営者にとってもプラスだし、公園側にとってもプラスになる。

都市公園法という法律がある。公園の面積に対して、建築物がつくられる大きさ、いわゆる建ぺい率が定められているのだが、今のままでは、せいぜい公衆便所ぐらいしかできない。これをもっと規制緩和し、小さなコーヒーショップをつくり、その賃料を公園維持費にまわし、公園に常に人の目がある状態をつくって、お母さん方の「こどもが犯罪に遭う場所」という心配を払拭すれば一石二鳥である。

横浜港を見渡す山下公園。この公園内に日本でただ一つの特別なローソン「ハッピーローソン」がある。これは、横浜市の「公園内の既存スペースを有効活用したい」という公募に対して、ローソンと私たちがタッグを組んだプロポーザルを経て、実現したものだ。

全体構成として、コンビニ部分とキッズスペースとが一体的な空間となるよう、中央にレジスペースがあり、飲食サービスも、休憩もあそびも管理できる。こどもが店舗内を走るなど、親と子が一緒にあそび、疲れたら山下公園を見ながらお茶することもできる。そんな親子の楽しい時間を生み出すことのできる、豊かな空間が出来上がったと思っている。実際に、公園内でも1、2を争うとても人気の高いスペースとなっている。

法律が柔軟に運用されて、たとえば、お茶を飲みながら一休みできる施設が、どんどん日本の公園の中に増えていく。そんな形になれば、公園自体の利用率も安全性も、必ず高まっていくだろう。

こどもはあそびの天才だといわれてきた。どんな場所でもこどもたちはあそぶことができると大人たちは楽観してきた。しかし今、こどもたちはコップの中のアリのようになっていて、そのあそびの天才ぶりを発揮することができない。

そのようになってしまった都市環境をこどもの視点に立って変えていく町づくりが必要だ。遊環構造をもつ都市環境が、こどもたちを元気にすることができると考えている。

こどもたちが幸せなこども時代を過ごすことのできる環境をつくることが、私たちの役割であり、また私たちの未来につながる。私たち大人が、特に都市、環境に携わる者としては、その自覚をもち責任を果たさねばならない。

公共施設の「かた」も変えよう

ツタヤを主導するカルチュア・コンビニエンス・クラブの増田宗昭さんは、図書館とコーヒーは相性が良いと言っている。そう考えればスポーツ施設も、博物館も、劇場もコーヒーショップと相性が良い。このことは人々を満足させるためには、公と民とが協力し、共同しなければならないことを示しているように思える。公園にしろ、市役所にしろ、すべての公共施設に物販や飲食施設が複合化しても良い。した方が良いとさえ考えられる。そのような新しい市民サービスの空間を考え、さらに運営自体をサービスを受けるのではなく、助け合いながら、サービスしあうという形の公共空間がつくられる必要がある。それは正に新しい公共空間、公共施設の「かた」をつくりだしていくことでもある。

我が国はＰＦＩなど多くのシステムを海外から輸入してきた。プレーパークも北欧のアドベンチャープレイグラウンドから輸入された。こどもの都市もミュンヘンのミニミュンヘンの活動が輸入された。それらは20年近い歳月の中で日本独自の空間システムとして発展してきている。北欧のアドベンチャープレイグラウンドは１９９０年代には衰退し、青少年の麻薬を始めとする非行の場となるなどして、閉鎖に追い込まれた。しかし日本では住民運動として徐々に定着し、世界からも注目されている。新しい公共といわれる公民の新しい環境の「かた」も我が国独自の方法で進化していくことを期待したい。新しい「かた」を創出し、そして世界にその「かた」を広めることに貢献できることを目指そう。

3　こどもには自然が必要

こどもにとって必要な世界は今も昔もあまり変わらないのかもしれない。そのもととなる自然がこどもの成育環境として存在しなければならないと思われる。しかし現在のこどもにとって自然はきわめて遠い存在になっていないだろうか。日本人を育んできたのは自然である。自然を失ったこどもに未来はあるのだろうか。

新斜面緑地論～新たな都市緑地の提案

1960年代末、私は独立後、横浜市の公園の調査業務をしていた。菊竹事務所時代のつながりで、横浜の都市デザインを主導した、当時企画調整局長だった田村明さんからの紹介であった。横浜市の公園マスタープランの作成につながる調査で、このとき約4万haある横浜市の隅々まで「斜面緑地」を調査した。これが私にとっても都市と緑を考えるうえで、とても貴重な経験になった。

都市に緑が必要であるにもかかわらず、日本の都市の緑はこの50年間軽視されてきた。日本においてその必要性が国民に十分に認識されてこなかったことが原因といえる。建築家、土木技術者に比し、日本の造園家、造園技術者の数もきわめて少ない。ライセンスアーキテクトと呼ばれる日本の建築家の人口当たりの数は、アメリカやヨーロッパの2倍だが、ランドスケープアーキテクト・造園家は2分の1ほどしかいない。緑地造園の空間がいかに後回しにされてきたかがわかる。

現代都市に緑は多様な機能を持っている。都市緑地の機能は大きく次の5つの機能にまとめることができる。

① 市民の健康、運動的機能

都市公園は都市の肺と呼ばれるように清浄な空気がつくられる場である。緑の空間でリフレッシュし、市民がスポーツや散歩を通して健康を保持し、安らぎを得る場である。ドイツでは戦後復興の中で、国民皆運動をめざし、さまざまな施策の展開を行ったが、なかでもゴールデンプランが有名である。

② こどもの成育環境としての機能

あそびによって創造性の開発がもたらされるといったのは英国の動物学者デズモンド・モリスであった。今、日本のこどもたちはこの10年で身体的な運動能力、体力を10％ほど落とし、やる気も失い、成人病化し、不登校は2倍となっている。

日本のこどもの理科ばなれが進んでいると嘆かれているが、そもそもこどもは自然あそびを通じて理科が好きになる。自然の不思議さの発見や体験が理科好きのこどもたちを育む。自然がこどもたちの身近になくて理科好きのこどもは育たない。

私たちが行った調査で、あそび空間量はこの50年間で100分の1というレベルで縮小していると推測している。ヨーロッパやアメリカのこどもたちに比較して5分の1から10分の1の小ささといえるだろう。それはこどもたちの身近なところに自然体験の場やあそび場がないことに大きく起因している。

前述のドイツのゴールデンプランの下敷きとなっているのが、1912年に制定された「帝国遊び場法」である。ドイツの近代スポーツの発展に大きな功績を遺したカール・ディームは子どもの遊び場として住民一人当たり3・0㎡必要だとし、1600億帝国マルクの資金を準備し、これらを30年以内に整備すべきだと主張した。第1次ゴールデンプラン(1961―75)ではこどものあそび場とスポーツの場は住民一人当たり4・5㎡に拡大された。

③ 都市景観的機能 どのくらいの緑が必要か

都市景観的な側面では都市景観は建物と建物の「個体距離」とその間の「緑」と「デザイン」の3つの関係によって決まる。一つにはすぐれた都市景観をつくりだす要素とその距離との関係から、私が1990年頃導いたものである。十分な個体距離がない場合にはデザインを共通させるか、その間に緑を投入する必要があることを結論づけた。日本のように敷地面積が小さく(東京の平均宅地の大きさは30坪)、かつデザイン的に統一されていないまち並みでは緑が景観的に重要な役割をはたす。都市を鳥瞰的に見て、都市空間に占める緑の割合がどのくらい高いと、良好な都市景観になるかという「緑被率」という概念では都市の40%が緑である必要があるといわれている。公園面積は市民一人当たりの面積で国際的な比較をされることが多く、この50年間で日本では増えたとはいえ、東京で5・76㎡（東京都都市公園等区市町村別面積・人口割比率表・平成27年4月1日現在）と言われている。世界の大都市と比較するときわめて少ない。ロンドン26・9㎡（平成9年）、パリ11・8㎡（平成9年）、ニューヨーク29・3㎡（平成9年）である。少子高齢化社会の中、都市再開発が行われる中で、より緑の量を増やしていくことが求められる。

④ **都市防災的機能　防災的緑の必要性**

都市防災的な意味においては、阪神淡路大震災にみるように、公園、緑地が火災をくいとめ、また多くの被災者のための仮設の住居スペースを提供し、また垣根や大木の存在が多くの倒壊の可能性のある建物を救ったと報告されている。

⑤ **地球環境的機能**

地球環境的側面は近年多く指摘されているところであるが、緑が少なく高密度な建築物によってヒートアイランド現象がもたらされ、都市部の気温が上昇していると指摘されている。緑があることによって建物や地表面に影をつくり、人々が生活しやすい温熱環境がつくられる。また、人間のみでなく、生物の多様性保全の側面からも緑、自然が多くあることによって、鳥や昆虫を含め多くの生物と人間が共存できる。それはまたこどもの成育環境としても大きく影響されるところである。

このように緑地は都市や人間にとって重要で多様な側面を持つものである。しかしながらその意義が広く国民の間に明確に認識されていないことが、都市における緑地の減少を食い止めることができない原因となっている。

斜面緑地をなぜ守れなかったか

日本の国土の約67%は森林といわれ、丘あるいは山と谷からなる里山とその周辺による地域が多い。例えば私が生まれ育った横浜は20〜30mの丘と谷によって構成される都市である。

丘の斜面の緑は平地の緑地に比較し立体的であり、みえがかりが大きい。また、アメリカの都市学者ケヴィン・リンチは著書『都市のイメージ』の中で、都市のイメージ要素をランドマーク、ディストリクト、パス、ノード、エッジと分類したが、私は斜面緑地が都市の境界を形成するエッジとしての役割をなしていることを指摘し、その重要性を横浜市の調査季報（1970年9月）等を通じて訴えた。

斜面緑地は平地に比し、開発コストがかかることなどから、誘導的方向を行政が示せば残るはずだと主張し、全斜面緑地に風致地区指定の網をかけること、またその斜面緑地を横浜市の公園等都市緑地形成のキーとしてそれをネットワーク化することを提案したが、当時の緑地保全を担当する部局は、平均10haの斜面緑地を風致地区指定するとその数は数百ヵ所となり行政管理上不可能だと判断した。

しかし1980年代、田村明さんにより「市民の森」という斜面緑地を守る新たな社会システムがつくられた。斜面緑地の所有者の固定資産税を減免するかわりに、斜面緑地を一般市民に利用させるというもので、十数ヵ所の市民の森が実現した。しかし10年ごとに見直すという期間限定のシステムは所詮一時的なものにすぎず、バブル期にその数、量とも大幅に少なくなってしまった。

都市緑地は適切な時に適切な規制や指導をかけなければそれを保全したり、創出したりすることはできない。横浜の斜面緑地は1970年頃、市域の約4分の1、9000haあったが、近年2000haを切り、さらに減少を続けている。早急な緑地保全の戦略が必要である。

新しい建築的斜面緑地の提案と京都アクアリーナ

都市の緑は多様な機能を持たねばならないが、特に市民利用的側面、こどもの成育環境的側面、都市景観的側面、自然共生（緑の生態回廊）的側面からいっても現代都市において新たな建築的緑地が形成されることが望ましいと考える。屋上緑地のように島でなく、段状や斜面状で地表面から連続する緑地が形成されることが望ましい。

斜面であることによって都市景観的にも地表面を歩行する人々にも視覚的に認識され、行動的にも連続し生態的にも回廊が形成される形になるだろう。

「斜面緑地」的発想の京都アクアリーナ

さまざまな賞を受賞している「アクロス福岡」は段状の緑地を形成している。これも新しい建築的斜面緑地の一種であるが、明確な段状のため、生態回廊的には必ずしもつながっていない。また一般利用という面では勾配がきつく、利用が限定的である。しかし景観的には年毎に緑が豊かになり、成功している事例といえよう。

私がデザインした「京都アクアリーナ」は、斜面緑地建築の一例である。グラウンドレベルより緑の斜面が連続されている。プール諸室の上に覆土され、高さ約20mの緑の丘が形成されている。その上に登ると西京極運動公園の緑地と一体となっていることがわかる。メインプール棟の周囲が高低差のある緑の回遊路になっている。季節ごとに散策路、ジョギングコースなどとして利用されている。

超高層のオフィスビルの下部や基段部等はそのような建築的な斜面緑地が形成できる可能性が十分に高いと思われる。建築的な斜面緑地、段状の斜面緑地に対して高い評価を与えるべきと考える。そうすることによって新しい都市の緑地を生み出し、かつ景観的にも大きく改善されると思われる。

駐車場を地下化し、地上面を緑地へ

現在、大都市には、マンションと呼ばれる集合住宅が建設されている。そのほとんどが地上面は駐車場に占用されている。醜悪な景観と、なによりもこどもたちのあそび空間を奪っている。先進国では都市集合住宅の駐車場が地上面や立体駐車場になっている例は少ない。地下駐車場をつくり、地上面は公園的な利用に供しているのだ。

日本では地下駐車場の一台あたりの建設コストが高く、分譲あるいは賃貸にしても高コストになることから無理だとディベロッパーは言う。しかし行政的にみれば車一台分30㎡の専有面積を公園にふりむけると、新たに公園の土地を買って公園建設するよりも、きわめてローコストでパブリックスペースをつくることができると考えられる。

例えば300戸のマンションの建設で平面駐車場にした場合、約9000㎡という敷地が駐車場で奪われてしまう。これを地下化することによって逆に9000㎡という都市緑地をつくることができる。できるならばすべての駐車場を地下化し、地上面を緑地化することによって日本の多くの都市は都市緑地を大幅に増やすことができるはずである。

立体駐車場も前項の提案のような建築的な斜面緑地として形成することも有効であろう。とにかく駐車場は都市緑地の素材と考えることが肝要と思われる。

建築的な斜面緑地や駐車場を地下化する、あるいは斜面緑地化することによって、公共的な益が生まれるわけであるから、これに対する公共的対価を事業者あるいは建設者に対して支払うことは十分に理由があると考える。

屋上緑化で行われるような建設補助金等の誘導策や、容積率の緩和のような誘導策が考えられよう。効果は屋上緑化よりも格段にある。あるいは運営上の補助制度案も有効と思われる。そのような誘導策がとられることによって、ビジネスチャンスとして建設関連企業による技術開発も行われ、建設や運営のためのコストダウンがさらにはかられることが期待される。

次世代が健やかに育つ環境、それは自然と共生する住環境である。その確立のために私たちは今努力しなければならない。これまで緑地学や造園学に都市開発の尻拭いをさせてきた。その反省にたち、建築学会も土木学会も造園学会等と連携してこどもと緑のための国家戦略の知的集約を図る必要がある。

こどもと緑のための環境づくりには特効薬はなく、多くの方法、施策が並行的にとられる必要があると思われる。

日本をグリーンアイランドにしよう

シンガポールはガーデンアイランドとして有名である。この50年間で観光的にも産業的にも発展させた。我が国ははるかに人口も多く面積も広い国であるが、シンガポールよりもさらに豊かで多様な自然景観と歴史文化をもった国である。人口減少化の中で、より美しく、やさしい国にしていかねばならない。その可能性は非常に大きい。また商業的にも観光という21世紀の産業に対し、十分にポテンシャルをもつ国である。だからこそもっと緑の国に、そして建築的、環境デザイン的に美しい国に変えていく必要がある。以下は私の提案である。

・電柱の代わりに緑を

我が国の道路にある電柱・電線を地下化すべきだ。防災的にも、また人の通行の安全面からも、そして我が国の都市景観の向上という点においても、電柱・電線の地下化はその

山手線の上に高架緑道をつくり緑の遊環構造に（都市住宅1970）

プラス効果は極めて高い。電柱の代わりに緑を植えなくてはならない。

・高架緑道の充実を

上海の高速道路にはコンクリートの立上がりにプラントボックスが載っており、その緑が高速道路の景観的なエッジを構成している。我が国の高速道路の路傍植栽ももっと研究される必要がある。

そして今後、高架緑道が建設される必要がある。すでにフランスのヴィアデュック・デザールやアメリカのハイラインで廃線となった高架鉄道跡を緑化した高架緑道がつくられ、多くの市民にうるおいと交流を与えている。高速道路が用済みになる日が今世紀中には来るはずだ。その時には緑の高架道路に変えていく必要がある。

・山手高架緑道

山手線の上空をポーラスな緑道にすれば、世界中に日本、東京から発信する都市デザインになるだろう。私は１９７０年の

『都市住宅』という雑誌にその計画を発表している。考えてみれば、山手線と中央線はまさに遊環構造を示している。山手線と中央線の上に高架緑道ができれば、緑の遊環構造として、東京に生活し、働く人々に新たな活力を与え、世界の注目を浴びるに違いない。構想から100年、2070年にできないだろうか。

・校庭、園庭を森に

現在、日本のこどもたちの成育体験として最も欠けている点は自然体験である。我が国の学校や幼稚園、保育園には比較的大きな校庭や園庭がある。それを森にしよう。広がりのあるグラウンドでなくとも、森の中でも走り回ることはできる。多くの学校では統廃合が課題となっている。こどもの数は少なくなっているのだが、大きな園庭、校庭を運動のためのスペースとして確保しつつ森化し、こどもたちの自然体験の場と、都市における緑地形成拠点とすべきである。

木は成長する。小さな木も20年経てばほとんど大きな木になりまち並みを変える。植えるか植えないかが問題だ。建物は20年経てば汚れてしまうが、木は成長する。緑が町を美しく変える。環境価値の総体からいえば、緑を植栽することが重要なのだ。美しい建物をつくるよりも何十分の一の費用でその都市のイメージを変えることができる。

こどもたちの成育環境が未来をつくる

ノーベル経済学賞を2000年に受賞したアメリカのジェームズ・ヘックマンは1960年代半ばからニューヨークで異なる成育環境のもとで育てられたこどもたちの40年を追跡調査した。ペリー就学前計画やアベセダリアン計画という2つの研究と脳科学の知見から、幼児期における高い質の成育環境が国家的にきわめて高い価値をもたらすことを経済的に証明してみせた。

ひるがえって我が国は、幼児への国家投資が先進国の中でもきわめて低位であることが20年ほど前から指摘されている。高齢者に対して約20分の1ともいわれている。こどもの貧困率が近年上昇していることも大きな問題だ。国の将来を考えたとき、私たちの国はもっと幼児のための成育環境に投資し、こどもたちが自然体験をし、集団共同体験をし、高い保育・教育の質を享受し、こども時代に十分にあそびまわり、身体性、社会性、感性、創造性、挑戦性を開発しなければならない。

そのために私は20年以上前、岩波新書『子どもとあそび』の中でこどもあそび基準法と、1年間の山村留学制度を提案した。今、こどもたちはあそびからますます疎外されている。大人が労働基準法によって過重労働を禁じられているように、こどものあそび時間をしっかり確保するような法律が必要と思われる。そして、かつて戦時中に疎開があったように、1年間の山村留学はこどもの一生の中できわめて大きな経験になる。全国に少子化により廃校になった校舎が数多くある。それを再利用し、都市のこどもの自然体験、農・漁業体験、運動体験の機会の場として利活用していくことを提案したい。こどもが2つのふるさとをもつことは、将来の地域交流や観光、産業にも多くの点で利益をもたらす。

こども時代は一生の中できわめて重要な時代だ。こどもの成育環境をつくる方法は大人の生活環境にも通ずる。こどもが元気になる方法は、大人も町も元気にすると思う。そういう意味でも、緑に満ちたグリーンアイランドとしていくことが、我が国にとって重要である。

4　環境デザインの未来

あなたは人を幸せにしたか

2008年5月にアメリカ建築家協会の大会が終わってニューヨークから帰る機内で映

画をみた。ジャック・ニコルソンとモーガン・フリーマンがあと半年と死期を告げられた二人の患者を演じ、旅に出る話だ。その中で「あなたは幸せだったか」「あなたは人を幸せにしたか」という2つの質問をお互いに投げかけるのが胸にささった。

「建築家の仕事は人を幸せにする幸せな仕事」だと思う。私はすべてのこどもに幸せなこども時代を過ごすことができる環境をつくることに、これからも最大の努力をしていきたいと考えている。多くの人が集まり、こどもも大人も町も元気になる環境をつくっていきたい。

環境デザインという、建築だけでなく、展示も、遊具も、造園も、都市計画もと多岐にわたる広いデザイン分野に挑戦してきたが、やはり空間づくりに関係する法律や経済という社会システムをより良い方向に変えていかないと、日本という国も、地域も、良い環境デザインにならないと感じていた。その最初のきっかけは30代にある自治体の公園の設計発注で入札に遭遇したことだ。設計料を入札して、一番安いところが受注する設計発注として、普通に行われていた。談合もあった。このようなことをやっていては、公共施設のデザインは絶対によくならないと確信した。私は公共公園の設計の仕事をしたかった。しかしこの分野は入札がすべてだった。

私が日本建築学会、日本建築家協会の会長になりたいと考えたのは、日本の建築や環境デザインに関わる社会システムを変えたいと考えたからである。その社会システムには、法律や経済システムだけでなく、もちろん教育システムや研究システムも入る。そのようなシステムを変えなければ、真の環境デザインは実現できないのではないかと考えた。「子どものための建築・都市12ヶ条」のようなガイドラインづくり、司法支援建築会議のような建築紛争の解決システム等、多くの問題に取り組んだ。新聞、雑誌にも寄稿した。中でも我が国の会計法、地方自治法による設計などの知的生産者の公共調達の問題、すなわち設計入札の問題は大きく、困難な問題である。

設計入札は創造力を生まない社会システム

アメリカでは1974年ブルックス法という入札を禁じた法律を連邦法としてつくった。アジアでも日本のように入札が9割を占める国は少ない。20年前までは随意契約と称し、自治体の首長が建築家を指名できた。しかし建設汚職を契機に、設計界においても、入札かプロポーザルという形にすべて移行し、プロポーザルは増えたといっても極めて少ない。大部分が入札である。最近でもある自治体が200億円を超す市庁舎の設計を入札で出した。このようなことをやっている国はアジアでもない。中国は問題があってもコンペだし、韓国でも入札はあっても最低が良いわけでは必ずしもない。日本のように、安ければ安いほどよいというような形の設計入札方法をとっている国は世界でもまれなのである。

なぜ入札が蔓延しているのか、それは入札が役所にとって一番簡単だからだ。住民からも議会からも非難されない。説明もいらない。しかしこんな方法で日本の国の建築や環境は良くなるのだろうか。

2000年に大学の私の研究室で横浜市民約300世帯に公共建築の設計者をどのようにして決めたらよいと思うかというアンケート調査をしたことがある。「コンペ、プロポーザルや実績で決めるべき」という答えが90％を超え、「安いところに決めるべき」とした回答はたった3％だった。すなわち「設計料という金額で設計者を決めるなんてだめだ」と市民は理解し、怒っているのだ。しかし、役所では金額の安さによる選定がもっとも簡単であり議会等へ説明がしやすいため、多く選択されている。

我が国は少ない投資で、より高い効果、より高い質の環境をつくらなければならない時代を迎えている。金額の低さだけで、質を問わないやり方で良いはずがない。

行政は設計コンペやプロポーザルは手間がかかり、職員はノウハウがないと言っている。中国や台湾では設計者選定という業務を民間の設計事務所に委託している。そういう方法だって可能だ。建築学会や建築家協会等を利用する方法だってある。

この入札というシステムを変えるべきという提言が、2014年に日本学術会議の私が委員長を務めている分科会によって出されている。さらに法学、経済学の研究者の支援を受け、知的生産者の公共調達の社会システムとして、新たな法律をつくるべきという提言を世に出そうとしている。

量的でなく、質的な評価を

良い案かそうでないかという質の問題を決めるのは、どの分野においてもすぐれた「目利き」が必要なのだが、その目利きそのものの教育もまた重要である。リベラルアーツという領域がそれに相当すると思われる。

今、我が国の評価は外形的な量的評価が蔓延していると捉えられる。プロポーザルの審査においても、審査委員会の議論ではなく、審査員の案に対する個々の評価の合計で順位がつけられるような形が多く行われている。フィギュアスケートや体操の審査はそれぞれ専門の審査員が点をつける。それに比し、建築や環境デザインの審査は多様な専門家、あるいは関係者による審査が行われることが多い。そういう点では徹底的な議論により質的評価をしていくことが必要で、それは世界的な傾向といえる。そういう形での審査、評価が行われる社会システムが確立される必要がある。

こどものためのあそび環境の整備を

イタリアのレッジョ・エミリアは幼児の美術教育で全世界に影響を与えている。ニュージーランドはテファリキという幼保統一カリキュラムと官民一体となった出産、育児、保育、就学前サービスを一貫して行い、産み育てやすい国と評価されている。すでに述べているようにアメリカではチルドレンズ・ミュージアムがこども時代の大きな役割を果たしている。ブラジルのクリチバでは知の灯台という、こどものための小さな施設がスラムのこどもにも環境教育を与え、クリチバをブラジルの環境首都にしたと言われる。世界各地でこどものための試みがさまざま行われている。しかし、こどもに対する社会システムとしてはドイツに学ぶところは大きい。

今から、100年以上前、すでに述べたように、1912年にドイツは「帝国遊び場法」を制定した。第一次世界大戦、第二次世界大戦という2つの戦争を経て体制は変わっても、こどもの健康な生活のためのゴールデンプラン等によって、数多くのあそび場、スポーツ広場、スポーツクラブの規準は進化し続けている。こども自身によるまちづくりイベントであるミニミュンヘン等の市民運動を含め、こどものあそび、健康についての施策や運動を推進させていく社会システムは世界でも先端をいっている。それがある意味で

「強いドイツ」と揶揄される原泉ではないかと思える。

私が創立に関わったこども環境学会では、私のあそび基準法のコンセプトを生かして、各地方自治体の「こどもを元気にする都市評価基準」というものをつくろうとしている。それぞれの自治体がこどもが元気に育つ町としてどのような位置にあるのか、行政、あるいは市民にわかる評価軸である。また地方自治体でのこどものあそび環境条例の制定運動をはじめている。まだまだ小さい運動ではあるが、それを拡大していきたい。景観法のように、地方から国への社会システムの運動としていきたい。

とにかく、我が国はこどもが元気に育つ環境についての国民運動が必要だと考えている。

新しいパブリックデザイン

多くの公共建築を設計してきて、近年、特に感じることは、我が国はコンパクトで利用しやすい公共空間をつくらねばならないということである。そのためには公共施設のつくり方も、その運営においては民間のノウハウを入れる形が望ましい。私自身、多くのPFIのプロジェクトに取り組んだ経験から、運営の重要性を強く感じている。多くの公園ではコーヒーショップをつくることもなかなかできない。国の公園行政に関わる人は「公園法も融通無碍《ゆうずうむげ》な法律でなんでもできるのですよ」という。しかし原則はコーヒーショップも児童館も公園の中には建てられない。会計法が「随意契約、特命はできます」といいながら、原則は入札ということと同じなのだ。多くは原則を尊重してしまう。しかし本来、公園は緑の環境を多くの人に利用してもらうことが目的だ。そのためには原則をもっと本質的なものに変えていく必要がある。新たなパブリックデザインを確立するためには、より柔軟な官民一体となった計画の作成や運営の実行が望まれる。そのような社会システム、開発システムの確立のために努力していきたい。

私は日本という国が好きだ。大きすぎず、小さすぎず、大げさでなく、みんながほどほどに生きている。1990年代にバブルがはじけて、「清貧の思想」という中野孝次さんの言葉がもてはやされた時代がある。私が若いころ、大学を出て、増沢洵《まこと》さんの事務所に入りたいと、その門をたたいた。その感性はまさに清貧なものだった。増沢さんが設計された新宿風月堂はその清貧の中で文化のにおいがあふれていた。バブルの時代が異常だったのだ。日本はそもそも多くの人々が共に助け合いながら、物質的にはほどほどに、精神的にはとても豊かに生活していくことが望ましいと考えている。

1985年からの30年間、アメリカ人の肥満率が急激に拡大している。平均3人に1人が肥満とされる州は全体の50％に近づいているという。同時に貧富の差も拡大している。

我が国はそれを他山の石としなければならない。

人口減少、高齢化社会はやむを得ないとしても、大きなツケを将来のこどもたちにまわさないことが重要だ。そのための社会環境デザインが今、私たちに問われている。超高層住居ではなく、こどもたちはぜひ4階ぐらいまでの低層の住宅に住み、多くの大人に見守られながら、自然体験を含む多様な体験をしながら、成長して欲しい。そのような都市に変えていかねばならない。我が国の都市も地域も、まだまだ社会環境デザイン、特にこどもたちが元気に育つ環境としては課題がある。私たちが取り組むべき課題は多く、またその領域は広がっている。

希望のデザイン

近年、オリンピックエンブレムや新国立競技場問題等において、デザインに対する不信感が国民の中で大きくなっている。その中で、デザインや建築に携わる多くの人々も自信を失いかけている。
私が尊敬する建築評論家　川添登さんはかつて『建築の滅亡』という書を著した。1960年に我が国で開かれた世界デザイン会議を契機に、メタボリズムという新たな建築運動が立ち上がる。高度成長期のことである。川添さんはメタボリズムの理論的な中心人物でありながら、古代建築に対する著作をもつ評論家で、児童施設の研究者としての経歴の中で、未来に対する極めて深い洞察を通して、建築の将来を示した書である。

私はその『建築の滅亡』という本を川添さんが2015年に亡くなったのをきっかけに再読し、深く感動した。かつて若い頃、読んだときにはその意味がよくわからなかったが、今読み返してみると、「建築は廃墟になるかもしれない。滅亡するかもしれない。しかし建築はVISIONであり、夢であり、希望なのだ。そのことを忘れるな」と言っていると理解できた。

今日、それはとても重要だ。川添さんはその著書の中で、「建築は希望」と言っているわけではない。しかし今、私は川添さんが強くそのことを私たちに残し、伝えているように感じたのである。

一橋大学の鷲田祐一教授によれば、この20年、中国やアメリカがデザイナーの数を増やしているのに対し、日本のみが減っているという。ITメディアの発達の中で、デザインが専門家の領域から、より広い人々が扱える領域に拡散している。それは建築においても同様のことがいえる。その中で、建築や環境をつくる人のプロフェッショナルな領域が、きわめてあいまいなものになりつつあり、自信のないものになろうとしている。

今日のように、時代の変化の激しい時代、強靭な社会境界領域がなくなりつつある社会だからこそ、そこに新たな夢や希望として「建築する」ことの意味があると考える必要がある。

近代建築はル・コルビジェらによって「機械文明のデザイン」として開花してきたが、その機能分化はある意味で効率的であったかもしれない。しかし、社会も空間もつまらなく、魅力がなく、硬直化してきてしまった。

今、我が国で重要なのはさまざまな領域の協働化であり、融合化、統合化であると思われる。そういう意味において、建築や環境デザインは夢であり、VISIONであり、希望なのだ。一つの建築も環境デザインもいつかはその役目を終えるかもしれない。しかし、その思いはその時代の希望なのだ。その時代の希望を作り上げていくことが、建築家、環境建築家の果たす役割と思える。建築や環境デザインで人を集め、人を健康にし、そして新たなビジネスも可能とする。環境はそのような力をもっている。その環境のもつ力を多くの人に知ってもらう必要がある。

あとがき

私は26歳で独立した。その後、26年という時間にこだわってきた。いつの時代も次の26年後に社会はどう変化し、自分はどうあるべきかを考えてきた。26年先を見通すことはなかなかできない。しかし、「こうありたい」と考えることはできる。

52歳までを仕事の期間、研究し、作品をつくる期間と位置付けた。独立後の26年後は1994年、その26年間は高度成長期からバブルがはじけるまで、日本の成長の時代だった。私にとっては調査研究によって導いた仮説、あそびやすい空間の構造「遊環構造」理論を構築し、こどものための施設設計に適応した時代だった。1994年、私は52歳で母校の教授になって、研究に基づく作品づくりという仕事によって遊環構造が意欲を喚起する空間の構造に進化できるのではないかと考え始めた。また、社会的な変革に関わろうと考えた。そのきっかけは30代、40代での公共施設の設計入札という設計者選定システムであった。創造性を喚起する社会システムに変えないと、日本の建築も環境デザインもよくならないと考えた。そういうことを大きな声として発信するためには、大学だけでなく、学会や業界団体にもコミットしていかねばならないと思い、行動した。

最初の26年間（1941〜1968）が学習期、第2期の26年間（1968〜1994）が研究、作品期とすれば、第3期の26年間（1994〜2020）は社会活動期といえる。

今、第3期の終盤である。

2001〜2003年建築学会長として、地球環境・建築憲章、子どものための建築・都市12ヶ条、司法支援建築会議、まちづくり支援建築会議、建築博物館の創設、設計者選定システムの確立等、数多く取り組んだ。中でも2001年の地球環境・建築憲章は建築系5団体の共同、関係50団体による賛同という画期的なもので、自然共生、長寿命、省エネルギー、省資源・循環、継承という5つのチャーターをかかげ、その後の日本の地球環境建築のガイドラインをつくれたのではと思っている。

2004年に「こどもの成育環境を建築や都市分野だけでなく、もっと多様な研究者、活動家とともに関わるべきだ」というコンセプトでこども環境学会を立ち上げ、現在会員は1200人に達している。会員の内訳は、3分の1は教育、保育、3分の1は建築、デザイン、都市、造園、残り3分の1は小児医学、体育学、公衆衛生、行政と学際的で、研究者と活動家の割合はちょうど半々である。毎年4月に大会を開いている。これまで東京、横浜、千葉、西宮、名古屋、京都、広島、仙台、福島で開き、地域のこどもたちの成育環境政策に少なからず関わってきた。

また、2005年日本学術会議会員に就任したのを機に、各省庁、各学術分野をまたがる形で、我が国のこどもを元気にする国家戦略を提言する常置的な組織を提案した。学術会議の第1部人文科学、第2部生命科学、第3部理工科学の5つの委員会合同の「子どもの成育環境分科会」をつくり、ほぼ隔年提言書を内閣府に提出している。こどもの成育環境の4つの要素、すなわち空間、時間、方法、コミュニティという領域について横断的な検討が行われてきた。成育空間の課題と提言は私が委員長を務め、成育方法と時間は元東京大学小児科教授で、現在国立成育医療研究センター理事長の五十嵐隆先生が、そしてコミュニティについてはお茶の水女子大学名誉教授で児童心理学の内田伸子先生が務めている。私は2017年で学術会議連携会員を退くが、この子どもの成育環境分科会が今後も学術会議でもユニークな学際的分科会として継続されていくことを望んでいる。

その他にも学術会議において創造性を喚起する社会システムへの変革をめざし、2つの分科会を立ち上げた。2014年に「知的生産者選定に関する公共調達の創造性喚起」という提言を出し、さらに今後2年間で、土木工学・建築学委員会系の委員だけでなく、経済学・法学委員会を含めた合同分科会によって、「創造性を喚起する新たな法制度の提案」を行おうとしている。そして、実際の知的生産者選定という公共調達の特別法を議員立法として実施したいというロードマップを描いている。

また、「我が国の大学等キャンパスデザインとその整備システムの改善にむけて」という趣旨の分科会を立ち上げている。我が国の大学キャンパスは国際的競争力があるといえるものが少ない。マスタープランがなく、いきあたりばったりで校舎の増築を繰り返し、多くは気持ちの良い、美しいキャンパスになっていない。美しいキャンパスでは学生の成績が11%上がるといわれているが、研究、教育、学習、生活環境としても、アジア諸国の大学キャンパスが改善される中で、我が国のキャンパスをより高いレベルにしていかねばならないと考えている。


2006〜2008年、日本建築家協会（JIA）会長を務めた。姉歯事件を受け、我が国の建築家、建築技術者の信頼をどう取り戻すかという視点で、建築士法、建築基準法の改正など、それまで戦後大きな改正が行われなかった点も見直しが行われ、プロフェッショナルの免許更新や、継続教育が社会システム化した。個人的にはJIA会員に仙田満週報という毎週A4判6〜7枚程度のレポートを届けた。これがきっかけで今も週記と称し、1週間の自らの活動、考えをまとめ、振り返ることを習慣化している。

建築紛争は年間約3000件、瑕疵がテーマとなるものは解決に3年以上かかる。建築設計者、技術者にとって設計、施工には常にリスクが伴う。訴えられるばかりでなく、訴えなければならないときもある。しかし、このような係争は時間的にも経済的にも精神的にも極めて大きなエネルギーを要する。紛争をできるだけ短く解決するにはどうしたら良いかということで、裁判所に対する学会のサポート組織というものを建築学会副会長のときに立ち上げた。紛争とはある意味で負の結果であり、それを学術的にフィードバックし、設計や施工に生かすシステムとして、司法支援建築会議が立ち上げられた。このことをきっかけに最高裁判所事務総局で「裁判の迅速化に係る検証に関する検討会」という委員会に、ほとんど唯一、工学系の専門家として加わっている。この十数年、建築については確実に紛争解決の期間は短くなっている。また2015年に大学院生向けのプロフェッショナルスクール教科書として『建築紛争から学ぶ設計実務——負けない設計者になるために——』という本を多くの協力者とともに上梓することができた。

また3つのNPO法人に関わっている。どれもがその創設のアイディアを出した者として責任をとっている。建築家の継続教育システムがテーマの「建築家教育推進機構」、建築家の設計文化財の保全、活用、思想の継承がテーマの「建築文化継承機構」、そしてこども、食、健康、アートという多様な新しいまちづくりの手法、開発、研究がテーマの

「まちづくりＮＥＸＴ運動」である。

多くの大学にも関わったが、中でも２００７年から２０１２年まで放送大学で、『環境デザイン論』『都市環境デザイン論』『産業とデザイン』という3つの教科書をつくったことは思い出深い。

私にとっての第3期終了時には２０２０東京オリンピック・パラリンピックが開催される。国家的なスポーツイベントにも、遊環構造の考えにより、有明テニス場、辰巳国際水泳場等、高い競技環境の形成に寄与したいと考えている。

その後26年の第4期の最終年は２０４６年だ。私はその時１０４歳になっている。ブラジルの巨匠、オスカー・ニーマイヤーは１０４歳まで現役の建築家として生きた。しかし私はそんな幸運な遺伝子をもっていない。しかし生き続ける限り、少しでもこの地域、日本、世界がより良い環境に、特にこどもたちが幸せなこども時代を過ごせるよう働くつもりである。

近年、テロやイスラム国という暴力、戦争が大きな津波のように世界に押し寄せている。また地球温暖化は年々厳しくなり、さまざまな気候変動をもたらし、多くの自然災害、人的災害が複合化している。我が国は自然災害大国ともいわれ、この20年間でも大きな地震に見舞われている。首都直下型地震、東南海地震も確実に起こるといわれている。

我が国も世界も必ずしも明るい未来が見えているわけではない。困難はさらに増すかもしれない。

私が生まれ育った横浜市保土ケ谷の山の中に第二次世界大戦時アジア地区で戦死した英連邦の兵士たちを弔う英連邦墓地がある。かつてあそびで探検していて偶然に入り込んだ。こどもながらその圧倒的な美しさに心をうばわれたことを覚えている。それに引き替え、先祖が眠る横浜市営三沢ッ墓地は、この70年間、ずっと変わらず荒涼とした風景だ。私は死者の印が生者の環境を汚すことには反対だ。死者の印が生者の環境をよりよくするのでなければならないと考えている。今の社会・環境の問題は死者となろうとする者の印が生者たちの環境を汚しているところにある。死者の印が生者のより良い環境の礎となるような、そのような環境のシステムがつくられなければならない。

私にとっての第4期は「希望」「VISION」を提案する時期にしたいと考えている。地域が、都市が、地球が遊環構造を成し、平和でこどもが幸せなこども時代を過ごせるような美しい社会の環境ビジョンを示していければと願っている。

50年という年月の中で、さまざま試行錯誤し、失敗しながら、今も建築を含めた環境のあるべき姿を追求している。環境建築家と自称し始めたのは1980年代からであるから、もう40年近く前のことになる。1988年から朝日新聞日曜版で「あそびの現風景」というエッセイを1年半余り続けさせてもらったが、その時に肩書きとして「環境建築家」と名乗った。私は巨大遊具、都市の木、プレイストラクチャー、環築、世界をのぞむ家、遊環構造等、数多くの目標とすべき概念を提出してきた。それは私の師の谷口吉郎先生の「清らかな意匠」、「環境の意匠」、菊竹清訓先生の「設計のか、かた、かたちの三段階方法論」や「代謝建築」等の言葉に刺激されてきたものといえる。

建築も環境も多くの人々に利用され、支持され、愛されなくてはならない。そのような思いを伝えるための書として本書は企画された。そういう思いを多くの経験を通して、この本ではまとめている。構成を手伝ってくれた菊池徳行さんとはある雑誌のインタビュアとして出会った。私の話や考えをとてもうまく、わかりやすく言い換えてくれた。私の環境・建築、そしてこどものコンセプトの翻訳者のような人だ。菊池さんと出会ったことがこの本をつくる動機であったし、企画が生まれた。そしてまた、編集者の木所隆介さんは、菊池さんの友人で、私の出身高校の後輩なのだという、なんとも不思議な縁でこの本は誕生した。二人がいなければ、もちろんこの本は世に出なかったのだが、とにかくその幸運に感謝したい。

また、いつも私の原稿をデータ化している斎藤ひろみさん、私の仕事のパートナーで妻の仙田順子社長、斎藤義所長をはじめ、環境デザイン研究所のメンバーにプロジェクトを共に戦ってくれた友として感謝を述べたい。そして何よりもこれらの仕事の機会を与えてくれたクライアントはじめ、多くの関係者に深く御礼を申し上げたい。この本に掲げられたプロジェクトは私の関わったプロジェクトのほんの一部でしかない。もっともっと話したいエピソードは多い。しかし残念ながら紙面には限りがある。紹介できなかったプロジェクトに関係する皆様にも私自身が多く学ばせていただき、そのことをこの本のどこかに埋め込んでいることを申し上げ、感謝したい。

この本が、多くのプロジェクトがそうであるように、次の時代の人々のために少しでも貢献することを祈りたい。

第3部
プロセスアーキテクチュア79『環境の設計』プロセスアーキテクチュア社　1988年
プロセスアーキテクチュア121『環築の設計』プロセスアーキテクチュア社　1994年
近代建築Vol.55『特集　環境デザイン研究所』近代建築社　2001年
建築画報VA　Vol.333『「都市の木」の40年』建築画報社　2009年
近代建築Vol.67『特集　環境デザイン研究所創立45周年』近代建築社　2013年

第4部
「菊竹学校」編集委員会編・著『菊竹学校』建築画報社　2015年
菊竹清訓『代謝建築論――か・かた・かたち』彰国社　1969年
石毛直道『住居空間の人類学』ＳＤ選書54　鹿島研究所出版会　1971年
末田ます『児童公園』少国民文化新書2　清水書房　1942年
仙田満『斜面緑地論』調査季報　横浜市　1970年
ジョン・M・ケラー『学習意欲をデザインする』北大路書房　2010年
日本建築学会編『公共建築の設計者選定』（まちづくり教科書第4巻）丸善　2004年
仙田満『都市住宅』1970年7月号「都市の木をつくろう」鹿島出版会　1970年
楽園計画『図書館が街を創る』ネコ・パブリッシング　2013年
ダニエル・ピンク『ハイ・コンセプト』三笠書房　2006年
仙田満『仙田満週報2006-2008』建築ジャーナル　2012年
日本建築学会編『緑地・公共空間と都市建築』（仙田満）　日本建築学会　2006年
仙田満『Design of Children's Environments』McGraw-Hill　1992年
仙田満『幼児のための環境デザイン』世界文化社　2001年
ジェームズ・J・ヘックマン『幼児教育の経済学』東洋経済新報社　2015年
佐々木正人『アフォーダンス』岩波書店　1994年
仙田満『21世紀建築の展望』丸善　2003年
仙田満『新斜面緑地論』建築雑誌119（1520）　2004年
ケヴィン・リンチ　丹下健三、富田玲子訳『都市のイメージ』岩波書店　1968年
仙田満＋環境デザイン研究所『遊環構造BOOK SENDA MAN 1000 Environment Design Institute Book of circular play system』美術出版社　2011年

主な引用・参考文献

はじめに

ハンナ・アーレント　志水速雄 訳『人間の条件』中央公論社　1973年
文庫版　筑摩書房　1994年
日本学術会議　対外報告『我が国の子どもを元気にする環境づくりのための国家的戦略の確立に向けて』 2007年
日本学術会議　提言『我が国の子どもの成育環境の改善にむけて—成育空間の課題と提言—』 2008年
日本学術会議　提言『我が国の子どもの成育環境の改善にむけて—成育方法の課題と提言—』 2011年
日本学術会議　提言『我が国の子どもの成育環境の改善にむけて—成育時間の課題と提言—』 2013年

第1部

藤沢市教育委員会調査『学習意識調査の結果から見る中学3年生の学習意識』 2005年
二宮清純『最強の広島カープ論』廣済堂出版　2015年
有馬孝禮『なぜ、いま木の建築なのか』学芸出版社　2009年
ロバート・フルガム　池央耿訳『人生に必要な知恵はすべて幼稚園の砂場で学んだ』文庫版　河出書房新社　1996年
デズモンド・モリス　矢島剛一 訳『人間動物園』新潮選書　1970年
毎日新聞、東京、朝刊『2007.10.1、東京地裁八王子支部、子供の歓声騒音認定、公園から出る騒音の差し止めを命じる仮処分決定。』 2007年
仙田満『子どもとあそび——環境建築家の眼』岩波新書　1992年
仙田満『環境デザインの方法』彰国社　1998年
仙田満『環境デザインの展開』鹿島出版会　2002年
川内美彦『ユニバーサル・デザイン——バリアフリーへの問いかけ』学芸出版社　2001年
仙田満『環境デザイン論』放送大学教育振興会　2009年
仙田満・佐藤滋編・著『都市環境デザイン論』放送大学教育振興会　2010年
仙田満・若山滋編・著『産業とデザイン』放送大学教育振興会　2012年

第2部

仙田満『こどものあそび環境』筑摩書房　1984年
仙田満『こどものあそび環境』鹿島出版会　2009年
仙田満『プレイストラクチャー——こどものあそび環境デザイン』柏書房　2002年

写真　藤塚光政（以下を除く）

環境デザイン研究所（P68・P74・P186中・P193上・P199上・P202・P211・P227下右・P255・P263・P311）
白鳥美雄（P116）
大橋富夫（P128）
澤田聖司（P227上、下左）
広島市（P19）
国際教養大学（P57下）

※写真は「環境デザイン研究所」ホームページ（http://www.ms-edi.co.jp/）でも多数、ご覧いただけます

N.D.C.520　340p　18cm
ISBN978-4-06-288366-5

講談社現代新書　2366

人《ひと》が集《あつ》まる建築《けんちく》――環境《かんきょう》×デザイン×こどもの研究《けんきゅう》

二〇一六年四月二〇日第一刷発行　二〇二三年一〇月三日第三刷発行

著者　仙田《せんだ》満《みつる》

発行者　髙橋明男
発行所　株式会社講談社
東京都文京区音羽二丁目一二―二一　郵便番号一一二―八〇〇一
電話　〇三―五三九五―三五二一　編集（現代新書）
〇三―五三九五―四四一五　販売
〇三―五三九五―三六一五　業務
装幀者　中島英樹
印刷所　株式会社ＫＰＳプロダクツ
製本所　株式会社ＫＰＳプロダクツ
定価はカバーに表示してあります　Printed in Japan

「講談社現代新書」の刊行にあたって

教養は万人が身をもって養い創造すべきものであって、一部の専門家の占有物として、ただ一方的に人々の手もとに配布され伝達されうるものではありません。

しかし、不幸にしてわが国の現状では、教養の重要な養いとなるべき書物は、ほとんど講壇からの天下りや単なる解説に終始し、知識技術を真剣に希求する青少年・学生・一般民衆の根本的な疑問や興味は、けっして十分に答えられ、解きほぐされ、手引きされることがありません。万人の内奥から発した真正の教養への芽ばえが、こうして放置され、むなしく滅びさる運命にゆだねられているのです。

このことは、中・高校だけで教育をおわる人々の成長をはばんでいるだけでなく、大学に進んだり、インテリと目されたりする人々の精神力の健康さえもむしばみ、わが国の文化の実質をまことに脆弱なものにしています。単なる博識以上の根強い思索力・判断力、および確かな技術にささえられた教養を必要とする日本の将来にとって、これは真剣に憂慮されなければならない事態であるといわなければなりません。

わたしたちの「講談社現代新書」は、この事態の克服を意図して計画されたものです。これによってわたしたちは、講壇からの天下りでもなく、単なる解説書でもない、もっぱら万人の魂に生ずる初発的かつ根本的な問題をとらえ、掘り起こし、手引きし、しかも最新の知識への展望を万人に確立させる書物を、新しく世の中に送り出したいと念願しています。

わたしたちは、創業以来民衆を対象とする啓蒙の仕事に専心してきた講談社にとって、これこそもっともふさわしい課題であり、伝統ある出版社としての義務でもあると考えているのです。

一九六四年四月　野間省一

知的生活のヒント

日本語・日本文化

105 タテ社会の人間関係 中根千枝
293 日本人の意識構造——会田雄次
444 出雲神話——松前健
1193 漢字の字源——阿辻哲次
1200 外国語としての日本語——佐々木瑞枝
1239 武士道とエロス——氏家幹人
1262 「世間」とは何か——阿部謹也
1432 江戸の性風俗——氏家幹人
1448 日本人のしつけは衰退したか——広田照幸
1738 大人のための文章教室 清水義範
1943 なぜ日本人は学ばなくなったのか——齋藤孝
2006 「空気」と「世間」——鴻上尚史
2007 落語論——堀井憲一郎
2013 日本語という外国語 荒川洋平
2033 新編 日本語誤用・慣用小辞典 国広哲弥
2034 性的なことば——井上章一 澁谷知美 斎藤光 三橋順子 編
2067 日本料理の贅沢——神田裕行
2088 温泉をよむ——日本温泉文化研究会
2092 新書 沖縄読本——下川裕治 仲村清司 著・編
2127 ラーメンと愛国——速水健朗
2137 マンガの遺伝子——斎藤宣彦
2173 日本人のための日本語文法入門——原沢伊都夫
2200 漢字雑談——高島俊男
2233 ユーミンの罪——酒井順子
2304 アイヌ学入門——瀬川拓郎

哲学・思想Ⅰ

哲学・思想Ⅱ

13 論語——貝塚茂樹
285 正しく考えるために 岩崎武雄
324 美について——今道友信
1007 日本の風景・西欧の景観——オギュスタン・ベルク 篠田勝英 訳
1123 はじめてのインド哲学 立川武蔵
1150 「欲望」と資本主義——佐伯啓思
1163 「孫子」を読む——浅野裕一
1247 メタファー思考——瀬戸賢一
1248 20世紀言語学入門 加賀野井秀一
1278 ラカンの精神分析——新宮一成
1358 「教養」とは何か——阿部謹也
1436 古事記と日本書紀 神野志隆光

1439 〈意識〉とは何だろうか 下條信輔
1542 自由はどこまで可能か 森村進
1544 倫理という力——前田英樹
1560 神道の逆襲——菅野覚明
1741 武士道の逆襲——菅野覚明
1749 自由とは何か——佐伯啓思
1763 ソシュールと言語学——町田健
1849 系統樹思考の世界——三中信宏
1867 現代建築に関する16章 五十嵐太郎
2009 ニッポンの思想——佐々木敦
2014 分類思考の世界——三中信宏
2093 ウェブ×ソーシャル×アメリカ 池田純一
2114 いつだって大変な時代——堀井憲一郎

2134 いまを生きるための思想キーワード——仲正昌樹
2155 独立国家のつくりかた 坂口恭平
2167 新しい左翼入門——松尾匡
2168 社会を変えるには——小熊英二
2172 私とは何か——平野啓一郎
2177 わかりあえないことから 平田オリザ
2179 アメリカを動かす思想 小川仁志
2216 まんが 哲学入門——森岡正博 寺田にゃんこふ
2254 教育の力——苫野一徳
2274 現実脱出論——坂口恭平
2290 闘うための哲学書——小川仁志 萱野稔人
2341 ハイデガー哲学入門 仲正昌樹
2437 ハイデガー『存在と時間』入門——轟孝夫

Ⓑ

宗教

Ⓒ

政治・社会

経済・ビジネス

世界の言語・文化・地理

F

日本史Ⅱ

2319 昭和陸軍全史3──川田稔
2328 タモリと戦後ニッポン　近藤正高
2330 弥生時代の歴史──藤尾慎一郎
2343 天下統一──黒嶋敏
2351 戦国の陣形──乃至政彦
2376 昭和の戦争──井上寿一
2380 刀の日本史──加来耕三
2382 田中角栄──服部龍二
2394 井伊直虎──夏目琢史
2398 日米開戦と情報戦──森山優
2401 愛と狂瀾のメリークリスマス　堀井憲一郎
2402 ジャニーズと日本──矢野利裕
2405 織田信長の城──加藤理文
2414 海の向こうから見た倭国　高田貫太
2417 ビートたけしと北野武　近藤正高
2428 戦争の日本古代史──倉本一宏
2438 飛行機の戦争 1914-1945──一ノ瀬俊也
2449 天皇家のお葬式──大角修
2451 不死身の特攻兵──鴻上尚史
2453 戦争調査会──井上寿一
2454 縄文の思想──瀬川拓郎
2460 自民党秘史──岡崎守恭
2462 王政復古──久住真也